oekom

ClimatePartner°
klimaneutral
Verlag | ID: 128-50040-1010-1082

CO_2-Emissionen vermeiden, reduzieren, kompensieren –
nach diesem Grundsatz handelt der oekom verlag.
Unvermeidbare Emissionen kompensiert der Verlag
durch Investitionen in ein Gold-Standard-Projekt.
Mehr Informationen finden Sie unter: www.oekom.de.

Bibliografische Information der Deutschen Nationalbibliothek:
Die Deutsche Nationalbibliothek verzeichnet diese Publikation
in der Deutschen Nationalbibliografie; detaillierte bibliografische
Daten sind im Internet über http://dnb.d-nb.de abrufbar.

Deutsche Erstausgabe

Erstmals veröffentlicht bei: The Penguin Press, New York

Gesellschaft für ökologische Kommunikation mbH
Waltherstraße 29, 80337 München

Lektorat der Übersetzung: Christoph Hirsch, oekom verlag
Korrektorat: Maike Specht
Umschlaggestaltung: www.buero-jorge-schmidt.de
Layout und Satz: Reihs Satzstudio, Lohmar
Druck: GGP Media GmbH, Pößneck

Dieses Buch wurde auf FSC®-zertifiziertem Recyclingpapier
(Circle*Offset* Premium White) und auf Papier aus anderen
kontrollierten Quellen gedruckt.

Printed in Germany
978-3-86581-777-8

FSC
www.fsc.org
MIX
Papier aus verantwortungsvollen Quellen
FSC® C014496

Juliet B. Schor

WAHRER WOHL-STAND

Mit weniger Arbeit besser leben

Aus dem Amerikanischen von Karsten Petersen

Für Prasannan

Inhalt

Vorwort

Wenn es jemals ein einzelnes Jahr gegeben hat, das den glücklichen Bewohnerinnen und Bewohnern der sogenannten frühindustrialisierten Länder deutlich gemacht hat, dass ihre Wirtschaftsweise keine Zukunft hat, dann war es das Jahr 2015. Das war nicht nur ein Jahr voller Gewaltkonflikte, sondern das Jahr, in dem die schon lange vorhergesagten Zahlen von Flüchtlingen in der Welt sich in Gestalt höchst konkreter Kinder, Frauen und Männer an den Grenzen Europas manifestierten.

Angesichts der Zahl der Menschen, die ihr Leben durch eine Flucht nach Europa zu retten versuchten, war viel von der »Bekämpfung der Fluchtursachen« die Rede, bemerkenswerterweise aber nie von der wichtigsten dieser Ursachen: Die liegt in dem schlichten Umstand begründet, dass die fossile Wirtschaft fossile Rohstoffe braucht, allen voran das Öl, das vor allem in den Ländern Arabiens gefördert wird, und dass dies Hauptursache von Kriegen, gestürzten Regierungen, »failed states« und in der Folge von Terrorismus und eben massenhafter Flucht ist.

Eine fossile Wirtschaft kann nicht nur niemals nachhaltig sein, weil sie auf die beschleunigte Verbrennung von Rohstoffen baut, die in Jahrmillionen entstanden sind; sie macht die Gesellschaften, die auf sie bauen, auch in höchstem Maße abhängig und verwundbar. Wenn ihnen der Stoff ausgeht, sind sie so hilflos wie der Junkie ohne Nachschub an Heroin. Das ist, gespiegelt an unendlich vielen Teilphänomenen unserer Wachstumswirtschaft, die Juliet Schor in ihrem Klassiker *Plenitude** herausarbeitet, der Befund, der uns dringender

* Der Begriff »Plenitude« bezeichnet das zentrale Konzept dieses Buches und lässt sich nur unbefriedigend ins Deutsche übersetzen. Er bedeutet so viel wie »Fülle« und »Überfluss«, aber auch »Vielfalt« und »Vollkommenheit« (Anm. d. Ü.).

denn je herausfordert, den Pfad des »Business as usual« zu verlassen und uns etwas anderes einfallen zu lassen, was zugleich ein auskömmliches Leben und eine moderne Staatlichkeit garantiert.

Um nichts weniger geht es der Soziologin Juliet Schor, und damit ragt ihre Studie aus dem Gros der einschlägigen Literatur zur Nachhaltigkeit und zum Postwachstum heraus: Sie konstatiert nicht nur das Versagen der konventionellen Ökonomie, den ökologischen Problemen wirksam zu begegnen, sondern entwickelt auch ein im besten Sinn ganzheitliches Konzept einer anderen Lebens- und Wirtschaftsweise, mit der man durch das 21. Jahrhundert kommen kann.

Schor hat ihr Buch ursprünglich vor dem Hintergrund des Kollapses der Finanzwirtschaft geschrieben, nicht zuletzt in der Hoffnung, dass das hier deutlich gewordene Totalversagen des Neoliberalismus, vernünftige wirtschaftliche und gesellschaftliche Ordnungen zu etablieren, zu einer schnellen Umkehr und damit zum Konzept von »Plenitude« führen könne. Inzwischen zeigt der Neoliberalismus in jedem gesellschaftlichen Teilbereich von der Sicherheit über die Ökologie bis hin zur Ökonomie selbst, dass er die zugleich trivialste wie zerstörerischste Form von Wirtschaft feiert, die die Moderne hervorgebracht hat: Märkte allein können Zusammenleben eben nicht regeln, dazu bedarf es etwas mehr – Normen zum Beispiel, Recht, Abwägung, Teilen, Kooperation und Zeit, um das alles demokratisch auszuhandeln.

Schor verwendet weite Strecken ihrer klugen Abhandlung auf den Faktor Zeit, der ihr als Schlüssel für einen Pfadwechsel erscheint, denn nur mit dem Mittel der Arbeitszeitverkürzung und der Wiedergewinnung von selbstbestimmter Zeit lassen sich das ökologische Desaster verhindern und gutes Leben herstellen. Mir scheint diese Diskussion auch deshalb besonders wichtig, weil Gesellschaften unseres Typs in dieser Hinsicht schon viel weiter waren als heute und weil die Kategorie der eigenen, nicht entfremdeten Zeit in der gegenwärtigen Nachhaltigkeits- und Postwachstumsdebatte nur eine untergeordnete Rolle spielt. Eine nachhaltige Lebensweise braucht systematisch nicht nur Effizienz, sondern auch *In*effizienz – Zeit, die *nicht* verwertet wird, Kommunikation, die *nicht* instrumentell ist,

Handlungen, die *nicht* optimiert werden. All das ist Bestandteil von Juliet Schors Konzept »Plenitude«, das seit seinem Erscheinen nicht das Geringste an Aktualität verloren hat. Was im Übrigen auch für die Statistiken gilt, die Schor ihrer Analyse zugrunde legt: Denn auch wenn die Erhebungen größtenteils aus den Jahren unmittelbar vor dem Ausbruch der Finanzkrise stammen, ist die Tendenz, die sie belegen, ganz ungebrochen: Die Menge der konsumierten Güter wächst unaufhörlich, ebenso wie der Energie- und Transportaufwand, mit dem sie erzeugt und zu den Konsumenten gebracht werden. Die Digitalisierung hat daran keinen Deut verändert; sie kann zwar alternative Wirtschaftsformen wie das Sharing organisatorisch erleichtern, beschleunigt aber, überregional und global betrachtet, den Irrsinn des Hyperkonsums an Gütern und Dienstleistungen mit einer zuvor ungekannten Dynamik, ohne auch nur ein einziges der ökologischen Probleme näherungsweise abzumildern.

Mich haben an den Arbeiten Juliet Schors immer die Genauigkeit der Analyse bei gleichzeitiger politischer Klarheit beeindruckt und ihr Beharren darauf, dass das alles nicht so weitergehen *muss*, sondern verändert werden *kann*, sogar einfacher, als gemeinhin behauptet wird. Das Wichtigste am Modell von »Plenitude« scheint mir nicht nur das Aufzeigen von Alternativen zum »Business as usual«, sondern die Freiheitlichkeit, die Schor dabei immer mitdenkt: Ihr Konzept favorisiert weder den »starken Staat« noch die »Ökodiktatur«, sondern setzt auf die Intelligenz der Praxis: Man muss die einzelnen Dinge einfach anders machen, damit alles anders wird.

Harald Welzer, im Dezember 2015

Einführung zur deutschen Ausgabe

Plenitude. The new economics of true wealth erschien ursprünglich im Jahre 2010. Ich habe das Buch unter dem Eindruck zweier fataler Entwicklungen geschrieben. Die erste war die sogenannte Finanzkrise, die schlimmste Krise des Finanzsektors seit den berüchtigten 1920ern. Im Jahr 2007 kam es in England zu einem »Bankensturm«, in den USA nahm die Subprime-Krise ihren Anfang, in deren Verlauf die Investmentbank Lehman Brothers 2008 Insolvenz anmelden musste. Als im September 2008 Zahlungen eingefroren wurden, brach Panik aus. Die Turbulenzen auf dem Finanzsektor führten zu einer weltweiten Rezession, die weit über die Grenzen der Verursacherstaaten hinausreichte. Für viele Länder, etwa im Süden Europas, blieb es nicht dabei – aus der Rezession wurde eine Depression.

Die zweite Tragödie war die Tatenlosigkeit der Welt in Bezug auf den Klimawandel. Im Herbst 2009 veröffentlichte eine Reihe von Wissenschaftlern Klimadaten, die unmissverständlich aufzeigten, wie dramatisch die Lage mittlerweile war. Die Meldungen reichten von Temperaturrekorden und intensiviertem Abschmelzen der Gletscher bis hin zu furchtbaren Dürren, Artensterben und Extremwetterereignissen. In fast allen Fällen wurden die Erwartungen des vierten IPCC-Reports von 2007 übertroffen. Die Wissenschaftler hofften, dass ihre neuen Vorhersagen die Welt dazu bewegen würden zu handeln. Doch der Kopenhagener Klimagipfel (2009) endete im Fiasko. Ich erinnere mich noch heute lebhaft an jene Wochen zwischen Anspannung und Hoffnung, an deren Ende die Gewissheit stand, dass die Menschheit ihren fatalen Kurs nicht aufgeben würde. Und bei aller Euphorie um den 21. Klimagipfel in Paris 2015 muss die Welt weiterhin besorgt sein – und sich fragen, warum sechs weitere Jahre verloren wurden.

Ziel meines Buches ist es, einen gangbaren Weg aus der Sackgasse aufzuzeigen, einen Weg, der die Kohlendioxidemissionen kappt und unseren ökologischen Fußabdruck reduziert, es jedoch gleichzeitig möglich macht, in Wohlstand zu leben. Diese Vision basiert auf einem Ansatz jenseits der Konventionen von heutigem Denken und Handeln. Ich bin froh, dass ich nachfolgend darlegen kann, wie sich die Welt seit Erscheinen meines Buches entwickelt hat: War meine ökonomische Analyse richtig? Haben die Menschen meinen Weg des »Wahren Wohlstands« eingeschlagen? Ist dieser Weg immer noch sinnvoll und richtig? Um diese Fragen zu beantworten, kehre ich zu den Anfängen des Buches zurück, zur Doppelkrise von Wirtschaft und Klima.

Das Zusammenfallen beider Krisen bedeutet eine besondere Herausforderung. Ein Grund dafür ist, dass die Krisen separat betrachtet werden, obwohl sie zusammenhängen. Die Klimapolitik hat die wirtschaftlichen Nöte vieler Menschen noch nicht auf dem Schirm, und innerhalb der Wirtschaftspolitik ist es noch schlimmer: Das beste Bild dafür ist ein Auto, das sich unaufhaltsam auf einen Abgrund zubewegt – und die Wirtschaftswissenschaften haben sich intensiv darum bemüht herauszufinden, wie man die Fahrt des Autos noch beschleunigen kann. Diese Kurzsichtigkeit ist leider immer noch die Norm. Zwar gab es Reaktionen auf die Finanzmisere, die man als klimapolitisch relevant einstufen kann; sowohl in den USA als auch in Europa wurde in Energieeffizienz und erneuerbare Energien investiert. Aber diese »erste grüne Phase« war nicht von Dauer. In den USA begannen die konservativen Republikaner einen wahren Krieg gegen Sonnen- und Windenergie. Und für Europa kam Frank Geels vom Sustainable Consumption Institute zum Schluss, dass sich das »Fenster der Möglichkeiten« in den Jahren 2010/11 wieder geschlossen hat. Danach sah es zwar so aus, als würde ein dramatischer und unvorhergesehener Kostenrückgang den Erneuerbaren zum Durchbruch verhelfen. Doch nur in wenigen Staaten – etwa in Deutschland und Dänemark – steht die Umstellung des Energiesektors weit oben auf der Agenda.

In vielen Staaten wird die Politik von einem fundamentalen Problem beherrscht: Es ist die vollständige Abstinenz von Fantasie, eine

Fehleinschätzung der Zusammenhänge zwischen ökonomischem Erfolg und Umweltschutz. Eine Lektion aus der Krise war, dass es politischer Kreativität bedarf, um in Zeiten wirtschaftlicher Not nicht in Automatismen zu verfallen und Ausgaben für Umwelt- und Klimaschutz sowie für öffentliche Infrastrukturmaßnahmen zurückzufahren. In den USA führten schlechte Wirtschaftsdaten zu einer Stärkung der Republikaner im Repräsentantenhaus und damit zu einem Kongress, den man nur als »antiökologisch« bezeichnen kann – fürwahr schlechte Zeiten für den Schutz von Klima und Umwelt.

Die Krise der Jahre 2009/10 war eine verpasste Chance. Die finanzielle Panik war groß, und der Rückgang der Wirtschaftsleistung war deutlich spürbar, so deutlich, dass sogar die Business-as-usual-Wirtschaft aufgerüttelt wurde. Auf einmal waren selbst ideologische Verfechter und bedingungslose Anhänger eines freien Marktes besorgt. Immerhin durchlebten sie gerade einen katastrophalen Zusammenbruch, für den sie verantwortlich waren, was einige, wie Alan Greenspan, sogar offen zugaben. In den Vereinigten Staaten schien sich für etwa sechs Monate tatsächlich ein Fenster für den Wandel zu öffnen. Plötzlich wurden neue Fragen gestellt: Sollten die Banken verstaatlicht oder zumindest in erheblichem Maß kontrolliert werden (als Ausgleich für ihre teure Rettung)? Sollte das System nicht normale Bürger unterstützen (statt wohlhabende Aktionäre)? Wird es gelingen, die Schuldigen zur Verantwortung zu ziehen? Zur gleichen Zeit gab es echte Optionen, eine ökologische Transformation anzustoßen, an deren Ende ein neues Energiesystem *und* Beschäftigung stehen würden. Warum aber wurde nicht in die Erneuerung eines veralteten Energie- und Verkehrssystems investiert, sondern in die Rettung des zwielichtigen Finanzsektors? Warum waren die Rettungsaktionen der Automobilunternehmen nicht mit der Verpflichtung verbunden, die Elektromobilität voranzutreiben? Diese und ähnliche Fragen lagen auf dem Tisch. Aber leider verfielen die Eliten in ihre alten Denkmuster, und es gelang ihnen, ihre Dominanz wiederzuerlangen. In Europa äußerte sich dies in einer brutalen Sparpolitik, die vor allem den südlichen Ländern aufgezwungen wurde, in den USA in einem langsamen und schmerzhaften Ausbluten der Wirtschaft.

Ich habe natürlich auf ein anderes Ergebnis gehofft, aber die Tatsache, dass es anders kam, untergräbt die Gültigkeit des Plenitude-Modells in keinster Weise. Ich habe das Buch sogar in der Annahme geschrieben, dass kurzfristig kein politischer Wille vorhanden ist, eine fundamentale Transformation auf den Weg zu bringen. Ich wollte einen Weg in die Zukunft präsentieren, den die Menschen selbst dann einschlagen könnten, wenn staatlicher Wille zum Handeln fehlt (und während der Bush-Ära sah es sehr danach aus). Angesichts dieser politischen Lage habe ich mich bemüht, für die Zweckmäßigkeit eines neuen Modells nicht nur in allgemeinen Begriffen zu argumentieren. Ich hielt und halte das Modell gerade in wirtschaftlicher Hinsicht für äußerst sinnvoll und von großem Vorteil für die Menschen.

Als ich das Buch schrieb, befanden sich die Weltwirtschaft und die Ökonomie der wohlhabenden Nationen in tiefster Unsicherheit. Niemand wusste, was passieren würde. Einige befürchteten, dass wir es mit jahrzehntelanger Massenarbeitslosigkeit wie in den 1930er-Jahren zu tun haben werden, eine Besorgnis, die nicht unbegründet war. Ich war vorsichtig und hütete mich davor, eine Voraussage darüber zu treffen, wie es mit dem Wachstum der Wirtschaft weitergehen wird. Entsprechend schrieb ich, dass die Zukunft der Wirtschaft für alles offen ist – für Erholung, Stagnation oder Niedergang.

Aber mir war klar, dass unser Wirtschaftssystem erhebliche strukturelle Mängel aufweist und dass sich dies auf verschiedene Weise offenbaren wird. Ich glaubte und tue es noch, dass die reichen Länder wirtschaftlich schwere Zeiten vor sich haben. Ferner erwartete ich eine Phase langsamen Wachstums und, sogar noch wahrscheinlicher, niedriger Gewinne. Schließlich war ich von einem steten Niedergang der energieintensiven Business-as-usual-Wirtschaft überzeugt.

Nun, bezüglich der Gewinne der US-Wirtschaft lag ich falsch. Auch die niedrigen Rohstoffpreise und die weiter anhaltende Dominanz der US-Wirtschaft habe ich nicht erwartet, wofür zum Teil eine restriktive Geldpolitik in Europa verantwortlich war. Mit anderen Dingen habe ich gerechnet, etwa mit den hohen Kosten des Klimawandels, der sich in Extremwetterereignissen (der Taifun »Haiyan«

schlug mit 12, Superstorm Sandy mit 50 Milliarden US-Dollar zu Buche) manifestierte, in Dürren und gestörten Ökosystemen.

Am wichtigsten für meine Argumentation war aber die Erwartung, dass die meisten Menschen im globalen Norden eine Verschlechterung ihrer Lebensbedingungen erfahren würden, unabhängig davon, was makroökonomisch geschehen würde. Ich erwartete eine anhaltende Schwäche auf dem Arbeitsmarkt. Ich glaubte an ein Stagnieren der Reallöhne, entweder aufgrund der negativen Entwicklung auf dem Arbeitsmarkt oder weil die Rohstoffpreise wieder beginnen würden zu steigen, sobald die Wirtschaft sich erholt (aufgrund der dann hohen Nachfrage in Zeiten knapper Ressourcen). Besorgt war ich angesichts der stark zunehmenden Ungleichheit, die westliche Volkswirtschaften seit Jahrzehnten geprägt hat. Die Einkommen aus Arbeit waren rückläufig, und die Kapitaleinkommen stiegen. Die Finanzialisierung der vergangenen Jahrzehnte hat Vermögenswerte in einem schwindelerregenden Maß konzentriert, bis sich Besorgnis und Wut über die Ungleichheit in der Occupy-Bewegung Ende 2011 Luft gemacht haben – einer Bewegung, die immer noch fasziniert, wie sich im durchschlagenden Erfolg von Thomas Pikettys *Das Kapital im 21. Jahrhundert*, das 2014 veröffentlicht wurde, zeigt. Mit diesem Teil meiner Erwartungen lag ich richtig.

Mein Hauptargument war, dass Arbeitsplätze innerhalb der BAU-Wirtschaft (BAU steht für »business-as-usual«) zunehmend unattraktiv würden, weniger sicher, lukrativ und erstrebenswert. Außerdem erwartete ich eine erhöhte Instabilität gerade in diesem Sektor. Unter diesen Bedingungen war es sinnvoll, dem Plenitude-Modell zu folgen, um Abhängigkeiten zu reduzieren, neue, nachhaltige Tätigkeitsbereiche zu entdecken und verstärkt in nicht finanzielle Kapitalformen zu investieren – in Kapitalformen wie »Sozialkapital« (etwa durch die Intensivierung nachbarschaftlicher Kontakte und den Aufbau von Netzwerken) und »ökologisches Know-how«, das zunehmend in den Mittelpunkt unserer Produktionspraktiken treten wird. Last, not least geht es mir bei Plenitude um die Schaffung von mehr Zeitwohlstand durch eine Verringerung der Arbeitszeiten, worauf ich weiter unten nochmals zurückkommen werde.

In Europa ging man im Zuge der Finanzkrise zu einer Sparpolitik über, die in Griechenland, Portugal oder Irland zu schmerzhaften Krisen und in vielen weiteren Ländern zu anhaltend hoher Arbeitslosigkeit und stagnierendem Wachstum geführt hat. Im Vergleich dazu schien die US-Wirtschaft weniger stark betroffen zu sein. Die Krise führte zwar zum deutlichen Einbruch der Wirtschaftsleistung, doch blieben die USA von einer länger anhaltenden Depression verschont. Trotzdem ist das Bild einer gesunden und robusten US-Wirtschaft nicht korrekt, denn viele Menschen haben das Wohlstandsniveau, das vor der Krise herrschte, nicht wieder erreicht, trotz einer fünfjährigen »Erholung« der Wirtschaft.

Das positive Bild ist nahezu ausschließlich auf finanzielle Kennzahlen zurückzuführen. Die Gewinne der US-Unternehmen erreichten Ende 2008 mit 672 Milliarden US-Dollar einen Tiefpunkt, haben sich jedoch bis Mitte 2015 auf 1880 Milliarden Dollar fast verdreifacht. Der Dow-Jones-Index stieg von 7062 im Frühjahr 2009 auf 17.400 am Ende des Jahres 2015.

Zieht man andere Kriterien heran, entsteht für die Vereinigten Staaten ein anderes, differenzierteres Bild. Seit 2010, dem ersten Jahr der Erholung, ist das BIP nur um armselige 2,2 Prozent gewachsen und damit mit deutlich niedrigeren Raten als in den Vorjahren (und es lag nur knapp über dem Bevölkerungswachstum dieses Zeitraums, das etwa bei 0,75 Prozent lag). Arbeitsmarktindikatoren zeigen eine noch schlechtere Performance. Zwar ist die offizielle Arbeitslosenquote um etwas mehr als sechs Prozent gesunken, doch war dies zum großen Teil darauf zurückzuführen, dass viele Arbeitnehmer aus dem Erwerbsleben ausgeschieden sind. Das Verhältnis der Erwerbstätigen zur Gesamtbevölkerung liegt nach wie vor bei knapp 60 Prozent und damit genau auf dem Stand des Krisenjahrs 2009. Seit 2010 sind die inflationsbereinigten Einkommen durchschnittlich nur um 0,3 Prozent pro Jahr gestiegen, die Reallöhne sind gesunken. Knapp 15 Prozent der Bevölkerung gelten nach wie vor als arm und haben von der »Erholung« der Wirtschaft nicht profitiert; die Zahl der Menschen in Haushalten, die auf Nahrungsmittelhilfe (etwa 47 Millionen) angewiesen sind, sind nach wie vor auf Rekordniveau.

Insgesamt sind die Verluste, die die meisten Amerikaner als Folge des Abschwungs erlitten, enorm. Emmanuel Saez von der Berkeley University hat in einer Studie *(Striking it richer: The Evolution of Top Incomes in the United States)* Daten vorgelegt, die dies eindrucksvoll belegen. Vom Spitzenjahr 2007 bis zum Tiefpunkt des Jahres 2009 ist das durchschnittliche Realeinkommen pro Familie um 17,4 Prozent gefallen. Niemals seit den Krisenjahren der 1930er waren stärkere Rückgänge in einem so kurzen Zeitraum zu verzeichnen. Bis 2013 haben 99 Prozent der Haushalte ihre krisenbedingten Verluste immer noch nicht wieder wettgemacht, was bei Anstiegen von mageren 0,8 Prozent in den Jahren 2009 bis 2013 auch nur schwer möglich ist. Im Gegensatz dazu erhöhten sich die Einkommen des obersten einen Prozents der Bevölkerung um 34,7 Prozent.

Ich könnte weiteres Zahlenmaterial aufführen, aber ich denke, die Statistiken sprechen eine deutliche Sprache: »Normale« Amerikaner haben von der Erholung nicht oder kaum profitiert. Jobs sind nach wie vor knapp, die Armut bleibt hoch, Löhne fallen oder stagnieren. Die Einkommens- und Vermögenskonzentration setzt sich zügig fort. Im Jahr 2012 verfügten die obersten zehn Prozent der Haushalte über 50,2 Prozent aller Erträge.

Die schlechten Wirtschaftsdaten waren vor allem für junge Menschen katastrophal. Die Jugendarbeitslosigkeit ist weltweit außerordentlich hoch, und vielen Schulabgängern ist es nicht gelungen, im Berufsleben langfristig Fuß zu fassen. Entsprechend gering ist das Vertrauen vieler junger Menschen in die BAU-Wirtschaft – und entsprechend hoch war gerade innerhalb dieser Gruppe das Interesse am Plenitude-Ansatz. Im Globalen Norden geht die Jugend voran. Sie zeigt sich interessiert an Genossenschaften, Solidaritätsbewegungen, der DIY-Bewegung und alternativen Formen der Landwirtschaft und Nahrungsmittelerzeugung sowie dezentralen Energieprojekten. Ich habe in meinem Buch die Überzeugung vertreten, dass Plenitude vielerorts bereits Realität geworden ist und dass sich immer mehr Menschen für diese alternativen Lebensstile und Produktionspraktiken interessieren. Beweise dafür gibt es inzwischen genug, nicht nur in den USA, sondern auch in ganz Europa. Die Kombination von wirtschaftlicher Not und die zunehmende Entzauberung der Business-as-usual-Wirtschaft haben zum Aufstieg von Zeitbanken und Tauschwirtschaft, lokalen Währungen, Märkten für gebrauchte Konsumgüter, städtischer Landwirtschaft oder dezentraler Energieerzeugung geführt, um nur einige Spielarten zu nennen. Transition Towns, Einkaufsgruppen, und Resilienzgruppen sprießen wie Pilze aus dem Boden, Menschen entwickeln neue, kreative Ideen, um zu produzieren, zu verbreiten und zu konsumieren. Einige werden vom Wunsch nach sozialer Gerechtigkeit getrieben, andere wollen einfach nur ein anderes Leben führen.

Einer der am schnellsten wachsenden Bereiche war die sogenannte Sharing Economy – eine Branche, mit der ich mich seit Veröffentlichung des Buches intensiv auseinandergesetzt habe. Ich sehe in den verschiedensten innovativen Sharing-Ansätzen ein großes Potenzial, Einkommensausfälle zu kompensieren, vor allem für all diejenigen, die aus der BAU-Wirtschaft ausgeschieden sind, weil sie sich mit den dortigen Anforderungen nicht mehr identifizieren können oder wollen.

Mittlerweile sind Unternehmen entstanden, die weltweit operieren, etwa Airbnb, eine digitale Plattform zur Vermittlung von Unterkünften, oder Uber, ein Online-Vermittlungsdienst für Fahrdienstleistungen. Dies sind die umstrittenen Spieler in diesem neuen Raum, weil sie eher *vermieten* als *teilen*, kommerziell motiviert sind und für ihr Gedeihen rechtliche Grauzonen nutzen. Im Zuge ihres schnellen Wachstums sind sie damit den Unternehmen der BAU-Wirtschaft in vielerlei Hinsicht immer ähnlicher geworden.

Aber es gibt nach wie vor zahlreiche Sharing-Initiativen, die altruistisch motiviert und viel näher am Geiste von Plenitude sind, etwa nachbarschaftliche Sharing-Plattformen oder genossenschaftliche Peer-to-Peer-Plattformen. Was sie eint, ist, dass sie klein (geblieben) sind und keinen oder kaum Gewinn machen. Doch es gibt auch unter den echten »Sharern« kommerzielle Unternehmen, wie den Peer-to-Peer-Markt für Kunsthandwerk Etsy, der viele Plenitude-Prinzipien verkörpert (Leser, die sich für Details meiner aktuellen Sharing-Economy-Forschung interessieren, werden hier fündig: http://www.

bc.edu/schools/cas/sociology/faculty/profiles/juliet-schor/Connected Consumption.html).

In den letzten beiden Jahren hat sich innerhalb des progressiven Flügels der Sharing Economy eine rege Diskussion um ein Phänomen namens »Plattform-Kooperativismus« *(platform cooperativism)* entwickelt, bei dem Nutzung und Besitz in einer Hand liegen. Im Herbst 2015 nahmen mehr als tausend Menschen an einer Konferenz an der New School University zu diesem Thema teil. Eine Reihe derartiger Plattformen wurde bereits gestartet, andere sind im Aufbau. Meines Erachtens hat diese Eigentumsform großes Potenzial, weitreichende strukturelle Veränderungen in der Wirtschaft voranzutreiben, weil sie sich schnell etablieren und ausbreiten kann und Kapital in den Händen der Produzenten und Verbraucher belässt. Abgesehen davon profitiert die Bewegung von neuartigen, hocheffizienten Technologien.

Eine andere Diskussion, die derzeit hohe Aufmerksamkeit erzielt, ist die Frage nach der Zukunft der Arbeit in einer Welt, in der sich künstliche Intelligenz mit hohem Innovationstempo ausbreitet. Hier stehen sich zwei Lager gegenüber: Die einen gehen davon aus, dass es bald bei Weitem nicht mehr genug Arbeit geben wird, die anderen halten diese Sichtweise für übertrieben. Ich vertrete eine dritte Position: Es wird ein drastischer Nachfragerückgang nach Arbeitskräften eintreten, aber eine Katastrophe wird ausbleiben, wenn es uns gelingt, das verbleibende Arbeitsvolumen gerecht zu verteilen. Tatsächlich war dies eine zentrale Botschaft meines Buches: Arbeitszeitverkürzung ist nicht nur für Haushalte und Individuen sinnvoll, um sich damit von der BAU-Wirtschaft zu emanzipieren und die Einkommenssituation auf eine breitere Basis zu stellen (siehe Kapitel 4). Sie ist auch volkswirtschaftlich von immenser Bedeutung, um in Zeiten technischen Wandels hohe Arbeitslosenzahlen zu vermeiden (Kapitel 5). Darüber hinaus ist Arbeitszeitverkürzung gleichbedeutend mit Klimaschutz, wie umfangreiche Untersuchungen gezeigt haben, die ich mit meinen Mitarbeitern Kyle Knight und Eugene Rosa durchgeführt habe. Darin konnten wir zeigen, dass Kohlendioxidemissionen und Arbeitszeiten stark miteinander korrelieren. So ist der hohe ökologische Fußabdruck der USA in Teilen auf das hohe Arbeitspensum der US-Amerikaner zurückzuführen. Mit anderen Worten: Eine Reduzierung der Arbeitszeit ist nicht nur gute Arbeitsmarkt- und Sozialpolitik, sondern auch gute Umweltpolitik.

Bevor ich nun diese Einführung zur deutschen Ausgabe schließe, möchte ich nochmals mein größtes Bedauern ausdrücken: Ich habe den Willen der Menschen, sich zusammenzuschließen und gemeinsam zu agieren, unterschätzt. Nach wie vor ist zwar der politische Wille, einen Systemwechsel voranzutreiben, nicht vorhanden, nicht in Europa, nicht in den USA. Doch es gibt einen weitaus wirkmächtigeren und effektiveren Weg, Veränderungen anzustoßen, und zwar über den Weg der kommunalen Vereinigung. Überall kommen Menschen zusammen, begründen Initiativen, um die großen Fragen um Klima, Energie, Ernährung und Mobilität auf lokaler Ebene zu diskutieren und Lösungen zu erarbeiten. Ich wünschte, ich hätte diesen *community-based initiatives* noch mehr Raum in meinem Buch gewidmet.

Heute ist Heiligabend 2015. Ich lebe in Newton, Massachusetts, wo es Ende Dezember in der Regel kalt ist und oft Schnee liegt. Heute habe ich jedoch 21 Grad Celsius gemessen, und ich werde diese Einleitung daher mit demjenigen Thema beenden, das mich motiviert hat, mein Buch zu schreiben. Dieses Jahr wird wieder alle Rekorde brechen, und im nächsten Jahr kann es sogar noch wärmer sein.

Die Klimakonferenz in Paris wurde von einem beispiellosen Maß an Optimismus getragen, aber die wissenschaftlichen Daten erzählen eine andere Geschichte. Wenn wir einen katastrophalen Klimawandel noch verhindern wollen, müssen wir im neuen Jahr und darüber hinaus alle Kraft daransetzen, unsere Treibhausgasemissionen zu reduzieren. Ich hoffe, dass der Plenitude-Ansatz dazu beiträgt, Mut und Optimismus zu verbreiten, denn er zeigt eindrucksvoll auf, dass eine andere Zukunft möglich ist.

Juliet Schor,
Newton, MA, im Dezember 2015

KAPITEL 1

Ein Weg aus der Krise

Im Jahr 2008 schien der globale Kapitalismus am Ende zu sein. Das Finanzsystem stand beängstigend nahe vor einem totalen Zusammenbruch und konnte nur durch staatliche Garantien und massive Liquiditätsspritzen gerettet werden. Vermögen im Wert von erstaunlichen 50 Billionen Dollar wurde weltweit vernichtet.[1] Rund um den Globus trieb die wirtschaftliche Not die Menschen auf die Straße, von Island über Griechenland und Ägypten bis nach China.

Im Anschluss ist die globale Wirtschaft zwar »gerettet« worden, aber repariert wurde sie nicht. Eine Reparatur würde fundamentale Veränderungen erfordern. Die Destabilisierung des Klimas, der Zusammenbruch der Wirtschaft und die steigenden Preise von Lebensmitteln und Energie sind Warnsignale eines extrem belasteten Planeten. Ein Team von Ökologen um Johan Rockström hat eine Reihe »sicherer Operationsbereiche« für die komplexen Systeme der Erde definiert und festgestellt, dass die Aktivitäten des Menschen uns bereits in mehreren Fällen aus dem sicheren Bereich hinausgeführt haben.[2] Aber der Diskurs, der gerade begonnen hatte, sich in den Köpfen vieler einzunisten und zum Mainstream zu werden, ist durch Fatalismus abgewürgt worden – wir sind besser darin, das zu erkennen, was nicht getan werden kann, als das, was wir erreichen müssten.

Dabei *gibt* es einen zukunftsweisenden Weg, und ich nenne ihn *Plenitude*. Dieses Wort lenkt die Aufmerksamkeit auf die reichen Gaben der Natur, die wir bewahren müssen. Es führt uns zu der Chance, reich zu sein, reich an den Dingen, die uns am wichtigsten sind, hin zu einem Reichtum, den unsere Beziehungen, die wir untereinander pflegen, darstellen. Plenitude bedeutet, ganz anders zu leben, als es uns die Leitlinien nahelegen wollen, die den gesellschaftlichen Diskurs der vergangenen 25 Jahre dominiert haben. Sie stellt ökologisches und soziales Funktionieren in ihren Mittelpunkt, aber sie ist nicht zu verwechseln oder gleichzusetzen mit dem Paradigma des Opferns oder Verzichtens; im Gegenteil führt sie zu einer Lebensweise, die mehr Wohlbefinden erzeugt als das bisherige »Business as usual«, das zum Niedergang sowohl unserer natürlichen als auch unserer wirtschaftlichen Umwelt geführt hat.

Wie die meisten Nachhaltigkeitsvisionen, die in den vergangenen Jahren entwickelt wurden, erfordert Plenitude, dass wir die neuesten umweltschonenden Technologien einsetzen. Ohne sie können wir nicht sicherstellen, dass das, was der Mensch aufgebaut hat, überdauern wird, und wir riskieren, in eine unerfreuliche Zukunft zu stürzen. Aber Plenitude ist keine *technologische* Lösung. Es wird nicht möglich sein, unsere Probleme in der Zeit, die uns noch zur Verfügung steht, zu lösen, wenn wir lediglich unsere Technologie verändern. Wir werden die Schädigung der Umwelt nicht stoppen und unsere finanzielle Gesundheit nicht wiederherstellen können, wenn wir nicht auch einen anderen Rhythmus für Arbeit, Konsum und Alltagsleben einführen und eine Reihe von systemweiten Strukturen verändern. Wir brauchen eine alternative Wirtschaft, nicht nur eine alternative Energieversorgung.

Seit einiger Zeit wächst die Zahl der Forschungsergebnisse und Schriften über wirtschaftliche Alternativen und die entsprechenden praktischen Erfahrungen.[3] Diese Entwicklung ist Teil einer Bewegung für Nachhaltigkeit, die in den 1980er-Jahren Fahrt aufzunehmen begann.[4] Zunächst hatten es derartige neue Ansichten schwer, die Blase zu durchdringen, welche die Wachstumswirtschaft umgab, aber heute sind die Menschen wieder empfänglicher für diese Ideen, weil sie erkannt haben, dass eine wirkliche Rettung mehr erfordern wird als diverse Rettungsanker und Bail-outs.

Die Logik, auf der Plenitude aufbaut, ist weitgehend ökonomischer Art und konzentriert sich auf Effizienz und Wohlbefinden. Ich setze darauf, dass es intelligentes Verhalten – sowohl des Einzelnen als auch der Gesellschaft insgesamt – ist, was dazu führen wird, dass es den Menschen, den anderen Lebewesen und dem Planeten wieder besser geht. Plenitude verspricht nicht nur technologische Verbesserungen, sondern auch klügere wirtschaftliche Arrangements. Plenitude umschreibt einen Weg in die Zukunft, der Innovation, makroökonomisches Gleichgewicht und sorgsame Achtsamkeit auf die zahlreichen Quellen von Reichtum verfolgt. Insofern weicht sie von der Botschaft freiwilliger Genügsamkeit und der Kritik an der Konsumgesellschaft ab, die besagt, weniger sei mehr und Einkommen und Konsum würden überschätzt. Entsprechende Studien haben gezeigt, dass das – jenseits von echter Armut – richtig ist, aber diese Erkenntnis bringt uns nicht weit genug voran. Das größere Ziel, nämlich die Erlangung wahren Reichtums, wird durch Veränderungen erreicht, die *neue* Effizienzen erzeugen und die es ermöglichen, aus *weniger mehr zu bekommen*.

Die Version von Plenitude, die ich hier beschreibe, richtet sich hauptsächlich an die Einwohner reicher Länder und an die wohlhabenden Einwohner armer Länder. Aber die meisten der Grundsätze von Plenitude (wenn auch nicht alle) und die wirtschaftlichen Zusammenhänge, auf denen sie beruhen, gelten auch für Haushalte mit niedrigerem Einkommen in armen Regionen.[5] In ihren allgemeinen Grundzügen – wenn auch vielleicht nicht in den Einzelheiten – ist sie eine breit anwendbare Vision eines anderen Wirtschaftslebens.

Bei Plenitude geht es auch um Wandel. Veränderungen geschehen nicht von heute auf morgen. Es wird Jahrzehnte dauern, eine nachhaltige Wirtschaft zu schaffen, und Plenitude ist eine Strategie, um auch während dieses Wandels zu gedeihen. Das Wunderbare an diesem Ansatz ist, dass er sofort umgesetzt werden kann – er macht es nicht notwendig zu warten, bis sich das Cleantech-Paradigma durchgesetzt hat. Er setzt nicht voraus, dass die Regierung sofort mitmacht. Jeder Einzelne kann einen Anfang machen, und immer mehr Menschen tun das bereits. Plenitude war schon vor der Finanzkrise der richtige Weg, und er ist es noch immer. In einer Phase langsamen Wachstums oder der Stagnation ergibt Plenitude noch mehr Sinn als in Zeiten des Booms. Wenn einzelne Menschen sich die Leitlinien von Plenitude zu eigen machen, zeigen sie nicht nur eine private

Reaktion auf etwas, das zwangsläufig ein kollektives Problem ist; sie sind vielmehr Pioniere der Mikroaktivität (auf individueller Ebene), die notwendig ist, um das (systemweite) Makrogleichgewicht zu erzeugen, mit dem eine in gewaltige Schieflage geratene Wirtschaft wieder ins Gleichgewicht gebracht werden kann.

Dieses Gleichgewicht wird sich nicht automatisch einstellen. Jeder groß angelegte Wandel erfordert kollektive Übereinkünfte, um erfolgreich sein zu können. Wir brauchen eine ökologische Buchführung, einen Mechanismus, um Kohlenstoffemissionen zu reduzieren, und wir müssen aufhören, fossile Energieträger zu subventionieren. Wir brauchen eine neue Arbeitsmarktpolitik. Wir müssen unser Gesundheitswesen, das Bildungswesen und die Altersvorsorgesysteme reformieren, das gilt für alle Industrienationen gleichermaßen, für die einen mehr (wie die USA), für andere (etwa die Staaten Nordeuropas) in geringerem Ausmaß. Aber während wir auf diese Reformen hinarbeiten, wird hier die Vision einer Lebensweise präsentiert, die diesem wunderbaren Planeten, den wir Erde nennen, und allen Lebewesen, die auf ihm leben, Respekt entgegenbringt.

Die Fundamente von Plenitude

Aus Sicht des Einzelnen gibt es vier Plenitude-Grundprinzipien. Das erste ist ein neues Bewusstsein für Zeit, eine neue Zeitkultur. Seit Jahrzehnten haben US-Amerikaner und Europäer immer mehr von ihrer Zeit und ihrem Geld für den Markt aufgewendet – sie arbeiten immer länger, gehen in ihrer Freizeit Aktivitäten nach, die pro Zeiteinheit einen immer größeren Anteil ihres Einkommens erfordern, und immer mehr von dem, was sie konsumieren, kaufen sie, anstatt es selbst anzufertigen oder zu produzieren. Es ist Zeit, diesen Trend umzukehren und sich aus dem Markt zu diversifizieren. Damit ist nicht nur der Aktienmarkt gemeint, obwohl dessen Volatilität darauf hindeutet, dass dies ein Markt ist, auf den dieser Punkt ganz besonders zutrifft. Wenn ich von »dem Markt« schreibe, meine ich wirtschaftliche Aktivitäten nach dem Muster des »Business as usual« – ein Begriff, der in der Klimadebatte aufkam und beschreiben soll, was passieren wird, wenn wir es nicht schaffen, die immer weiter zunehmenden Emissionen in den Griff zu bekommen. In diesem Buch verwende ich »Business as usual« (BAU) als Bezeichnung für das Fortschreiben der aktuellen wirtschaftlichen Regeln, Praktiken, Wachstumsziele und ökologischen Folgen von Produktion und Konsum. Dieser Begriff bezieht sich vor allem auf die großen Wirtschaftskonzerne, die den Markt dominieren und erheblich in ihn investiert haben. Wenn man sich als Einzelperson weniger abhängig vom Markt macht, verteilt man Risiken und schafft zusätzliche Quellen von Einkommen und Unterstützung sowie neue Arten der Beschaffung von Konsumgütern.

Konkret ist damit das Verkürzen von Arbeitszeiten gemeint. Für Haushalte mit Zeitmangel und mit adäquatem Einkommen wird das wahrscheinlich bedeuten, einen Teil ihres Einkommens gegen mehr Zeit einzutauschen. Durch das Wiedergewinnen von Zeit werden Ressourcen frei, die in Aktivitäten zur ökologischen Erneuerung investiert werden können, und es schafft Gelegenheiten, die zwischenmenschlichen Beziehungen zu erneuern, die in den Boomjahren vernachlässigt wurden. Natürlich wurde Millionen von Menschen ein verändertes Verhältnis von Zeit und Geld in unerfreulicher Weise aufgezwungen, nämlich in Form von Arbeitslosigkeit oder anderen Einkommensverlusten. Diese Gruppe, die schon jetzt zu viel Zeit und zu wenig Geld hat, sollte sich weniger darum bemühen, eine Vollzeitbeschäftigung in der BAU-Wirtschaft zu erlangen, sondern sich auf den wachsenden Nachhaltigkeitssektor ausrichten, der sowohl Firmen als auch die Parallelwirtschaft umfasst, die inmitten der Überreste der Finanzkrise neu entstanden sind. Dazu zählen Bereiche wie der Eigenanbau von Lebensmitteln, Bauen und Renovieren von Wohnraum in Eigenarbeit sowie kommunale Initiativen wie Tauschringe und Einkaufsgemeinschaften.

Das bringt uns zu dem zweiten Grundprinzip von Plenitude: sich aus dem BAU-Markt zu diversifizieren und selbst zu versorgen, also Dinge für den eigenen Bedarf selbst herzustellen, anzubauen oder zu erledigen. In der Tat soll es durch kürzere Arbeitszeiten im Markt nicht nur – und nicht einmal hauptsächlich – erreicht werden, den Stress im Alltag zu reduzieren (obwohl das natürlich wichtig ist). Indem man seine Zeit zurückgewinnt, stehen uns Dinge offen und eröffnen sich neue Möglichkeiten, etwa die, sich selbst zu versorgen. Und wir können eine geradezu befreiende Wahrheit entdecken: Je weniger wir kaufen müssen, desto weniger Geld müssen wir verdienen. Der wirtschaftliche Abschwung unmittelbar nach der Krise hat eine Entwicklung angestoßen und beschleunigt, die unter Nachhaltigkeits-Pionieren ohnehin schon eine robuste Wiederentdeckung war: Plenitude will erreichen, dass Selbstversorgung von einer randständigen handwerklichen Aktivität zu einer wirtschaftlich signifikanten Bewegung wird. Dafür muss die Produktivität der Arbeitszeit, die für solche Aktivitäten aufgewendet wird, erhöht werden. Ich werde weiter unten ausführen, dass das Wissen um neue, innovative landwirtschaftliche Methoden und die Entwicklung kleiner, »smarter« Maschinen es möglich machen, die Selbstversorgung zu einem sehr produktiven – und wirtschaftlich lohnenden – »Zeitvertreib« zu machen.

Diese Ideen stehen der Richtung entgegen, welche die meisten Haushalte in den vergangenen Jahrzehnten genommen haben, und widersprechen dem, was die Wirtschaftswissenschaften predigen – nämlich dass Spezialisierung auf eine bestimmte Fertigkeit oder Tätigkeit effizient sei. Spezialisierung mag sinnvoll gewesen sein, als der Markt bessere Rendite bot. Selbst als die Einkommen stagnierten, war es schwierig, der Versuchung von extrem billigen Konsumgütern zu widerstehen. Heute, in einer Welt voller ökologischer und ökonomischer Unsicherheiten und Belastungen, erscheint es eher fragwürdig, alles auf die eine Trumpfkarte des kapitalistischen Marktes zu setzen.

Das dritte Grundprinzip von Plenitude ist »wahrer Materialismus« – damit ist eine umweltbewusste Einstellung zum Konsum gemeint. In den westlichen Industrienationen hat das Tempo, mit dem Produkte erworben und weggeworfen werden, vor allem in den Zeiten vor dem Crash dramatisch zugenommen. Die Verbraucher wussten relativ wenig darüber, wo die von ihnen erworbenen Produkte herkamen und welche ökologischen Folgen deren Herstellung, Verwendung und Entsorgung nach sich ziehen. Aber vielen Menschen ist das nicht egal, und sie wollen den ökologischen Fußabdruck ihres Konsums minimieren.

Vielleicht ist es erstaunlich, dass der Weg zu einem umweltverträglichen Leben keineswegs bedeutet, in einem Büßerhemd gehen zu müssen. Er macht es auch nicht notwendig, die Bedeutung des Konsums zurückzufahren. Der Plenitude-Konsument ist sehr wahrscheinlich vielmehr ein äußerst »bewusster Konsument«, der sein Leben auch in materieller Hinsicht reichhaltig gestalten will. Wir müssen nicht etwa – im Sinne der Standardformulierung – »weniger materialistisch« sein, sondern das genaue Gegenteil, also *materialistischer*. Denn nur wenn wir die Materialität der Welt ernst nehmen, können wir die Rohstoffe, von denen der Konsum abhängt, würdigen und schützen. Nachhaltig zu leben bedeutet einerseits, dass wir uns von einem Lebensstil verabschieden müssen, der von Benzinfressern, ausufernder Wohnfläche pro Person, in Flaschen abgefülltem Wasser und übermäßigem Papierverbrauch gekennzeichnet ist. Aber es bedeutet andererseits eben auch, dass wir uns an fabelhafter Kleidung, umweltverträglichen elektronischen Geräten (soweit dies möglich ist), köstlichen lokal produzierten Lebensmitteln und an einer geruhsameren Art des Reisens erfreuen werden können. Plenitude bedeutet, dass Sie sogar genug Zeit haben werden, mit dem »Slow boat to China« zu reisen, falls Ihnen der Sinn danach steht.

Das letzte Grundprinzip ist die Notwendigkeit, wieder intensiver in zwischenmenschliche Beziehungen und unsere Gemeinschaften zu investieren. Zwar spricht man über soziale Bindungen normalerweise nicht in ökonomischen Begriffen, aber diese Bindungen – die von Wissenschaftlern als »Sozialkapital« bezeichnet werden – sind eine Form von Reichtum, die mindestens ebenso wichtig ist wie Geld oder materielle Güter. Vor allem in Zeiten der Not überleben und gedeihen die Menschen, indem sie sich gegenseitig helfen. Ströme von Geld, Gütern und Arbeit zwischen den Menschen bilden ein paralleles System des Tauschens und Sparens. Eine der negativen Folgen einer intensiven Orientierung auf den Markt ist, dass Gemeinschaft und zwischenmenschliche Bindungen immer mehr geschwächt worden sind. Die Menschen hatten (und haben) nicht genug Zeit, um in soziale Beziehungen außerhalb ihres engsten Familienkreises zu investieren. Durch Wiedergewinnen von Zeit erhalten sie auch die Freiheit zurück, ihre sozialen Netzwerke zu stärken.

Dies sind also die Grundprinzipien von Plenitude: weniger arbeiten und konsumieren, mehr selbst schaffen und soziale Bindungen pflegen. Daraus erwachsen wiederum vielfältige Vorteile, und zwar nicht nur auf ökologischer Ebene – indem wir weniger Emissionen produzieren und die Umwelt schonen –, sondern auch auf menschlicher, indem wir mehr Lebensfreude erzeugen und in Gesundheit gedeihen.

Verändern des ökonomischen Diskurses

Als im Herbst 2008 im Finanzsystem Panik um sich griff und die Wirtschaft einbrach, machte sich das Gefühl breit, dass Veränderungen – sogar fundamentale Veränderungen – notwendig seien. »Business as usual« und selbst der Kapitalismus an sich wurden plötzlich infrage gestellt. Innerhalb von sechs Monaten mochten nur noch 53 Prozent der erwachsenen Bevölkerung der Aussage zustimmen, dass »Kapitalismus ein besseres System« sei als Sozialismus.[6] (20 Prozent aller Befragten hielten Sozialismus für besser, und 27 Prozent waren sich nicht sicher; von den Befragten, die unter 30 Jahre alt waren, stimmten etwa gleich viele jeder der beiden Optionen zu.) Aber als sich die Lage stabilisiert hatte, begann sich allmählich der Status quo wieder durchzusetzen. Die Debatte über die Frage, wie die Wirtschaft reformiert werden müsse, kam wieder zum Erliegen – vor allem im Hinblick auf die fundamentale Frage, welche Belastungen das aktuelle System für den Planeten verursacht.

Aber einiges änderte sich tatsächlich. Nach drei Jahrzehnten der Dominanz hatte das herrschende Wachstumsdogma einen Teil seiner Glaubwürdigkeit verloren. Kurzfristig war man sich sogar einig darüber, dass wir nicht zu der Politik des vorangegangenen Jahrzehnts zurückkehren durften. In den Vereinigten Staaten entstand eine beeindruckende Liste von Dingen, die fortan nicht mehr erlaubt sein sollten: der weitere Anstieg der Staatsschulden bei einer Sparquote von null, das riesige Außenhandelsdefizit, die jährlichen Ausgaben für Ölimporte in Höhe von 453 Milliarden Dollar und der »Run« auf das Finanzsystem.[7] Das Land brauchte mehr Ersparnisse und Investitionen, und sogar eine Abkehr von fossilen Treibstoffen fand immer breitere Unterstützung – bis der Frackingboom diese wieder beendete. Aber den Hintergrund für diese neuen Stimmungen bildete die Rückkehr zu einer veränderten Version des gewohnten, wenn auch etwas verschlankten Modells. Daher lief das, was getan wurde, auf eine Reihe von provisorischen Maßnahmen hinaus – finanzielle Hilfspakete für Banken und Versicherungen, Steuersenkungen, um den Konsum zu beleben, Rettungspakete für die Automobilindustrie und verlängerte Arbeitslosenunterstützung. Man hoffte, dass neue Finanzmarktregulierungen oder – in den USA – die Reform des Gesundheitssystems für anhaltende Stabilität sorgen würden, aber diese Hoffnung ist sehr optimistisch.

Einer der Gründe, warum der gesellschaftliche Diskurs wieder zurück in seine gewohnten Bahnen schwenkte, liegt darin, dass Makroökonomen – die sich vor allem mit Wirtschaftswachstum, Beschäftigung und der Gesamtwirtschaft befassen – ökologische Daten nur sehr allmählich in ihre Sicht der Welt aufgenommen haben. In den Jahren 2007 und 2008 – also in einer Zeit, in der die Immobilien- und Kreditmärkte zusammenbrachen – gab es dramatisch schlechte Nachrichten von der Klimafront. Die Entwicklungen, die bis dato stattgefunden haben, seit der »Weltklimarat« IPCC 2007 seinen insgesamt vierten Bericht vorgelegt hat, waren und sind beunruhigend. Das arktische Eis schmilzt mit einer bis dahin unvorstellbaren Geschwindigkeit, und der Meeresspiegel steigt mehr als doppelt so schnell an, wie es in dem IPCC-Report für möglich gehalten wurde.[8] Dürrezonen breiten sich aus.[9] Im Jahr 2007 nahmen die weltweiten Emissionen stark zu,[10] und im Juni 2008 bezeichnete James Hansen, führender Klimatologe der NASA, vor dem US-Kongress das CO_2-Ziel, »das wir erreichen wollten«, als eine »Katastrophe«.[11] Im Februar 2009 gab es noch schlechtere Nachrichten, denn die Klimaveränderung habe nochmals Fahrt aufgenommen und ihr Tempo sei bereits viel höher als alles, was man in den aktuellen Klimamodellen berücksichtigt habe.[12] Hansen und seine Kollegen warnten, dass CO_2-Konzentrationen über 350 ppm (»parts per million«, also »Teile pro Million«) es unmöglich machen, die Erde so zu erhalten, dass sie »dem Planeten ähnelt, auf dem sich Zivilisation entwickelt hat«.[13] Aber schon damals waren wir bei 385 ppm – Tendenz steigend.

Dennoch schien es so, als hätten die »Hüter der Wirtschaft« noch gar nichts von den (gar nicht mehr so) neuen Nachrichten über das Klima gehört. Vielmehr diskutierten sie hauptsächlich darüber, wie man den Konsumenten mehr Geld zukommen lassen kann, damit sie wieder mehr Autos kaufen (ganz gleich, was für welche), mehr Häuser bauen (egal, wie groß) und immer mehr Krempel anhäufen können. Die Rettungspakete und Konjunkturprogramme kosteten Billionen, aber nur sechs Prozent davon, nämlich 52 Milliarden Dollar, waren tatsächlich »grün«.[14] Erstaunlicherweise erhielt die Automobilindustrie in den USA und Deutschland enorme Summen (General Motors und Chrysler etwa rund 30 Milliarden Dollar)[15], ohne sich verpflichten zu müssen, auf Hybridfahrzeuge umzustellen, ganz zu schweigen von irgendeiner parallelen staatlichen Initiative zum Ausbau der viel nachhaltigeren öffentlichen Verkehrssysteme. Die Politik entschloss sich, extrem schädliche Konsumgewohnheiten und weiteres Wirtschaftswachstum zu stimulieren – und die Fiktion aufrechtzuerhalten, dass unser Wirtschaftssystem eigentlich gesund sei. Während die Welt auf einen ökologischen Absturz von unermesslicher Tragweite zuraste, drehte sich der makroökonomische Diskurs im Grunde genommen darum, wie man noch schneller dort hinkommen könne.

Was wir bei alldem nicht vergessen dürfen: Unser Problem ist nicht nur ein sich wandelndes Klima. Erkenntnisse aus den traditionellen Wissenschaften und dem rund 40 Jahre jungen Forschungsfeld der Nachhaltigkeit sagen uns, dass viele Systeme zunehmend außer Kontrolle geraten oder bereits außer Kontrolle sind. Der Mensch schädigt den Planeten schneller, als er sich selbst oder wir ihn regenerieren können. In den Ozeanen breiten sich sauerstoffarme Bereiche, sogenannte Totzonen, immer schneller aus;[16] immer mehr Ackerland wird zu Wüste. Die biologische Artenvielfalt nimmt ab, wir befinden uns am Beginn des sechsten Massensterbens der Erdgeschichte.[17] Wenn die aktuellen Trends sich fortsetzen, so warnen viele Wissenschaftler, wird es bis 2050 keinen Fisch mehr in den Ozeanen geben,[18] die wichtigste tierische Eiweißquelle für eine Milliarde Menschen.[19]

Damit soll nicht gesagt werden, dass die Ökonomen intellektuell überfordert gewesen wären.[20] Viele von ihnen machten sich zentrale Lehrsätze der keynesianischen Ökonomie zu eigen, obwohl viele Vertreter der Zunft diese Ideen in den vorangegangenen Jahrzehnten rundweg und sehr selbstbewusst abgelehnt hatten. Zu den wiederentdeckten keynesianischen Ideen zählten unter anderem die Einsicht, staatliche Haushaltsdefizite für eine kluge Politik zu halten, die Unbeständigkeit der »animalischen Instinkte« (den Optimismus) von Investoren zu berücksichtigen, und vor allem die Tatsache, dass sich der Markt nicht zwangsläufig von selbst korrigiert. Indes bestand das Ziel der Wirtschaftspolitik der vergangenen Jahre darin, die Fragmente wieder »zusammenzusetzen« – also zum vorherigen Zustand zurückzukehren, anstatt das System grundlegend zu verändern.

Demgegenüber begann der Mann auf der Straße, fast sofort nach Einsetzen des wirtschaftlichen Abschwungs sein Verhalten zu ändern. Nach dem Crash schnellte die Sparquote in die Höhe, und der Konsum verzichtbarer, wenn nicht sogar überflüssiger Produkte stürzte ab. Umfragen zu dem Thema, wie die Konsumenten den wirtschaftlichen Zusammenbruch erlebt hatten, ließen erhebliche Anpassungen in ihren Einstellungen zu Konsum, Verschuldung und Lebensstil erkennen. Immer weniger Menschen hielten Haushaltsgeräte wie Geschirrspüler, Klimaanlagen, Mikrowellengeräte, Fernseher oder Kabel- und Satellitenempfänger für notwendig.[21] Bei einer gegen Ende 2008 durchgeführten Umfrage wurde ein fünfstufiger Prozess festgestellt, der mit einer »Good bye, *homo economicus*«-Erleuchtung begann und sich dann mit einer Neubewertung dessen fortsetzte, was im Leben wichtig ist.[22] Eine Veränderung der »Ich«-Wirtschaft zu einer Wirtschaft des »Wir«, vom statusorientierten Konsum zu einer neuen Sicht auf den Unterschied zwischen Bedürfnissen und

Wünschen, wurde zu einem immer wichtigeren Thema. Die Anthropologen, die diese Studie durchführten, waren erstaunt, diesen »größeren, existenzielleren Diskurs« festzustellen. Aber die Öffentlichkeit ist sich durchaus der Tatsache bewusst, dass der »American way of life«, der längst nicht mehr nur in den USA und Europa, sondern in zunehmendem Maße auch von einer aufstrebenden Mittelschicht in den Schwellenländern China, Indien, Brasilien und Russland geführt wird, nicht nachhaltig ist. Umfragen, an denen ich mitgearbeitet habe, ergaben schon 2004, dass über 80 Prozent der Bevölkerung der Aussage zustimmten, dass »die meisten von uns [aus Umweltschutzgründen] ihren Lebensstil grundlegend ändern müssen«.[23] In den seither vergangenen Jahren sind das Umweltbewusstsein und das Gefühl der Dringlichkeit immer stärker geworden. Es gibt keinen Konsens über das, was getan werden muss, aber es hat sich die Erkenntnis durchgesetzt, dass die »Business as usual«-Wirtschaft zusehends versagt.

Nach einer Phase von außergewöhnlich hohem Ansehen ist nun der Glanz der klassischen Wirtschaftswissenschaften geschwunden. Lange Jahre herrschte in einer breiten Öffentlichkeit großes Interesse daran, wie Ökonomen denken. Die Schriften von Paul Krugman waren enorm populär, Bestseller wie *Freakonomics* und regelmäßige Kolumnen wie die von David Leonhardt für die *New York Times* waren der Zunft gewidmet. Aber die Ökonomen – abgesehen von einigen bemerkenswerten Ausnahmen – schafften es nicht, die Finanz-, Immobilien- und Wirtschaftskrisen vorherzusehen.[24] Uwe Reinhardt von der Princeton University hat angemerkt, sie hätten »tief und fest geschlafen«, als die Wall Street implodierte.[25] Robert Shiller von der Yale University hat es mit »Gruppendenken« erklärt.[26] Was auch immer der Grund gewesen sein mag – das, was 2007 und 2008 geschah, war ein monumentales Versagen. Wir können es uns nicht leisten, dass sich so etwas wiederholt, wenn es um die Gesundheit des Planeten geht.

Aber das müssen wir auch nicht. Ein seltsamer Aspekt des ökonomischen Diskurses ist, dass er theoretische Fortschritte der Ökonomik und ihr verwandter Felder außer Acht lässt, die begonnen haben, unser grundlegendes Verständnis dessen zu verändern, was die Menschen motiviert und bereichert. Der politische Diskurs hat nicht Schritt gehalten mit dem, was sich an der vordersten Front der Disziplin entwickelt.

Eines der charakteristischen Merkmale des Standardmodells der Ökonomie, das aus dem 19. Jahrhundert stammt, ist, dass der Mensch als relativ unveränderlich angesehen wird. Grundlegende Neigungen, Vorlieben und Abneigungen werden als stabil postuliert und passen sich – infolge von Entscheidungen des Betreffenden oder der Umstände, in denen er sich befindet – nicht an. Sicherlich ändert der Mensch sein Verhalten, wenn er auf Veränderungen von Preisen oder Einkommen reagiert, und das manchmal sehr schnell. Aber es gibt keine Rückkopplung zwischen den Entscheidungen von heute und den Wünschen von morgen. Diese Sicht dominiert nach wie vor den politischen Diskurs.

Gleichwohl gibt es einen wachsenden Bestand an Forschungsergebnissen, die die Anpassungsfähigkeit des Menschen belegen.[27] Neuere Denkströmungen in Verhaltensökonomik, kultureller Evolution und sozialen Netzwerken, die sich aus interdisziplinären Arbeiten in den Bereichen Psychologie, Biologie und Soziologie entwickelt haben, ergeben ein Bild, das den Menschen als wesentlich formbarer zeigt, als es die überkommenen ökonomischen Modelle zeigen.[28] Diese Entwicklung ist die ökonomische Entsprechung neuerer Erkenntnisse der Neurologie, nach denen das Gehirn viel plastischer ist, als man bisher angenommen hat, oder der Biologie, dass der evolutionäre Wandel des Menschen sich schneller vollzieht als bisher angenommen.[29]

Auch als wirtschaftliche Akteure können wir uns verändern. Daraus ergeben sich tief greifende Implikationen über die Fähigkeit des Menschen, seine Lebensweise neu zu justieren und anzupassen, und zwar zum eigenen Vorteil. Dies ist ein wichtiger Grund, warum wir unseren ökologischen Fußabdruck verkleinern und dabei auch unser Wohlbefinden verbessern können. Wenn wir unseren Lebensstil ändern, verändern wir auch uns selbst. Verhaltensmuster im Hinblick auf Konsum, Geldverdienen oder soziale Interaktionen, die zunächst unrealistisch oder gar negativ erscheinen mögen, werden durchführbar und sogar attraktiv.

Sobald große Veränderungen anstehen, können die engen Tradeoffs (»Substitutionsbeziehungen«) der Vergangenheit überwunden werden. Wenn wir unser Konsumverhalten hinterfragen können, so müssen wir uns nicht mehr notwendigerweise zwischen persönlichem Wohlbefinden und Umwelt entscheiden. Wenn wir zulassen können, dass eine Vollzeitbeschäftigung nicht unbedingt so viel Arbeitszeit erfordern muss wie heute üblich, wird es möglich, die Schädigung der Umwelt zu verlangsamen, das verbreitete Problem der Arbeitslosigkeit in den Griff zu bekommen und mehr Zeit für die Familie und andere soziale Gemeinschaften zu gewinnen. Wenn wir es schaffen, mit all unserem Wissen anders umzugehen, können wir unseren sozialen Reichtum viel schneller mehren. Wenn wir uns von der Doktrin, wonach BAU »alternativlos« sei, befreien können, kommen diverse kreative Optionen ins Spiel, und wir eröffnen uns dadurch selbst die Aussicht auf doppelte und dreifache Dividenden, auf Veränderungen, die an mehreren Fronten Dividenden erbringen. Einige der wichtigsten ökonomischen Studien der vergangenen Jahre zeigen, dass eine einzige Intervention – zum Beispiel die Renaturierung einer Industriebrache durch die Gemeinde – drei Probleme lösen kann:[30] Sie regeneriert ein Ökosystem, bietet den Initiatoren eine Einkommensquelle und macht die Beteiligten zu Akteuren, die etwas für das Gemeinwohl tun. Da wir sowohl an der wirtschaftlichen als auch ökologischen Front in einer verzweifelten Lage sind, bleibt uns kaum etwas anderes übrig, als Wege zu finden, um beide Probleme zu lösen – und genau das ist es, was Plenitude anzubieten hat.

Der Weg vor uns: die Wirtschaftsleistung der kommenden Jahre

Ein Grundprinzip von Plenitude – nämlich aus der »Business as usual«-Wirtschaft zu diversifizieren – basiert auf Erwartungen für die Zukunft. Nach dem Crash haben Ökonomen ein breites Spektrum an Vorhersagen über die Schwere und Dauer des Abschwungs abgegeben, deren einziger gemeinsamer Nenner ihre Ungewissheit war. Die Heftigkeit und Beispiellosigkeit des Ereignisses führten in unbekanntes Gelände, in dem makroökonomische Modelle, so genau sie auch sein mochten, sehr unzuverlässig waren. Ökonomen fielen auf vereinfachte Denkmodelle, Instinkte und Wahrscheinlichkeitsschätzungen zurück. Selbst ein Jahr später wusste niemand wirklich, ob all die »green shoots« (»grünen Keime«) und frühen Wachstumssignale anhalten würden, wenn die finanziellen Anreize erst einmal verdampft waren. Die Zukunft konnte einen Aufschwung bringen, aber auch Stagnation oder gar einen weiteren Abschwung.

Die globale Wirtschaft ist nach wie vor auf fundamentale Weise gestört, ebenso wie die lokalen und globalen Ökosysteme, von denen sie abhängt. Patentrezepte werden ihre Probleme nicht lösen. Es wird ökologische Regeneration und technologische Innovation über einen Zeitraum von vielen Jahren brauchen, um ein wirklich nachhaltiges System zu schaffen. Plenitude ist eine Strategie, um auch in dieser Übergangsphase zu gedeihen. Die grundlegenden Ideen des Plenitude-Ansatzes wurden in einer Zeit formuliert, in der die Wirtschaft expandierte, aber viele Beobachter – darunter auch ich – bezweifelten, dass es mit »Business as usual« weitergehen könne. Daher ist die hinter Plenitude steckende Logik am offensichtlichsten, wenn der konventionelle Markt in raues Fahrwasser gerät. Aber auch in Zeiten wieder einsetzenden Wachstums bleibt dieser Ansatz relevant, und zwar, weil er mittelfristig angelegt ist, für das nächste Jahrzehnt und darüber hinaus.

Eine zentrale Vorhersage lautet, dass die Zeiten von exorbitanten Marktrenditen zumindest langfristig vorüber sind. Die Zwillingsblasen in Finanz- und Immobilienmarkt waren eine Fata Morgana. Inzwischen wissen wir, dass viele dieser Gewinne illusorisch waren, zum Beispiel die Milliarden an fiktiven Profiten im Finanzsektor. Die steigenden Preise für Grund und Boden, Immobilien und andere Vermögenswerte wurden durch unrealistische Bewertungen getrieben.

Die Erwartung, dass zukünftige Renditen niedriger ausfallen werden, beruht unter anderem auf der historischen Entwicklung. Abbildung 1.1 stellt die Umsatzrendite für die US-Wirtschaft von 1948 bis

2005 dar. Sie zeigt, dass über kurzfristige Höhen und Tiefen hinaus die Ertragskraft lang anhaltende Schwankungen zeigt. Von 1948 bis 1982 zeigte der langfristige Trend nach unten. Die Stagflation in den 1970er-Jahren führte zu einer grundlegenden Umstrukturierung, die in den frühen 1980er-Jahren begann. Dann begannen die Gewinne zu steigen und kletterten immer weiter, bis zum Krisenjahr 2008. Tatsächlich sorgten, wie es ja häufig der Fall ist, Faktoren, die hohe Gewinne ermöglichten – etwa sinkende Löhne und das Nachlassen wirkungsvoller Regulierung –, für spätere Anfälligkeiten. Man muss nicht glauben, dass uns ein Jahrzehnt der Stagnation erwartet, um zu meinen, dass eine weniger florierende Phase auf uns zukommt. Das bedeutet, dass es weniger Einkommen für die meisten Einzelpersonen und Haushalte geben wird. Das durch Verschuldung getriebene Wachstum wird durch höhere Sparquoten der privaten Haushalte ersetzt werden, was bedeutet, dass weniger Geld für den Konsum zur Verfügung stehen wird.

Abbildung 1.1: Ertragskraft der US-Wirtschaft, 1948–2005*

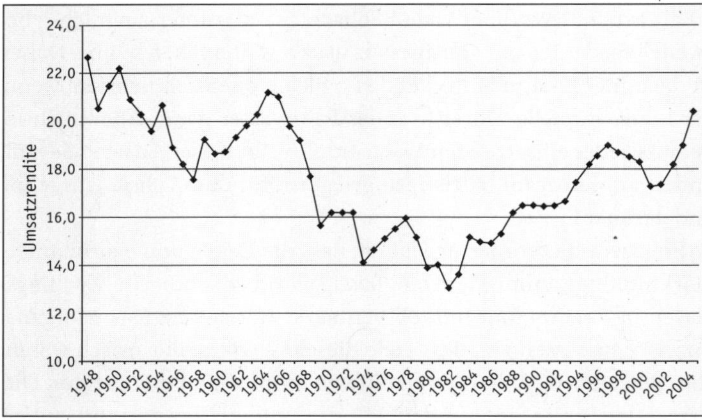

Quelle: Wolff (2009, Kapitel 2)

*Trotz einer Erholung nach 2009 hat der Wert für das Jahr 2012 die letzten Peaks der Jahre 1997 bzw. 2005 nicht wieder erreicht. Nach dem neoliberalen Boom der 1980/90er-Jahre befindet sich die US-Wirtschaft trotz des Zwischenhochs unmittelbar vor der Finanzkrise in einer rückläufigen Phase (Anm. d. Red.).

Über kurz oder lang werden große Branchen der BAU-Wirtschaft einen langfristigen Niedergang erleben: die Automobilindustrie, die industrielle Landwirtschaft und die großen Energiekonzerne, weil sie alle auf fossile Energien setzen.[31] Der dann einsetzende Abschwung innerhalb der einst florierenden Branchen wird einen ausgedehnten und schwierigen Ausdünnungsprozess in Gang setzen, bei dem leistungsschwache Branchen, Unternehmen und Produkte auf der Strecke bleiben werden – eine Entwicklung, die der österreichische Ökonom Joseph Schumpeter als »kreative Zerstörung« bezeichnet hat. Es wird Zeit brauchen, um die klassischen Voraussetzungen für Wohlstand wiederherzustellen – zum Beispiel Finanzmarktregulierung, monetäre Stabilität, Konsumnachfrage, beharrliche und verlässliche Politik sowie Zuversicht. Aufgrund der Komplexität der globalen Wirtschaft werden die Herausforderungen weit größer, als wir es jemals zuvor erlebt haben.

In Zukunft wird der fatale Konstruktionsfehler des jetzigen Wachstumsregimes – die Klimaveränderung und andere ökologische Grenzen – sein hässliches Haupt erheben.[32] Diese Probleme haben bereits begonnen, die Profitabilität zu beeinträchtigen, sie schmälern die Gewinne und Einkommen. Beispiele dafür sind die rapide steigenden Lebensmittel- und Energiepreise in den Jahren 2006 und 2007, das immer häufigere Auftreten extremer Wetterereignisse wie Dürren und Überflutungen in weiten Teilen der Welt sowie Verluste der Landwirtschaft durch gestörte Ökosysteme und Artensterben. Die meisten ökonomischen Berechnungen zur Klimaveränderung befassen sich mit zukünftigen Kosten, doch 2009 hat eine Forschungsgruppe einen der ersten Berichte veröffentlicht, der die schon jetzt entstehenden menschlichen und wirtschaftlichen Kosten detailliert aufführt. In jedem Jahr sterben schon heute 350 000 Menschen durch Wetterereignisse und anderweitige Folgen der Klimaveränderung, und 325 Millionen weitere leiden erheblich unter solchen Folgen. Die jährlichen Kosten liegen bei 125 Milliarden Dollar, wobei der ganz überwiegende Teil davon in den wohlhabenden Ländern entsteht.[33] (Die meisten Todesfälle sind dagegen in armen Ländern zu verzeichnen.) Allein Hurrikan Katrina hat schätzungsweise 100 Milliarden

Dollar gekostet. Es ist zu erwarten, dass diese Zahlen in den kommenden Jahren dramatisch ansteigen werden.

Durch Umweltschäden werden nicht nur die verfügbaren durchschnittlichen Renditen geschmälert werden; der Markt wird auch schwankungsanfälliger werden. Die Instabilität des Klimas und der Raubbau an den Ökosystemen sind keine reibungslosen Prozesse – wir können uns auf eine beschwerliche Reise gefasst machen.

Aber muss es so weit kommen? Was ist denn mit der viel gepriesenen Fähigkeit des Marktes, Produktivitätssteigerungen, technologischen Wandel und Wohlstand hervorzubringen? Technologie-Optimisten betrachten grüne Innovation als das Fundament einer neuen Runde von Wachstum und Stabilität.

Um zu erkennen, wie das wahrscheinlich ausgehen wird, müssen wir die Idee vom »Wachstum« in ihre Bestandteile zerlegen. Dieser überstrapazierte Begriff wirft zwei sehr verschiedene Dynamiken in einen Topf, von denen nur eine wirklich Expansion bedeutet. *Intensives Wachstum* bedeutet, eine gegebene Menge an Ressourcen effizienter zu nutzen. Dieser Produktivitätszuwachs wird zu Recht als Eckpfeiler von wirtschaftlichem Fortschritt verstanden. Wenn wir anfangen, nachhaltiger zu produzieren, dann aus dem Grunde, dass wir technologischen Wandel und andere Veränderungen vollziehen, die ein effizienteres Nutzen des natürlichen Kapitals ermöglichen. Eine Umstellung auf organische und lokale Landwirtschaft, Windenergie und andere Formen erneuerbarer Energie wird zu echten Produktivitätssteigerungen führen. Andere echte Effizienzgewinne können durch Informationstechnologie und verbessertes Humankapital erreicht werden. In dem Maße, wie diese Art von Wachstum stattfindet, wird es in der Tat Chancen eröffnen und echten Wohlstand schaffen.

Aber in den meisten Fällen, wenn Menschen (und Ökonomen) das Wort *Wachstum* verwenden, beziehen sie sich auch darauf, neue Produktionsfaktoren einzubringen, also das, was als *extensives Wachstum* bezeichnet wird. Es wird so genannt, weil es den Marktsektor (oder kapitalistischen Sektor) vergrößert, indem es öffentliche, private oder andere Arten von Produktion ersetzt. Das Bruttoinlandsprodukt und andere Kennzahlen für Wirtschaftsleistung und Einkommen vermengen intensives und extensives Wachstum. Aber die extensive Variante ist kein echtes Wachstum, sondern vielmehr eine Verlagerung von Ressourcen aus einer Ökonomie in eine andere hinein oder das Verbrauchen einer nicht erneuerbaren Ressource. Das Abziehen von Kapital aus der Natur heraus und in die Marktwirtschaft hinein – etwa durch Fällen von Bäumen, Bergbau, Überfischung und den Verbrauch fossiler Energieträger – ist ein Beispiel dafür. Wenn genug extensives Wachstum stattfindet, dann werden die Ökonomien, aus denen die Ressourcen abgezogen werden, erschöpft oder gar – wenn der Prozess so weit getrieben wird – zerstört. Letzten Endes kann es zu einem »blowback«, zu unbeabsichtigten Folgeschäden führen, wie sie zurzeit beim Klimasystem, den Ozeanen und Wäldern zu registrieren sind.

Die Standardlehre von der wirtschaftlichen Entwicklung betont Faktoren wie die menschliche Erfindungsgabe, Bildung und körperliches Kapital, aber diese Sichtweise wird von Umwelthistorikern und Sozialökologen immer mehr infrage gestellt. Manch ein Historiker vertritt inzwischen die Auffassung, dass ein Großteil des Wachstums im Industriezeitalter von dieser extensiven Art war, was erst durch Ausbeuten von Lagerstätten fossiler Energieträger ermöglicht wurde.[34] Wir sind uns seit Langem der Tatsache bewusst, dass die industrielle Revolution von Kohle abhing. Bislang haben wir es allerdings versäumt, die Implikationen dieses Umstandes für das Zeitalter nach fossilen Energieträgern zu durchdenken. Bill McKibben hat es sehr prägnant auf den Punkt gebracht: »Fossile Energieträger waren ein einmaliges Geschenk, das einen einmaligen Wachstumsrausch ermöglichte.«[35]

Diese Feststellung gilt auch für andere natürliche Rohstoffe. Seit dem 16. Jahrhundert hat der Mensch in Europa und Asien die Wälder abgeholzt, um Landwirtschaft zu betreiben, und der Raubbau an natürlichen Rohstoffen ist seither immer weitergegangen.[36] In den vergangenen Jahrzehnten hat ein erheblicher Teil der Marktexpansion durch Ausbeuten der Ökosysteme stattgefunden. Die erste nationale Studie zu der Frage, inwieweit das Wirtschaftswachstum als zu hoch dargestellt wird, wurde in den 1970er- und 80er-Jahren für Indonesien durchgeführt und ergab, dass die Hälfte des ermittelten Bruttoinlandsprodukts verschwindet, sobald man auch den Verbrauch an Waldbeständen, Öl und Land miteinbezieht.[37] In China, wo langjähriges ungezügeltes Wachstum erschreckende ökologische und soziale Schäden angerichtet hat, ist die Lage noch schlimmer. Studien über die dortigen Umweltschäden haben ergeben, dass das Bruttoinlandsprodukt Chinas in den 1990er-Jahren um acht bis 13 Prozent zu hoch angegeben wurde, und vieles deutet darauf hin, dass es vor wenigen Jahren 25 Prozent waren.[38] Der von chinesischen Exporten getriebene US-Konsum ist immer stärker von diesem Raubbau an der Natur abhängig geworden. Eine neuere Schätzung der allein durch Abholzung weltweit verlorenen Werte kommt auf einen Betrag von zwei bis fünf Billionen Dollar pro Jahr.[39]

In einer Studie der US-Stromversorger wurden bisher jene »nicht bilanzierten« Verbindlichkeiten quantifiziert, die mit drei Arten von Emissionen (Kohlendioxid, Schwefeloxiden und Stickstoffoxiden) zusammenhängen. Wenn man diese Verbindlichkeiten zu den offiziellen Gewinnen der Industrie nach Steuern hinzurechnet bzw. abzieht, werden aus den für das Jahr 2004 ausgewiesenen Ergebnissen von 22,2 Milliarden Dollar Nettoverluste von 28,2 Milliarden Dollar.[40] Nur vier der 33 in der Studie berücksichtigten Unternehmen hätten noch Gewinne geschrieben, wenn man die von ihnen emittierten Schadstoffe berücksichtigt hätte. Zwar ist die Stromerzeugung wesentlich umweltschädlicher als die meisten anderen Aktivitäten, aber durch die Abhängigkeit von billigen importierten Energieträgern, chemisch intensiver Landwirtschaft und zu billig angebotenen Industrieerzeugnissen entsteht auch in anderen Branchen eine ähnliche Lücke. Wenn sich jedoch nachhaltiges Wirtschaften erst einmal als zwingend geboten durchsetzen wird, ist zu erwarten, dass wir auch die notwendige Umweltkostenrechnung bekommen werden.

Wenn die fehlerhafte Kostenrechnung endet, wird es erneut gigantische Abschreibungen geben, über die finanziellen Bilanzanpassungen der Jahre 2008 und 2009 hinaus. Wenn wir uns auf nachhaltiges Wirtschaften verpflichten, werden die ermittelten jährlichen

Gewinne tendenziell niedriger sein, zumindest mittelfristig. Eine Folge davon wird sein, dass für den »Business as usual«-Markt ein relativer Wettbewerbsnachteil entsteht, da er in hohem Maße von Rohstoffen abhängig ist. Viele globale Konzerne werden dann besonders anfällig sein, weil sie am stärksten von nicht nachhaltigen Praktiken abhängen. Wenn wir uns jedoch nicht auf nachhaltiges Wirtschaften verpflichten, werden die Kosten kollabierender Ökosysteme immer weiter steigen, und das vielleicht sehr schnell.

So weit, so gut, aber was ist mit dem neu entstehenden grünen Sektor? Wird er nicht in diesem Szenario schnell wachsen, und eröffnet er nicht eine Alternative zur Strategie des Diversifizierens? Es steht außer Frage, dass wir in diese Richtung gehen müssen, denn dadurch werden reale, nicht fiktive Chancen entstehen. Wir werden eine völlig neue Art des Produzierens und Konsumierens entwickeln, die auf Erfindungsgabe basiert statt auf dem Verbrauch von Rohstoffen. In weiten Teilen ist Plenitude ein Weg, der es dem Einzelnen ermöglicht, am Aufbau dieser neuen Wirtschaft mitzuarbeiten. Aber wir sind noch in den frühen Stadien des Übergangs. Die bisherige Erfahrung hat gezeigt, dass die meisten Unternehmen nachhaltige Produktionsmethoden erstaunlich schleppend einführen. Und keine einzelne Branche kann die viel umfassenderen Trends der Gesamtwirtschaft wettmachen. Grüne Unternehmen werden zunächst nur eine begrenzte Zahl an Arbeitsplätzen schaffen können. Und vieles von dem, was heute als »grün« bezeichnet wird, ist zwar in einer seiner Dimensionen nachhaltig, aber nicht in allen. Hybridfahrzeuge zum Beispiel stoßen zwar weniger Kohlendioxid aus, beinhalten aber giftige Batterien.[41] Sie sind besser als die konventionellen »Business as usual«-Fahrzeuge, können aber nicht ohne negative Folgen für die Umwelt in großen Stückzahlen produziert werden. Also sind die heutigen grünen Produkte und Technologien zwar wichtig, aber keine Patentlösung.

Und was ist, falls sich die Gesamtwirtschaft doch komplett erholt und wir einen neuen Boom erleben werden? Dann werden wir es erneut mit einigen der Faktoren zu tun bekommen, die schon 2007 und 2008 globale Probleme verursachten. Die Lebensmittel- und Energiepreise, die damals ungebremst stiegen, werden wahrscheinlich wieder zunehmen.[42] Lebensmittel (die von Arbeitnehmern verzehrt werden) und Energie sind Inputs für praktisch alles, was produziert wird. Der Preisindex für Rohstoffe, der Holz, Metalle, Minerale, Treibstoffe und andere Inputs umfasst, stieg von 2003 bis 2007 um 23 Prozent pro Jahr, was zumeist mit starker Nachfrage erklärt wurde. Die Lebensmittelpreise stiegen um 9 Prozent pro Jahr.[43,44] Noch nie in den vergangenen 60 Jahren sind die Rohstoffpreise so schnell gestiegen. Wie lange es noch dauern wird, bis die Preise wieder eskalieren, wird sowohl von den Wachstumsraten außerhalb der Vereinigten Staaten als auch von den Folgen der Klimaveränderung abhängen. Sobald sie das jedoch tun, wird es weniger einträglich sein, seine Arbeitskraft an einen Arbeitgeber zu verkaufen, Lebensmittel im Supermarkt zu kaufen, einen Flug zu buchen, Dienstleistungen zu kaufen oder in Aktien zu investieren, entweder wegen geringerer Einkommen und Investitionserlöse oder wegen geringeren erhaltenen Wertes für jeden ausgegebenen Dollar.

Letztendlich bedeutet das, dass der Handlungsspielraum immer kleiner wird. In der »Business as usual«-Wirtschaft müssen wir uns zwischen einer Stagnation und niedrigen Preisen oder einem Wachstum mit hohen Kosten und zunehmenden Umweltschäden entscheiden. Die Plenitude-Strategie überwindet dieses Dilemma. Sie ist sparsam im Verbrauch knapper natürlicher Rohstoffe, nutzt jedoch ausgiebig das, was vergleichsweise im Überfluss vorhanden sein kann: Zeit, Wissen, Technologie und – in dem Maße, wie wir sie wieder aufbauen – die soziale Gemeinschaft.

Zum Aufbau des Buches

In den folgenden Kapiteln werde ich näher auf diese Probleme eingehen. Kapitel 2, »Vom Konsumrausch zum ökologischen Bankrott«, erzählt die Geschichte einer rapide expandierenden Konsumwirtschaft und ihrer Folgen für die Umwelt. Das Kapitel berichtet über das Entstehen einer »Fast Fashion«-Dynamik im gesamten Konsumentenmarkt, die bewirkt, dass Produkte immer schneller erworben und weggeworfen werden. Ich beschreibe einen Tsunami an Sofas, Toastern, T-Shirts und anderen Gegenständen sowie die Müllgebirge, die im Kielwasser all dieses Konsums entstanden.

Seit den 1970er-Jahren haben Wissenschaftler und Ingenieure darauf hingewiesen, dass Wirtschaftswachstum der Kern des ökologischen Problems sei. Allerdings wird das Kapitel 3 zeigen, dass die Mainstream-Ökonomen lange die »Business as usual«-Wirtschaft verteidigt und die Vorstellung, dass es ökologisch bedingte Grenzen des Wachstums geben könnte, zurückgewiesen haben. Aber ihr Optimismus ist fehl am Platze. Sich auf die Vernunft der Märkte zu verlassen, um das Schicksal des Planeten zu sichern, ist ein irrationales, ja verzweifeltes Vabanquespiel.

Die zweite Hälfte des Buches wirft einen Blick in die Zukunft und auf das, was sie bringen könnte. Kapitel 4 geht näher auf die vier Grundprinzipien von Plenitude ein – (1) eine neue Zeitallokation durch kürzere Arbeitszeiten im Markt, (2) den Übergang zu hochproduktiver Selbstversorgung, (3) die Gestaltung eines erschwinglichen, umweltfreundlichen, aber dennoch erfüllenden Lebens als Verbraucher und (4) die Wiederbelebung von Gemeinschaft und sozialen Bindungen. In diesem Kapitel geht es hauptsächlich darum, was der Einzelne tun kann, um Sinn zu finden, finanzielle Stabilität zu erreichen und die Kontrolle über sein wirtschaftliches Leben zu gewinnen. Kapitel 5 betrachtet Plenitude aus der Perspektive des Gesamtsystems und führt aus, dass die individuellen Entscheidungen aus Kapitel 4 dazu führen können, dass auch auf gesellschaftlicher Ebene Ausgewogenheit, Effizienz und Wohlstand entstehen. Die Gründe dafür sind am einfachsten am Beispiel des Arbeitsmarktes nachzuvollziehen, wo sich aus der Entscheidung des Einzelnen, weniger zu arbeiten, eine systemweite Lösung ergibt, wodurch sich wiederum Arbeitslosigkeit reduziert und breitere Arbeitsmöglichkeiten eröffnen.

Das Kapitel 5 zeigt, dass der limitierende Faktor auf dem Weg zur Nachhaltigkeit weder Geld ist noch Arbeit oder natürliche Rohstoffe – die Bausteine einer industriellen Wirtschaft –, sondern Wissen. Ingenieure haben argumentiert, dass eine wirklich grüne Ökonomie auf neuen Planungen, Technologien und Verfahren aufbauen wird. Ich zeige, wie die Plenitude-Prinzipien, wenn sie von Individuen und kleinen Betrieben befolgt werden, eine zentrale Rolle spielen können, wenn es darum geht, intelligente und ökologisch sinnvolle Wege der Lebensführung zu etablieren. Dabei wird stets das Ziel verfolgt, Effizienzen zu erreichen, die neuen Wohlstand schaffen. Dazu muss man sich damit auseinandersetzen, wie Wissen verbreitet und Fertigkeiten entwickelt werden, und außerdem mit Fragen der Größenordnung, etwa von Technologien.

Dieser Diskurs ist der Schlüssel, wenn man erkennen will, warum es beim Thema Nachhaltigkeit um mehr geht als um höhere Energiepreise, innovative Technologien und einen veränderten Mix von Produkten und Aktivitäten. Natürlich wird all dies gebraucht, aber wenn das alles ist, was wir ändern, wird es uns wahrscheinlich so ergehen, wie es die Trade-off-Position darstellt: Umweltschutz erfordert Opfer, und man muss mit weniger auskommen. »Business as usual« mit grünem Anstrich ist nicht genug. Nur durch Überdenken grundlegender wirtschaftlicher Strukturen können wir herausfinden, wie wir dauerhaften und wirklichen Wohlstand schaffen können, indem wir unseren Planeten weniger stark beanspruchen. Was hilfreich und effizient war, um die industrielle Wirtschaft des 19. Jahrhunderts aufzubauen, ist nicht das, was für das System des 21. Jahrhunderts mit seiner Rohstoffknappheit am besten geeignet ist.

In dieser Hinsicht ist die Bevölkerung dem Diskurs der Ökonomen voraus. Quer über den Globus beschäftigen sich Menschen mit neuen Unternehmungen, welche die Strukturen von Knappheit und Fülle, die man in der vorherrschenden Wirtschaftsordnung findet, umkehren. Sie stützen ihr Leben nicht auf konventionelle Konsumgüter, sondern auf die Kreativität und Gemeinschaft, Rohstoffe, die es neuerdings reichlich gibt. Sie betreiben urbane Landwirtschaft, die wenig fossile Treibstoffe braucht, erzeugen ökologische Nahrung durch biologischen Anbau und Permakultur, knüpfen Online-Netzwerke, um Produkte zu tauschen und zu recyceln, sich gegenseitig zu helfen und Dienstleistungen anzubieten, sie bauen Ökodörfer auf und führen sogar lokale, alternative Währungen ein. Solche Lebensmodelle sind reich an Zeit, Jobs mit allzu hohen Anforderungen werden schlichtweg abgelehnt. Die ökologischen Visionäre bauen Transition Towns und Post-Carbon-Citys; sie üben sich im »one planet living« und erproben gemeinsam Strategien für das 21. Jahrhundert. Sie glauben an das Open-Source-Prinzip und geben ihre neu entwickelten Fertigkeiten und Innovationen bereitwillig weiter. Sie erkennen das Potenzial des kleinen Maßstabs.

Zusammengenommen stellen diese Trends schon heute eine Abkehr von der konventionellen Wirtschaft dar und eine Verpflichtung auf alternative Institutionen und anders geartete Märkte. Sie sind noch nicht als eine zusammenhängende gesellschaftliche Kraft in Erscheinung getreten, aber wahrscheinlich werden dies die normativen Lebensmodelle der Zukunft werden, da sie ökonomisch intelligente Wege darstellen, in einer Ära zu leben, in der die konventionellen Rohstoffe zur Neige gehen.

Der globale Crash von 2008 hat spürbar Sand in das scheinbar so gut laufende Getriebe gebracht. Die seit den 1970er-Jahren bekannten Grenzen des Wachstums sind wieder in das Bewusstsein vieler Menschen gedrungen. Nach wie vor stehen uns zwei Wege in die Zukunft offen: Wir können am »Business as usual« festhalten, aber das Beruhigende des Vertrauten wird wahrscheinlich einen hohen Preis fordern: divergierende Einkommen, in vielen Regionen weiterhin hohe Arbeitslosigkeit und die fortgesetzte Zerstörung der Umwelt. Alternativ können wir ein versagendes System aufgeben und auf Plenitude hinarbeiten – einen neuen Weg zu Wohlstand, der auf einem respektvollen Umgang mit den Menschen und dem Planeten aufbaut.

KAPITEL 2

Vom Konsumrausch zum ökologischen Bankrott

Vor dem großen Crash von 2008 gab sich die Weltwirtschaft einem noch nie da gewesenen Konsumrausch hin. In Verbindung mit einer riesigen Weltbevölkerung (6,7 Milliarden) führte das Entstehen einer globalen kaufkräftigen Mittelklasse zu Konsum in einem wahrhaft gigantischen Ausmaß. Die Vereinigten Staaten führten diesen Trend an, was eigentlich erstaunlich ist, wenn man den beispiellosen materiellen Wohlstand bedenkt, den die US-Bevölkerung bereits erreicht hatte.

Dieser Trend war bereits seit Jahrzehnten im Gange. Im Jahr 1969 entfielen 61,5 Prozent des US-Bruttoinlandsprodukts auf den persönlichen Konsum.[1] (Die wichtigsten anderen Kategorien sind Investitionen, Staatsausgaben und Exporte.) Zwanzig Jahre später betrug der Anteil schon 65,6 Prozent, und bis 2007 hatte er die Marke von 70 Prozent überschritten. In jenem Jahr erreichten die durchschnittlichen Ausgaben pro Person mit 32.144 Dollar ein Maximum.[2] Dies ist ein ziemlich erstaunlicher Betrag, vor allem wenn man ihn mit einem globalen Durchschnittseinkommen von knapp 8600 Dollar vergleicht oder der Tatsache, dass über die Hälfte der Menschen auf der Welt weniger als 1000 Dollar pro Jahr verdiente.[3]

Auch aus Sicht eines Menschen, der 50 Jahre früher gelebt hat, als die Nation bereits sehr wohlhabend war, ist diese Ausweitung des Konsums bemerkenswert. Im Jahr 1960 konsumierte der durchschnittliche US-Bürger nur rund ein Drittel desjenigen Betrages, den er Ende 2008 ausgab.[4] Von 1990 bis 2008 sind die inflationsbereinigten Konsumausgaben pro Person für Möbel und Haushaltsartikel um 300 Prozent gestiegen, für Kleidung um 80 Prozent sowie um 15 bis 20 Prozent für Fahrzeuge, Wohnen und Nahrung.[5] Insgesamt haben die durchschnittlichen realen Konsumausgaben pro Person um 42 Prozent zugenommen.[6]

Das bedeutet allerdings nicht, dass auch das Wohlbefinden im gleichen Tempo angestiegen wäre. Die durchschnittlichen Konsumausgaben verschleiern, dass die Verteilung der Kaufkraft immer ungleichmäßiger wurde – und zwar sehr deutlich.* Seit dem Jahr 2000 gehören den obersten 20 Prozent der Bevölkerung beinahe die Hälfte (47 Prozent) des gesamten Nationaleinkommens.[7] Vor dem Crash war die Einkommensungleichheit größer als irgendwann sonst seit Ende des Booms der 1920er-Jahre, und nach bestimmten Kriterien hatte sie zu diesem Zeitpunkt diesen historischen Höchststand sogar überschritten.[8] Obwohl immer mehr konsumiert wurde, nahmen Armut und Verschuldung immer weiter zu. Das Wohlbefinden der Menschen nahm ab, obwohl sie immer mehr Geld ausgaben. Die Vereinigten Staaten, die 1990 unter allen Ländern der Welt den zweithöchsten Human Development Index** aufwiesen, waren zwischenzeitlich auf Rang 15 (2006) abgerutscht.[9] Fast könnte man meinen, das unablässige Anheben des Lebensstils trage zur Verschlechterung der Lebensqualität bei, statt sie zu verbessern.[10]

Nachdem die Finanzkrise ausgebrochen war, konzentrierte sich die öffentliche Aufmerksamkeit auf fiskalische Ungleichgewichte – Ende 2008 klaffte in den USA ein Handelsbilanzdefizit von 719 Milliarden Dollar,[11] und es waren fast 14 Billionen Dollar Staatsschulden zu verzeichnen.[12] Diese Zahlen sind wichtig, aber das Problem ist nicht nur finanzieller Natur – es hat eine materielle Dimension, die

* Einkommens- und Vermögensungleichheit kann u. a. mit dem GINI-Koeffizienten beschrieben werden. In den OECD-Staaten lagen die Indices 2012 zwischen 0,25 (DK) und 0,46 (Mexiko), wobei 1 max. Ungleichheit bedeutet. Seit Mitte der 1980er-Jahre hat die U. stark zugenommen, in Deutschland (2012: 0,29) und den USA (2012: 0,39) stärker als im Mittel.

** In den Wohlstandsindikator HDI gehen neben dem BIP auch die Lebenserwartung und die Dauer der Schulbildung ein. 2008 führten Deutschland (1.) und die USA die Rangliste an, bis 2013 war D auf Rang 6, die USA auf Rang 5 zurückgefallen, hinter Norwegen, Australien, der Schweiz und den Niederlanden.

lange übersehen worden ist. Was sich in den letzten Jahren der Blase entfaltet hat, war eine beinahe manische Beschleunigung des Güterstroms durch die Haushalte und die gesamte Wirtschaft hindurch. Diese Entwicklung war am auffälligsten in der Kleidungsbranche und in der Unterhaltungselektronik, aber das Phänomen ist überall verbreitet. Jedes Produkt, das irgendwann einmal hergestellt wurde, hat einen Teil des Planeten und seiner Ökosysteme verbraucht oder verändert. Zahlreiche Daten, auf die im Folgenden näher eingegangen wird, zeigen, dass die materiellen Folgen dieser Entwicklung auf die Umwelt zunehmen, und zwar in bedrohlicher Weise.

Diese materiellen Folgen von Konsum haben– aus kultureller Perspektive betrachtet– einen seltsamen Aspekt. In wohlhabenden Ländern und unter wohlhabenden Verbrauchern sind Konsumartikel inzwischen so reichlich verfügbar, und das Leben ist so komfortabel geworden, dass Güter, die ursprünglich ausschließlich zur Befriedigung von Grundbedürfnissen (Nahrung, Kleidung, Wohnraum, Fortbewegung) dienten, heute oft Statussymbolcharakter haben. Marken, Stil und Exklusivität werden eingesetzt, um sozialen Status zu zeigen, Identität zu konstruieren und sich von anderen zu unterscheiden oder Zugehörigkeit zu demonstrieren. Diese symbolischen Aspekte von Konsum gewinnen immer mehr an Bedeutung.

Der Diskurs unter den Eliten konzentriert sich nach wie vor darauf, uns zum Status quo zurückzubringen. Man geht davon aus, das könne am besten erreicht werden, indem Anreize geschaffen werden, um den Konsum der privaten Haushalte anzukurbeln. Aber das wirft eine offensichtliche Frage auf: Leiden die westlichen Industrienationen vielleicht darunter, dass es nicht genug Autos gibt, unsere Häuser zu klein sind, oder unter einer Knappheit an Fernsehern, Sofas, Kleidung, Geschirr, Notebooks und Handys? Um zu sehen, wie töricht die Vorstellung ist, durch »Geldausgeben wieder zur Normalität zurückzukehren«, müssen wir in Betracht ziehen, was vor dem Crash geschah und welche Folgen das für die Ökosysteme und die natürlichen Rohstoffe hatte.

Es bietet sich an, mit der Textilindustrie anzufangen, und zwar nicht etwa, weil sie die ökologisch schwerwiegendsten Folgen unseres Konsums verursacht (das tut sie nicht), sondern weil sie an vorderster Front einer Reihe von nicht nachhaltigen Konsumgewohnheiten steht.

»Fast Fashion«: der Fall Textilindustrie

Die aufschlussreichste Tatsache über den Textilmarkt ist, dass Kleidung heute nach Gewicht statt pro Stück gekauft werden kann, und das schon ab einem Preis von zwei Dollar pro Kilo.[13] Das bedeutet, dass man kaum gebrauchte, sogar sehr modische und hochwertige Kleidung für weniger Geld als Reis, Bohnen und andere Grundnahrungsmittel kaufen kann. Aus historischer Sicht ist das beinahe unbegreiflich.

In den westlichen Ländern war es lange Zeit ziemlich teuer, Kleidungsstücke herzustellen, und daher sind sie über die Jahrhunderte eine teure und geschätzte Ware gewesen.[14] Nachdem ein Kleidungsstück hergestellt worden war, konnte es ein langes und wechselvolles Leben vor sich haben. Ein Kleid oder eine Jacke wurde vielleicht als Festgewand geboren, dann im Alltag außer Haus getragen, später bei geselligen Zusammenkünften im Haus angelegt, um schließlich bei der Hausarbeit getragen (und abgetragen) zu werden. Kleidungsstücke wanderten durch soziale Hierarchien, wurden von Mitgliedern der Eliten an ihre Diener weitergegeben.[15] In manchen Haushalten nähte man aus Kleidungsstücken sogenannte Quilts, eine Art Steppdecke, wodurch ihre Lebensdauer um Jahre verlängert wurde. Und manchmal verbringt ein Kleidungsstück seinen Lebensabend als Putzlappen, um irgendwann buchstäblich zu Staub zu zerfallen.

Zwar hat das Wirtschaftswachstum bewirkt, dass heute alle Arten von Konsumgütern weit weniger wert sind als früher – aber Textilien sind dennoch ein Sonderfall. So berichtet der Historiker Beverly Lemire, dass Textilien früher so wertvoll waren, dass sie in den Gebrauchtmärkten, die seit Jahrhunderten neben den Märkten für Neuwaren existiert haben, als alternative Währung dienten.[16] Vom 17. bis in die Mitte des 19. Jahrhunderts hinein waren Textilien – neben Metallen und Edelsteinen – ein sehr wichtiges Tauschmittel. Selbst im

20. Jahrhundert hatten manche gebrauchten Kleidungsstücke noch einen Tauschwert.

Diese historischen Umstände rücken die beinahe kostenlos erhältlichen, kaum getragenen Textilien des frühen 21. Jahrhunderts in ein grelles Licht. Die reichen Nationen haben Berge von Kleidungsstücken angesammelt, die praktisch keinen Wert haben, aber eine fundamentale ökologische Erkenntnis liefern: Das Produktionssystem motiviert die Unternehmen, natürliche Rohstoffe in aberwitziger Geschwindigkeit zu verbrauchen, und das Konsumsystem lässt die dabei erzeugten Waren fast ebenso schnell veralten. Das kann nur zu einer Katastrophe führen.

Dieses Anhäufen von Textilien wurde erst durch stark fallende Preise möglich. Am oberen Ende der Preisspanne hat es irrsinnige Exzesse gegeben (einen Anzug oder eine Handtasche für 3000 Dollar und Ähnliches mehr), während im Massenmarkt die meisten Waren immer billiger geworden sind. Durch Outsourcen der Produktion wurden die Preise gedrückt. Ein globales Überangebot an Arbeitskräften – zum Beispiel in Gestalt ehemaliger Landarbeiter in China – und die Marktmacht von Einzelhandelsketten wie Walmart haben zu einem gnadenlosen Abwärtstrend bei den Löhnen von Textilarbeitern geführt.[17] Andere Faktoren sind künstlich niedrig gehaltene Transportkosten, technologische Innovationen in der Lagerhaltung und ein gnadenloser Wettbewerbsdruck unter den Anbietern. Gegen Ende der 1990er-Jahre beschleunigte die Finanzkrise in Asien den Trend zu niedrigeren Preisen, da die Volkswirtschaften der exportierenden Länder einen deutlichen Schrumpfungsprozess durchmachten, der den Lohndruck noch weiter erhöhte. Die Preise für ein Kleid, eine Hose oder einen Mantel fielen immer weiter. Der Verbraucherpreisindex für Textilien, der 1991 bei 127 stand, fiel 2006 auf 117,9.

Zwanzig Jahre lang haben die Konsumenten immer mehr Textilien gekauft – man nehme beispielsweise die Kategorie »Oberbekleidung und Unterwäsche« (die Socken und Strumpfwaren nicht enthält, aber alle anderen Textilien wie Schlafanzüge, Schwimmkleidung und so weiter). Im Jahr 1991 kaufte ein durchschnittlicher US-Bürger 34 Kleidungsstücke, zum Beispiel Kleider, Hosen, Sweater,

Hemden, Unterwäsche und andere Textilien. 1996 war diese Zahl bereits auf 41 gestiegen, bis 2007 auf 67 Stück: Der durchschnittliche US-Verbraucher kaufte also alle 5,4 Tage ein neues Kleidungsstück![18]

Dieser höhere Verbrauch ging einher mit immer schnelleren modischen Veränderungen. Die Industrie hat die Zeitspanne zwischen dem Entwurf eines Kleidungsstücks und seinem Erscheinen im Laden ständig verkürzt, in manchen Läden wird die Bestandshaltung eines Kleidungsstücks nicht mehr in Monaten, sondern schon in Wochen gemessen. Parallel zu den Rahmenbedingungen innerhalb der Textilproduktion änderte sich auch das Verbraucherverhalten – der Kunde erwartet heute niedrige Preise und einen häufigen Wechsel im Sortiment. Gekauft wird wahllos, und jedes Stück wird weniger oft getragen. Der Käufer kann seinen Hang zu Neuem befriedigen und braucht sich kaum noch darum zu sorgen, ob seine Kleidung haltbar oder vielseitig nutzbar ist. Es hat eine Verlagerung des Kundeninteresses stattgefunden, weg von Kleidung, welche die Industrie als »Basics« bezeichnet, die jahrelang hält und die sich aus modischer Sicht relativ langsam wandelt, hin zur »Fashion«, deren Stil sich per definitionem schnell ändert. Die Menschen kaufen immer mehr modische Kleidungsstücke, und auch die Basics sind mittlerweile modischer geworden. Es ist eine schnelllebige »McFashion«-Welt, in der Mode auch bei Massenvermarktern wie H&M erhältlich ist, und zwar zu Tiefstpreisen.[19]

Es lohnt sich, einen kleinen Moment über das Konzept »Mode« nachzudenken. Es impliziert ständige Veränderung – ja sogar Vergänglichkeit: Die Mode von diesem Jahr muss sich von jener im Vorjahr unterscheiden. In seinem Buch *Empire of Fashion* [französischer Originaltitel: *L'empire de l'èphèmère*, »Das Reich der Mode«], einer Geschichte ihres Siegeszuges in der westlichen Welt, vertritt der französische Philosoph Gilles Lipovetsky die Auffassung, dass wir Mode mögen, weil sie zeigt, dass wir es uns leisten können, verschwenderisch zu sein, und Kleidungsstücke nur deswegen ablegen, weil sie nicht mehr der neuesten Mode entsprechen. Mode ist in gewissem Maße ein Hang zum Frivolen oder zumindest eine Flucht vor dem Notwendigen. Wie immer man es sehen will: Mode unterliegt einer sozialen – und keiner funktionalen – Dynamik. In einer von Mode getriebenen Welt kann ein Stück Kleidung, Mobiliar oder Unterhaltungselektronik seine Attraktivität verlieren, weil es nicht mehr »in« ist oder zu weite Verbreitung gefunden hat – ein zentraler Unterschied zwischen »modischen« und »nicht modischen« Gegenständen. Ein Verbraucher, der einen neuen, energiesparenden Gasboiler kauft, wird nicht auf die Idee kommen, ihn auszumustern, weil sein Nachbar auch ein solches Gerät gekauft hat. Aber sobald jedermann eine Granitarbeitsplatte in der Küche hat, einen Paschmina-Schal, ein Paar UGG-Stiefel oder …… (Sie können die Lücke nach Belieben ergänzen), werden modebewusste Konsumenten anfangen, diese Produkte zu meiden. Es wird immer schwieriger, Beispiele wie den erwähnten Gasboiler zu finden, da immer mehr von dem, was wir kaufen, aus der Sphäre des rein Funktionalen in das Reich der Designer- und Modewelt gesaugt wird. Der britische Soziologe Mike Featherstone hat diesen Trend als »die Ästhetisierung des Alltagslebens« bezeichnet.[20] Heute hat diese Entwicklung alle nur denkbaren Gebrauchsgegenstände erfasst – vom Bleistifthalter auf dem Schreibtisch bis hin zur Teekanne auf dem Herd, ganz zu schweigen vom Handy, seiner Hülle und seinem Klingelton.

»Fast Fashion« allüberall

Die Industrie hat eine ziemlich prosaische Bezeichnung für Produkte, die schnell den Markt durchlaufen: FMCGs. Diese Abkürzung steht für »Fast-Moving Consumer Goods« (sogenannte Schnelldreher), worunter früher Produkte fielen, die schnell verbraucht werden, zum Beispiel Zahnpasta oder Reinigungsmittel. Im Laufe des Wirtschaftsbooms wurde auch Bekleidung zu einem FMCG, ebenso wie eine Reihe anderer Produkte, die als langlebige Verbrauchsgüter gelten, aber inzwischen alles andere sind als das. Auch Unterhaltungselektronik, Möbel und andere Haushaltsgüter begannen, »schnell zu drehen«, und ließen dadurch das schiere Volumen des Konsums in den reichen Industrienationen in die Höhe schnellen.

Wenn man über das Volumen des Konsums nachdenkt, entfernt man sich deutlich von der gängigen Praxis der Ökonomie, die sich auf Preise und Geldflüsse konzentriert. Die Daten über Geldflüsse sind häufig sehr detailliert, wodurch es möglich wird, die Konsumgewohnheiten von Verbrauchergruppen oder ihre Reaktionen auf Preisveränderungen genau zu analysieren. Aber die Anzahl der Sofas, die diese Menschen kaufen, oder deren Gewicht bleibt normalerweise außerhalb des Blickfelds, obwohl solche Zahlen nicht nur für das Konsumerlebnis, sondern auch für die ökologischen Folgen dieses Konsums von zentraler Bedeutung sind.

Die Fixierung auf Geldbeträge kann in einer Zeit wie der heutigen – mit ihren rapide voranschreitenden Produktinnovationen und fallenden Preisen – zu kurz greifen. In den Statistiken über Konsumaufwendungen werden Preisveränderungen mitberücksichtigt, aber dafür gibt es kein perfektes Verfahren; die Erfassung von Veränderungen der Produktqualität ist ebenfalls kompliziert. Ein Betrag von 100 Euro kann den Gegenwert von einem, zwei, drei oder gar 20 Hemden darstellen.

Während des Booms gab es massenhaft Schnäppchen zu ergattern, da die Konsumgüterpreise ins Bodenlose fielen. Neben den Preisen für Textilien sanken auch die Preise für Spielwaren um beinahe die Hälfte. Als die Wirtschaft zu Beginn des Jahrzehnts expandierte, stiegen die Preise für andere Güter, aber in den späteren Phasen des Booms fielen sie wieder. Nach Daten des US Bureau of Labor Statistics (2009) fielen die Preise für Möbel, Haushaltsgeräte und Fahrzeuge nach 1999 signifikant, jene für Computer dramatisch, nämlich auf ein Zehntel dessen, was sie 1991 betragen hatten. Der Warenhauspreisindex für langlebige Güter erreichte 1997 eine Spitze von 470 und fiel dann um 100 Punkte. Auch die Preise für das Warenhausgesamtsortiment sanken, und als die Produkte immer billiger wurden, begannen die Menschen, immer mehr davon zu kaufen.

Aber wie stark fielen die Preise? Um diese Frage zu beantworten, brauchen wir Statistiken wie die tatsächlichen Stückzahlen von Artikeln oder – für eine ökologische Analyse noch besser – das Gewicht von Gütern.[21] Es ist schwierig, solche Informationen zu finden, weil die Datenerhebung auf Geldbeträge konzentriert ist. Im *Census of Manufactures* (»Produktionsstatistik«) werden regelmäßig Berichte über bestimmte Produktkategorien veröffentlicht – aber nur über einige wenige. Die Branchenverbände stellen ihre eigenen Erhebungen an, die aber typischerweise nicht öffentlich zugänglich sind. (Die Textilindustrie bildet eine Ausnahme, weil es in ihrer Geschichte immer wieder internationale Quoten gegeben hat.)

Ein Lichtblick in der Datenlandschaft ist, dass alle Waren erfasst werden, die über die Grenzen in unser Land kommen, einschließlich ihrer Stückzahlen und Gewichte. Da heute so viele industriell gefertigte Güter importiert werden, ist das ein guter Anfang für eine derartige Analyse. Importgüter kommen hauptsächlich auf vier Wegen in ein Land – per Schiff, Flugzeug, Bahn oder Lkw –, und der Staat sammelt Daten über alle vier.[22] Ich habe für ausgewählte Güter und die gesamte Industrieproduktion die Daten von 1998 bis 2007 zusammengetragen.[23] Leider ermöglichen diese Daten es nicht, den Käufer (oder Endverbraucher) exakt zu identifizieren; sie berücksichtigen nicht nur Güter, die von privaten Haushalten gekauft wurden, sondern auch solche, die von Unternehmen und staatlichen Stellen angeschafft wurden.

Fangen wir mit dem Wohnzimmersofa an. In dem gewählten Zeitraum von neun Jahren (von 1998 bis 2007) nahm das Gesamtgewicht aller in die Vereinigten Staaten importierten Möbel um 155 Prozent zu, von 4671 Millionen Kilogramm auf 11.894 Millionen Kilogramm. In manchen Berichten wird diese Entwicklung als »IKEA-Effekt« bezeichnet. Das Unternehmen IKEA eröffnete 1985 sein erstes Einrichtungshaus in den USA und hat seither seine Präsenz in diesem Markt immer weiter ausgebaut. Der starke Anstieg der Möbelverkaufszahlen ist wahrscheinlich auf den durch IKEA und ähnliche Ketten ausgeübten Preisdruck und ein wachsendes Modebewusstsein im Einrichtungsmarkt zurückzuführen.

Betrachtet man statt des Gewichts die importierten Stückzahlen, so zeigt sich ein ähnliches Bild. Durch Aufaddieren von 51 spezifischen Möbelkategorien – Baumwollmatratzen, Zellulosematratzen etc. – habe ich festgestellt, dass im Jahr 1998 insgesamt 327,6 Millionen Möbelstücke aller Kategorien in die Vereinigten Staaten importiert wurden. Bis 2005 hatte sich die Stückzahl beinahe verdoppelt, auf 651,3 Millionen. Auch die Stückzahlen deuten also auf vermehrte Kaufaktivitäten hin, angekurbelt durch das wachsende Angebot an billigen, aber modisch ansprechenden importierten Möbeln.

Stellen die gestiegenen Importe wirklich eine Zunahme des Konsums dar, oder ersetzen sie lediglich im Inland hergestelltes Mobiliar? Da der Konsum von im Inland produziertem Mobiliar – berechnet nach Geldbeträgen (definiert als Inlandsproduktion minus Importe) – um 25 Prozent anstieg, kann man davon ausgehen, dass Import und Inlandsproduktion sich in gewissem Maße addierten.[24] Gleichzeitig fielen die Preise, weshalb die Zunahme der produzierten Stückzahlen sogar noch größer war. Kurzum: Möbel wurden zu einem immer »schneller drehenden« Konsumgut.

Auch im Markt der Unterhaltungselektronik zeigt sich inzwischen ein Modezyklus.[25] Das Gesamtgewicht der importierten Elektronikgeräte wie Computer, Mobiltelefone, Fernseher, Faxgeräte und MP3-Player nahm von 1998 bis 2007 um 75 Prozent zu. Dies ist besonders bemerkenswert, wenn wir bedenken, dass viele dieser Produkte – zum Beispiel Notebooks, MP3-Player und Mobiltelefone – kleiner und leichter geworden sind. Flachbildschirme und Plasmafernseher sind dünner geworden. Meine Berechnungen zeigen, dass die Importstückzahlen erheblich zugenommen haben. Die Anzahl importierter Mobiltelefone stieg um das Zwölffache, von 14,2 Millionen im Jahr 1998 auf 177,2 Millionen im Jahr 2005; die Zahl der importierten Notebooks nahm von 3,3 Millionen auf 23,8 Millionen zu, eine Steigerung um das Siebenfache. Darüber hinaus findet diese Expansion nicht nur bei den neueren Technologien statt: Die Zahl der importierten Staubsauger stieg auf über das Doppelte (von 67 Millionen auf 188 Millionen). Die Zahl der importierten Öfen, Toaster und Kaffeemaschinen nahm von 76 Millionen auf 227 Millionen zu. Eine Untermenge von zehn Kategorien kleiner Elektronikgeräte stieg von 715 Millionen importierten Einheiten im Jahr 1998 auf 1,4 Milliarden im Jahr 2005 an, eine Zunahme um beinahe 100 Prozent. Industriedaten zeigen, dass die Gesamtanzahl verkaufter Computer von

38,9 Millionen im Jahr 1998 auf schätzungsweise 64,2 Millionen im Jahr 2007 zunahm.[26]

Ähnliches kann über die gesamte Industrieproduktion berichtet werden. Das Gewicht importierter Keramikwaren nahm um 83 Prozent zu, Glas und Glaswaren um 61 Prozent, Leder- und Pelzwaren um 74 Prozent, Spielwaren und Spiele um 59 Prozent, Textilien um 70 Prozent, Teppiche und Teppichböden um 63 Prozent.[27] In einigen dieser Kategorien glichen die Rückgänge der inländischen Produktion einen Teil der Zunahmen aus, aber in anderen war die heimische Produktion ein Zuschlag zum Gesamtkonsum. Die Kategorie »Fahrzeuge« ist ökologisch äußerst signifikant – sowohl wegen der Emissionen als auch wegen des hohen Materialverbrauchs bei der Herstellung. Das materielle Volumen importierter Fahrzeuge nahm um 64 Prozent zu. Der Konsum im Inland produzierter Güter stieg über den betrachteten Zeitraum um 14 Prozent, während die Preise neuer Fahrzeuge geringfügig zurückgingen, was zeigt, dass das Gewicht der Importe zuzüglich der heimischen Produktion um etwa 80 Prozent zugenommen hat. Zu den anderen Warengruppen mit je starker Zunahme zählen Kunststoffe und Gummierzeugnisse sowie Perlen, Edelsteine, Edelmetalle und Schmuck, und auch für Lebensmittel und Pharmaprodukte waren teils deutliche Steigerungen zu verzeichnen.

Die Wegwerfnationen

Wäre die Beschleunigung der Konsumausgaben ein einmaliger Ausreißer gewesen oder hätte sie zur Anschaffung von Dingen geführt, die jahrelang genutzt und geschätzt würden, so wären die Folgen vielleicht noch beherrschbar gewesen. Aber das Kaufen ist mit dem Wegwerfen von Dingen verknüpft worden, mit der Folge eines geradezu beispiellosen Verbrauchsrausches. Moden ändern sich innerhalb von Monaten. Die Menschen werden ihrer Anschaffungen immer schneller überdrüssig. Produkte veralten technologisch, oder sie gehen kaputt. Entweder ziehen wir nicht viel Nutzen aus den Dingen, die wir kaufen, oder wir mühen uns ab, mit den schnell wechselnden

Moden Schritt zu halten, oder beides. Das Inventar ungenutzter Produkte in den Haushalten wächst, und immer mehr davon wird nach immer kürzerer Zeit über verschiedene Kanäle ausrangiert.

Wenn Konsumenten zusätzliche Güter erwerben, dann müssen sie Platz dafür finden. Deshalb brauchen wir immer größere Häuser, die immer größere Schrankwände und immer mehr Möglichkeiten, Dinge zu verstauen, enthalten.[28] Tatsächlich ist rund um die Einbauschränke und Schrankwände eine Miniindustrie entstanden. Zahlreiche Ratgeberbücher informieren darüber, wie man die häusliche Unordnung reduzieren kann. Es gibt sogar einen Beruf, der von einem eigenen Berufsverband vertreten wird (der National Association of Professional Organizers) und das Ziel hat, den Menschen aus ihrer materiellen Überlastung herauszuhelfen.[29] Ein weiterer Trend ist das wachsende kommerzielle Angebot an externem Stauraum zur Einlagerung von Dingen, die im eigenen Haus keinen Platz mehr finden. Immerhin ein Zehntel der privaten Haushalte mieteten in den Jahren 2007/08 zusätzlichen Stauraum (im Schnitt 1,93 Quadratmeter pro Haushalt) an, eine Zunahme von 65 Prozent seit 1995.[30]

In geradezu atemberaubendem Tempo sammeln sich Geräte der Unterhaltungselektronik an. Nach Schätzungen der Environmental Protection Agency haben allein im Jahr 2007 140 Millionen Mobiltelefone einen Zustand erreicht, der als »end of life« (EOL) bezeichnet wird (1999 waren es erst 19 Millionen solcher EOL-Geräte).[31] Sie warten darauf, entsorgt zu werden, nachdem sie bereits eine Zeit lang zu Hause aufbewahrt worden sind. 205 Millionen Computer und Peripheriegeräte gingen 2007 in den EOL-Zustand über (1999 waren es 124 Millionen).[32] Seit 1980 sind etwa 1,2 Milliarden Computer und Fernseher gesammelt worden, und weitere 235 Millionen werden nach wie vor in privaten Haushalten und Büros aufbewahrt.[33] Insgesamt etwa 373 Millionen Mobiltelefone, Computerprodukte und Fernseher (etwa 1,2 Stück pro US-Bürger) erreichten 2007 ihr EOL.[34] Und dies sind nur Zahlen für einige Produkte – das Einlagern und Ausrangieren nimmt auch für Faxgeräte, DVD- und MP3-Player zu.

Kleidung ist ein weiterer Bereich, in dem gewaltige Mengen weggeworfen werden. Der Secondhand-Textilmarkt setzt geschätzt über eine Milliarde Dollar um.[35] Ein großer Teil des Angebots wird in Länder mit niedrigen Einkommen exportiert. Im Jahr 1991 wurden 143 Millionen Kilogramm gebrauchter Kleidung aus den Vereinigten Staaten in den Rest der Welt exportiert. Im Jahr 2004 waren es schon 499 Millionen, eine Zunahme um beinahe das Vierfache. Eine unveröffentlichte, von mir durchgeführte Regressionsanalyse hat ergeben, dass die Importe an neuen Textilien ein Maß für die Exporte an gebrauchter Kleidung sind.[36] Je mehr neue Kleidungsstücke die Konsumenten kaufen, desto mehr gebrauchte geben sie weg. Aber Kleidung landet auch im Müll: Im Jahr 2007 betrug der Anteil der Textilien am jährlichen Abfallaufkommen der Gemeinden (254 Millionen Tonnen) 4,7 Prozent; das entspricht 35,4 Kilogramm an weggeworfener Kleidung pro Person.[37]

Ein weiterer Beleg für das explosionsartig wachsende Angebot an gebrauchten Gegenständen ist das Wachstum von eBay und anderen Internetverkaufsplattformen. Der Staat führt keine Statistiken über solche Sites, aber sie haben rapide expandiert. Immerhin ist es mir gelungen, Daten über Exporte von gebrauchten Waren zu finden, eine Sammelkategorie, die ein breites Spektrum an Artikeln umfasst, von Gemälden und Grafiken über getragene Kleidung bis hin zu gebrauchten Autoreifen und Briefmarken. Viele dieser Gegenstände sind gewerblicher Art – zum Beispiel Schaufelbagger, Baumaschinen und Traktoren –, und insofern ist es keine sonderlich aufschlussreiche Kategorie. Aber immerhin zeigen diese Daten, dass solche Exporte nach Gesamtgewicht von 1998 bis 2005 um 66 Prozent zugenommen haben.[38]

Das Materialitätsparadox

Das Konzept »Mode« beruht auf der Logik, dass nicht die Funktionalität, sondern soziale und kulturelle Motive das Kaufverhalten bestimmen. Gegenstände, die im alltäglichen Sinne des Wortes noch »funktionieren«, werden aufgegeben, weil sie für veraltet, hässlich, schäbig oder einfach nur langweilig gehalten werden. Was zählt, ist ihr sozialer Status – also das, was in der wissenschaftlichen Literatur als ihr »symbolischer Wert« bezeichnet wird. Seit Jahrzehnten haben Theoretiker der Konsumgesellschaft – der bekannteste von ihnen war Jean Baudrillard – über diese symbolische Wirtschaft geschrieben.[39]

Diese postmodernen Berichte über die Konsumkultur zeigen, dass es uns heute beim Konsumieren gar nicht mehr um die Produkte selbst geht, sondern um die Signale und Symbole, die sie aussenden. Das »Image« ist das Wichtigste. Das klassische Beispiel dafür ist der Markensportschuh, der in der Herstellung nur ein paar Dollar kostet und sich physisch nicht von vielen anderen Schuhen unterscheidet. Dennoch ist der Konsument bereit, zwischen 50 und 200 Dollar dafür auszugeben. Die Werbebranche und die einschlägigen Medien haben es geschafft, das Verlangen nach dem Apple-Logo, dem Prada-Dreieck oder dem Nike-Schwung zu kultivieren – um das Telefon, die Handtasche oder den Schuh geht es längst nicht mehr.

Einige Konsumtheoretiker sind der Meinung, das Entstehen einer durch Symbole getriebenen Wirtschaft, in der die Menschen nach Image und sozialem Status verlangen, führe dazu, dass die Materialität von Gütern unwichtig wird, was wiederum eine gewisse Entmaterialisierung des Konsums zur Folge haben kann. Dahinter steht die Vorstellung, dass wir Images konsumieren statt materieller Produkte. Virtuelle Besitztümer in dem Simulationsspiel *Second Life* können an die Stelle von realen Dingen treten. Andere Experten sagen voraus, dass die materiellen Folgen des Konsums durch technologischen Wandel reduziert werden. Das sind tröstliche Überlegungen, da es die materiellen Folgen sind, die die Umweltzerstörung vorantreiben.

Diese Konsumtheoretiker haben zweifellos in einem Punkt recht: Der symbolische Wert ist wesentlich wichtiger geworden. Größere Budgets für Werbung und Marketing, die Wertzunahme von Marken in Unternehmensbilanzen und das Entstehen von »Fast Fashion« sind Belege für diese Auffassung. Jedoch entgegen der These von der Entmaterialisierung des Konsums lässt das Materialitätsparadox erwarten, dass die zunehmende Bedeutung von symbolischem Wert die Umweltbelastung erhöht, statt sie zu reduzieren.[40] Das liegt daran, dass die Signalökonomien durch den Modezyklus für die Dynamiken sich schnell verändernder symbolischer Werte anfällig sind.

Wenn Dinge, die wegen ihres Symbolwertes geschätzt werden, diese Attraktivität nach kurzer Zeit verlieren, wird Ersatz notwendig. Das Materialitätsparadox besagt: Wann immer Konsumenten am eifrigsten immateriellen Bedeutungen hinterherjagen, ist ihr Verbrauch an materiellen Rohstoffen am größten. Diese Beobachtung erinnert an Raymond Williams' Bonmot: »Unser Problem ist nicht etwa, dass wir zu materialistisch wären, sondern vielmehr, dass wir nicht materialistisch genug sind.«[41] Wir entwerten die materielle Welt, indem wir exzessiv Produkte erwerben und wegwerfen. Das Plenitude-Prinzip des wahren Materialismus kehrt diese Einstellung um.

Natürlich ist es nicht nur unsere Um-Welt, die in dieser Phase der Konsumkultur zu leiden hat. Die »Fast Fashion«-Dynamik setzt den Konsumenten unter Druck, mit etwas mitzuhalten, was sich manchmal wie eine schwindelerregende Beschleunigung von gesellschaftlichen Normen anfühlen kann. Sie ist eine finanzielle Belastung und erfordert viel Zeit: Shoppen, Preise vergleichen, das Lernen, neue technische Gerätschaften zu bedienen, sind die Zeitfresser der Moderne. »Fast Fashion« fördert eine ungesunde Unzufriedenheit mit dem, was man hat, und steigert die Sorge, nicht mithalten zu können.

Das Materialitätsparadoxon ist lange Zeit nicht erkannt worden, vor allem nicht von Konsumforschern in den wohlhabenden Ländern. Vielleicht kann die Globalisierung der Produktion das zum Teil erklären. Es ist leichter zu glauben, dass wir das Industriezeitalter hinter uns gelassen haben, wenn die Landschaft nicht mehr durch rußige Fabriken und Bergbaubetriebe beeinträchtigt wird. Jedoch wenn man sich die Daten über die Materialflüsse rund um den Globus ansieht, zeigt sich ein weit weniger tröstliches Bild als jenes, das man aus dem Gerede über eine postmaterielle Zukunft gewinnt.

Materialwirtschaft

Im Gegensatz zu den Prognosen, die eine Entmaterialisierung vorhersagen, nimmt das Material, das verbraucht wird, weiter zu – sowohl weltweit als auch in jeder einzelnen Region der Welt. Die Gewinnung und Verarbeitung von Rohstoffen wie Energieträgern, Holz, Sand, Kies, Mineralien und Biomasse bilden den Herzschlag einer Wirtschaft.

Vor einigen Jahren hat sich die Wissenschaft noch kaum für die Materialflüsse innerhalb von Volkswirtschaften und den Austausch zwischen ihnen interessiert, aber das hat sich mittlerweile geändert. Eines der interessantesten Auswertungsverfahren ist die Materialflussanalyse (MFA). Dieses Forschungsfeld verfolgt die Gewinnung von Rohstoffen durch die Phasen von Produktion und Konsum und gewinnt immer mehr an Bedeutung, vor allem in Europa.[42]

Abbildung 2.1: Weltweite Rohstoffgewinnung, 1980–2005

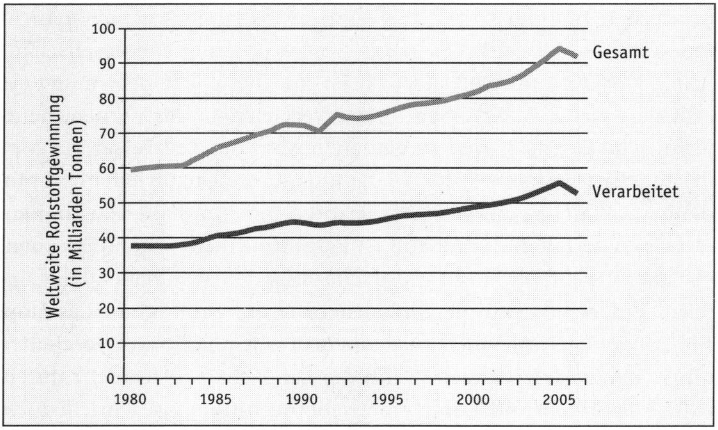

Quelle: Sustainable Europe Research Institute (2009)

Inzwischen liegen Berichte mit umfassenden Schätzungen der globalen Materialflüsse vor. 1980 gewann und verarbeitete der Mensch 40 Milliarden Tonnen an Metallen, fossilen Energieträgern, Biomasse und Mineralien.[43] Ein Vierteljahrhundert später war der jährliche Rohstoffverbrauch um 45 Prozent, also auf 58 Milliarden Tonnen, gestiegen. Doch das ist nur derjenige Teil der Rohstoffe, der tatsächlich in den Wirtschaftskreislauf eingeflossen ist. Weitere 39 Milliarden Tonnen gehen im Produktionsprozess verloren; dieses ungenutzte –

oder verschwendete – Material wird oft als »Abraum« oder »Abfall« bezeichnet. Es ist das Material, das beim Kohlebergbau übrig bleibt, die weggeworfenen Schalen von Pflanzen und so weiter. Bei der Gewinnung mancher Rohstoffe entstehen enorme Mengen an Abraum – bei der Förderung von Gold kann es notwendig sein, 100 oder mehr Tonnen Erde und Gestein zu bewegen, um eine Unze des Edelmetalls zu gewinnen.[44]

In diesen 25 Jahren ist der Pro-Kopf-Verbrauch an Rohstoffen beinahe konstant geblieben, da eine effizientere Nutzung von Material durch eine erhöhte Produktion aufgehoben wurde. Im Jahr 2005 lag der globale Durchschnittsverbrauch bei 8,8 Tonnen, also etwas über 24 Kilogramm Material, das pro Tag verbraucht wurde.[45] Der durchschnittliche Konsument in den USA verbrauchte jedoch das Zweieinhalbfache des weltweiten Durchschnitts, nämlich etwa 23 Tonnen. Aber selbst das ist eine Untertreibung, da es die Flüsse importierter Materialien nicht berücksichtigt, die ganz erheblich sind und rapide zugenommen haben. Im Jahr 2000 betrug der gesamte Materialverbrauch in den USA (inklusive der Importe und des Abraums/Abfalls) 17,9 Milliarden Tonnen.[46] Das entspricht 59,8 Tonnen Öl, Sand, Getreide, Eisenerz, Kohle und Holz pro Kopf der US-Bevölkerung, die benötigt werden, um das BIP der Vereinigten Staaten zu erzeugen. Das sind erschreckende 164 Kilogramm pro Tag! Diese Zahl ist weit davon entfernt, als »nachhaltig« bezeichnet zu werden.

Die größte Kategorie bilden Kohle und Öl, und der Verbrauch an Erdgas ist ebenfalls beachtlich. Es ist eine bekannte Tatsache, dass die US-Amerikaner verschwenderische Verbraucher fossiler Treibstoffe sind. Die meisten Gebäude sind nicht ordentlich isoliert, die Bauvorschriften sind lax, und selbst einfache Maßnahmen zur Energieeinsparung sind immer noch nicht umgesetzt worden. Im Vergleich zu den Bürgern anderer, relativ wohlhabender Länder besitzen die US-Amerikaner die meisten Fahrzeuge pro Person, fahren öfter und legen dabei größere Strecken zurück, reisen mehr per Flugzeug und leben in größeren Häusern. Am wichtigsten ist jedoch, dass das Land seinen Kohleverbrauch immer noch nicht eingeschränkt hat, trotz der sehr hohen Emissionen, die er verursacht. Darum hat der durchschnittliche US-Bürger im Jahr 2006 19,7 Tonnen CO_2-Emissionen verursacht, während die Deutschen, Japaner und Briten bei etwa 10 Tonnen lagen, die Italiener bei 8,3 und die Franzosen bei 6,7.[47] In Anbetracht der Diskussion über die Emissionen von China und Indien lohnt sich die Feststellung, dass deren Emissionen pro Einwohner niedrig sind, nämlich 4,6 beziehungsweise 1,3 Tonnen. Aber es ist auch richtig, dass in den Vereinigten Staaten die privaten Haushalte für weniger als die Hälfte aller Emissionen verantwortlich sind – ein großer Teil davon entfällt auf die Industrie, auf deren Praktiken die Haushalte wenig Einfluss haben.[48]

Die zweitgrößte Kategorie ist die Landwirtschaft. In den vergangenen Jahren ist viel darüber geschrieben worden, wie Nahrungsmittel in den Vereinigten Staaten produziert und konsumiert werden, und über die negativen Folgen dieses Systems auf die Verbraucher und das Ökosystem Erde.[49] Industriell betriebene Landwirtschaft erfordert intensiven Einsatz von Chemikalien und produziert große Mengen an Treibhausgasemissionen. Die Zahl der pro Landwirt produzierten Kalorien ist hoch, die in den Industrienationen eingesetzten Verfahren zur Herstellung von Lebensmitteln sind rohstoffintensiv und umweltschädlich, vor allem die Rindfleischproduktion, die gewaltige Emissionen von Kohlendioxid und Methan verursacht. Die Produktion der Menge an Rindfleisch, die ein durchschnittlicher US-Bürger pro Jahr verzehrt, ist ebenso hoch wie die Emissionen einer 2900 Kilometer langen Autofahrt,[50] und in den Vereinigten Staaten wird pro Kopf mehr Rindfleisch verzehrt (im Jahr 2005 waren es 43 Kilogramm) als in jedem anderen Land der Welt außer Argentinien.[51] Studien über die Produktion von Rindfleisch im Vergleich zu Gemüse haben ergeben, dass dabei 36-mal mehr an Treibhausgasen erzeugt werden als beim Anbau von Spargel.[52] Doch der vielleicht bedrückendste Umstand ist, dass schätzungsweise 40 bis 50 Prozent der in den USA erzeugten Nahrungsmittel auf dem Transport von der Farm auf den Esstisch »verloren« gehen.[53] Wir zerstören die Umwelt mit der industriellen Erzeugung von Nahrung, von der ein großer Teil auf der Müllkippe landet, wo er verrottet und noch mehr Methan in die Atmosphäre freisetzt.

Auch der Bausektor verbraucht große Mengen an Material. Auf dem privaten Markt geht der Trend zu wesentlich größeren Häusern. Das durchschnittliche Einfamilienhaus hatte 1980 eine Wohnfläche von 162 Quadratmetern; 20 Jahre später waren es schon 234 Quadratmeter. Fünfundneunzig Prozent dieser Häuser haben zwei oder mehr Badezimmer, 90 Prozent haben Airconditioning und 19 Prozent eine Garage für drei oder mehr Autos.[54]

Die Lehrmeinung in den Wirtschaftswissenschaften besagt, dass wir endlos weiterwachsen können, weil technologischer Wandel eine Entmaterialisierung ermöglichen werde. Sie beruht auf der These, das Bruttoinlandsprodukt könne abgekoppelt werden von Materialverbrauch, Emissionen und Umweltschäden, wodurch es immer weiter ansteigen könne, während seine »Stofflichkeit« abnehme. Zwar ist es richtig, dass jeder Dollar des BIP heute weniger Material fließen lässt, aber der BIP-Zuwachs im Laufe der vergangenen 25 Jahre hat diesen Rückgang fast überall zunichtegemacht.

Von 1980 bis 2005 erhöhten die Vereinigten Staaten und Kanada ihren Materialverbrauch um 54 Prozent, also um etwa zwei Prozentpunkte pro Jahr, und darin sind die Importe noch gar nicht enthalten.[55] In diesem Zeitraum stieg der gesamte Materialverbrauch von 6,6 auf 10,1 Milliarden Tonnen pro Jahr; die Bevölkerung wuchs dabei mit 35 Prozentpunkten weniger stark als der Materialverbrauch. Das heißt, dass nicht nur der gesamte Materialverbrauch stieg, sondern auch der Pro-Kopf-Verbrauch. Der Materialfluss pro Dollar BIP nahm zwar um etwa 25 Prozent ab, aber das gesamte BIP-Wachstum betrug über das Doppelte dieses Wertes. Papier ist ein gutes Beispiel dafür, dass Technologie es nicht schafft, den Materialverbrauch zu reduzieren. Man hatte erwartet, dass die Verbreitung des Computers zu einer papierlosen Gesellschaft führen würde, aber in den USA ist der Pro-Kopf-Verbrauch an Papier seit 1980 immer weiter gestiegen und lag 2005 bei 295 Kilogramm pro Jahr, dem höchsten Wert weltweit.[56] Mit 4,5 Prozent der Weltbevölkerung sind die USA für ein Drittel des Verbrauchs an Papier verantwortlich.[57]

Die Staaten West- und Mitteleuropas haben es wesentlich besser gemacht als Nordamerika, und zwar unter anderem, weil dort in diesem Zeitraum der Verbrauch an fossilen Energieträgern zurückgegangen ist, im Gegensatz zu einer 43-prozentigen Steigerung in Nordamerika.[58] Insgesamt ist in Europa der Materialverbrauch nur um neun Prozent gewachsen, deutlich weniger stark als in den Vereinigten Staaten und Kanada. Fossile Energieträger sind wegen ihrer Rolle bei der Klimaveränderung am problematischsten. Einer der beunruhigenden Trends der vergangenen Jahre ist, dass die wohlhabenden Länder einen erheblichen Teil der Lasten ihres Verbrauchs an fossilen Treibstoffen auf ärmere Nationen abgewälzt haben, weil sich große Teile der Güterproduktion dorthin verlagert haben. Chinas Fabriken basieren in hohem Maße auf Kohle, einem extrem schmutzigen Energieträger, der überproportional hohe Klimabelastungen verursacht. Betrachtet man nur die globalen Treibhausgase, dann haben die Vereinigten Staaten im Jahr 2004 schätzungsweise 20 Prozent ihrer gesamten Emissionen ins Ausland verlagert.[59]

In den 1980er-Jahren identifizierten »Experten« das Prinzip der »relativen Entkopplung« als Allheilmittel für die vielen Krankheiten der Umwelt. Relative Entkopplung heißt, dass pro Dollar BIP weniger Schaden entsteht. Allerdings lassen die Erfahrungen der vergangenen 25 Jahre erwarten, dass der Markt allein nicht rasch genug Ergebnisse produzieren wird, um den fortgesetzten Belastungen der Umwelt entgegenzuwirken. Einer der Gründe dafür ist das Materialitätsparadox – ein Phänomen, mit dem weder die Ökonomen noch andere Sozialwissenschaftler gerechnet hatten. Verbesserungen von Effizienz und Technologie haben es nicht geschafft, den steigenden Materialverbrauch des beschleunigten Konsums zu kompensieren. Und während zwar bei einigen Produkten – Unterhaltungselektronik und Campingausrüstung sind offensichtliche Beispiele – gewichtsreduzierende Innovationen stattfinden, wird keineswegs alles leichter. Fahrzeuge, Kühlschränke und Häuser sind größer und schwerer geworden. Das Heilsversprechen der Entmaterialisierung hat auch die enorm gestiegene Rohstoffnachfrage aus dem sogenannten Globalen Süden nicht berücksichtigt – also aus Ländern, denen die Mittel fehlen, um die neuesten Technologien mit der besten Rohstoffeffizienz einzukaufen.

Die avisierte Entmaterialisierung hat de facto nicht stattgefunden, weil es unterlassen wurde, auch die ökologischen Kosten zu berücksichtigen, vor allem im Hinblick auf fossile Energieträger. Die vergleichsweise erfolgreichen Bemühungen der Europäer, die Materialflüsse einzudämmen, sind auf eine intelligente Energiepolitik zurückzuführen, durch die Steuern erhöht und der Energieverbrauch reduziert wurden. Dagegen gab sich Nordamerika – mit seinen Subventionen für Kohle, Öl und Erdgas – wesentlich gieriger. Wir werden im nächsten Kapitel sehen, dass Energieeinsparungen, die nicht durch Steuererhöhungen neutralisiert werden, letztlich Preissenkungen sind, die den Verbrauch ankurbeln.

Wenn man über Lösungen nachdenkt, ist es wichtig zu erkennen, dass der Konsument von den materiellen Realitäten der Produktion abgeschnitten worden ist. Hersteller und Einzelhandel wollen vermeiden, dass der Konsument über die Umweltschäden nachdenkt, die seine Anschaffungen verursachen, weshalb solche Informationen in der Regel nicht zu bekommen sind, schon gar nicht vom jeweiligen Verkäufer. Wird die Fabrik, in der das Handy montiert wurde, mit schmutzigem, aus Kohle erzeugtem Strom betrieben? Sind die Farben in einem Hemd giftig, wie es für einen Großteil der weltweit hergestellten Textilien typisch ist? Ist das wunderschöne Schmuckstück aus Gold gefertigt worden, das aus einer Mine stammt, die durch ihren Einsatz von Chemikalien Wasservorräte vergiftet und bei den Anwohnern Krebs erzeugt hat? Es ist schwierig und manchmal sogar unmöglich, Antworten auf solche Fragen zu erhalten, und noch viel weniger kann man die derart zerstörerischen Praktiken verhindern.

Der sich immer schneller drehende Modezyklus beschleunigt die Herstellung umweltschädlicher Produkte, ohne dass der Konsument etwas davon weiß. Ein geradezu klassisches Beispiel dafür ist die Beliebtheit von Flachbildfernsehern, bei deren Produktion ein synthetisches Gas namens Stickstofftrifluorid (NF_3) verwendet wird, dessen Treibhauspotenzial um ein Vielfaches höher ist als das von CO_2. Bis jetzt sind noch keine großen Mengen dieses Gases in die Atmosphäre entlassen worden, aber dieses Beispiel zeigt, dass das Modell

»unregulierte Herstellung/uninformierter Konsument« zu katastrophalen Folgen führen kann.[60]

Die mantrahaft wiederholten Hinweise auf Entmaterialisierung sind Bestandteil eines breiter angelegten Ansatzes, der behauptet, dass technologische Verbesserungen – oder Technologie plus ökologisch korrekter Preisgestaltung – ausreichen würden, um Ökosysteme zu reparieren und zu schützen. Diese Meinung hält sich unter Experten und Politikern hartnäckig, obwohl die Zahlen eine andere Sprache sprechen. Warum bestehen so starke Widerstände dagegen, andere Strategien in Angriff zu nehmen, etwa das Tempo des Wirtschaftswachstums zu drosseln und die Konsumgewohnheiten der Menschen zu verändern? Die Antwort liegt unter anderem in einer lebhaft geführten Auseinandersetzung über die Zukunft unseres Planeten, die vor Jahrzehnten stattgefunden hat und die unter anderem dazu führte, dass unbegrenztes Wachstum zu einem ökologisch möglichen Weg erklärt wurde.

Gibt es Grenzen für Wachstum?

Die 1950er- und frühen 1960er-Jahre am Massachusetts Institute of Technology (MIT) waren eine aufregende Zeit. Bevor diese Eliteuniversität im Nordosten der Vereinigten Staaten in Kontroversen über ihre Beteiligung am Vietnamkrieg hineingezogen wurde, begeisterten sich ihre Forscher – deren Erfindungen die Fundamente für die Computerisierung und die Informationstechnologie legten, die in den 1990er-Jahren die Welt verändern würden – leidenschaftlich für ihre Arbeit. Jay Forrester war einer von ihnen, ein junger Mann, der 1939 nach seinem Bachelor-Abschluss als Ingenieur ans MIT kam, um dort seinen Masterabschluss zu absolvieren. Forrester begann seine Laufbahn damit, dass er an Regelkreisen zur Steuerung von militärischen Systemen arbeitete, zum Beispiel in U-Booten. Im Zweiten Weltkrieg wurde er auf den im Pazifik stationierten US-Flugzeugträger *Lexington* geschickt, wo er das Radarsystem reparieren sollte und einen Torpedoangriff auf das Schiff überlebte. Im Jahr

1947 kehrte Forrester ans MIT zurück. Unter seiner Leitung wurde der erste digitale Computer der Universität entwickelt, und Forrester meldete ein Patent auf den ersten magnetischen Computerspeicher mit wahlfreiem Zugriff (»random-access memory«, RAM) an.

In den 1950er-Jahren beschäftigte sich Forrester mit Fragen der Unternehmensführung und entwickelte eine umfassende Managementtheorie, die als »Systemdynamik« bekannt geworden ist. Sie war ein natürlicher Nebeneffekt seiner Arbeit mit Computern, da sie große Datenmengen verarbeitet und dann analysiert, wie sich diese Daten gemeinsam – als integriertes System – entwickeln. Forrester setzte dieses Verfahren für die Anforderungen von Unternehmen, Städten und Schulen ein. Im Jahr 1970 brachte ihn seine Arbeit an Stadtsimulationsmodellen in Kontakt mit dem Club of Rome, einer Gruppe, die gerade von dem italienischen Geschäftsmann Aurelio Peccei gegründet worden war. Sie hatte sich zum Ziel gesetzt, über »das menschliche Dilemma« nachzudenken, und zwar über mehrere Jahrzehnte hinaus. Im Widerspruch zu der damals vorherrschenden Begeisterung für wirtschaftliches Wachstum und künftige Entwicklungsmöglichkeiten sah der Club of Rome Sturmwolken am Horizont heraufziehen. Eine davon war die Entwicklung der Weltbevölkerung, die schon damals bei über dreieinhalb Milliarden lag und exponentiell wuchs. Der Ökologe Paul Ehrlich von der Stanford University hatte gewarnt, dass die Bevölkerung der Erde wie eine tickende Zeitbombe sei, die jederzeit explodieren könne. Würde es für eine Bevölkerung von sechs Milliarden Menschen, die man für das Jahr 2000 erwartete, genug Nahrung geben? Würde es genug Öl, Gas, Aluminium und andere Energieträger und Metalle geben? Forrester bot an, ein Systemdynamik-Modell für die gesamte Welt zu entwickeln und zu analysieren, wie fünf Schlüsselfaktoren – Bevölkerung, Nahrung, Industrieproduktion, nicht erneuerbare Rohstoffe (vor allem fossile Energieträger) und Umweltbelastungen – sich über die nächsten 150 Jahre entwickeln könnten. Innerhalb weniger Wochen reiste eine Delegation des Club of Rome ans MIT und erklärte sich bereit, das Projekt zu finanzieren. Forrester rekrutierte die junge Forscherin Donella (Dana) Meadows, eine an der Harvard University promovierte Biophysikerin, ihren Mann Dennis Meadows, der am MIT Management lehrte, und zahlreiche andere Wissenschaftler. Gemeinsam entwickelten sie ein Modell, das zur Grundlage ihres sensationellen Buches *The Limits to Growth (Die Grenzen des Wachstums)* werden sollte.[61] Als es im Jahr 1972 veröffentlicht wurde, sandte es Schockwellen rund um die Welt.

Die Grenzen des Wachstums beschäftigt sich mit der Frage, ob der Planet Erde auch weiterhin ein anhaltendes Wachstum von Bevölkerung, Produktion und Umweltbelastungen würde verkraften können. Etwas vereinfacht stellte sich die Lage so dar, dass alle drei Parameter exponentiell wuchsen, und zwar schneller als Kräfte, die geeignet waren, gegenteilige Wirkung zu entfalten, wie sauberere Technologien, ertragreichere Getreidesorten oder die Kapazität der Erde, solche Belastungen zu verkraften. Als die Aktivitäten des Menschen noch recht unbedeutend waren, stellten sie kein Problem dar, aber da der Mensch immer größere Mengen der Rohstoffe des Planeten nutzte, würde sich unweigerlich eines Tages die Frage nach der Belastungsgrenze der Erde stellen. Die Ursachen der Belastungen (Bevölkerungswachstum, ansteigende Produktion und Umweltverschmutzung) würden eines Tages die Senken (die Absorptions- und Produktionskapazitäten) des Planeten überfordern. Bei einer Wachstumsrate von vier Prozent pro Jahr (einem typischen Wert für die globale Wirtschaft) verdoppelt sich der Output alle 18 Jahre. Gegen Ende des 20. Jahrhunderts stellte das Volumen der Industrieproduktion alles vorher Dagewesene in den Schatten. Würde ein derartiges Wachstum auch weiterhin möglich sein?

Die Forschungsarbeit in der Systemdynamik ist häufig um Szenarien strukturiert. Indem man unterschiedliche Veränderungsraten für variable Parameter annimmt oder die grundlegenden Beziehungen des Modells verändert, ergeben sich über verschiedene Betrachtungszeiträume unterschiedliche Ergebnisse.

In den *Grenzen des Wachstums* wurde die Frage diskutiert, was auf lange Sicht geschehen würde, wenn die damals bestehenden Trends sich fortsetzten, und wie verschiedene Arten von Interventionen sich auf das Ergebnis auswirken würden.[62] Die wichtigste Erkenntnis war, dass bei demjenigen Modell, das wir heute als »Business as usual«-Szenario bezeichnen (der »Standardlauf« im Rahmen des Modells), zu Beginn des 21. Jahrhunderts zunehmende Belastungserscheinungen auftreten würden. Das pessimistischste Szenario prognostizierte für die Zeit ab 2015 sinkende Einkommen. Die Nahrung würde knapp werden, und die Umweltverschmutzung würde allmählich die Kapazität des Planeten überfordern. Die Gewinnung nicht erneuerbarer Rohstoffe würde immer teurer werden. Im weiteren Verlauf des Jahrhunderts würden die Umweltschäden zunehmen und letztlich zum Kollaps der Ökosysteme führen.

Das Buch weckte enormes öffentliches Interesse, und bis heute wurden über 30 Millionen Exemplare in 30 Sprachen verkauft. Durch die Ölkrise und die damit einhergehende »Stagflation« entstand 1973 das Gefühl, dass die Dinge aus dem Ruder laufen. Zahlreiche Wissenschaftler schlossen sich der Meinung an, dass der Planet Erde nur begrenzt belastbar sei und dass die Menschheit darauf achten müsse, seine Rohstoffe nicht zu erschöpfen.

Die Aussagen des Buches wurden allerdings auch heftig angegriffen. Die Zunft der Ökonomen setzte sich an die Spitze dieser Attacken, was in Anbetracht ihrer Ausrichtung auf einen sich selbst korrigierenden Markt und eine optimistische Sicht des technologischen Wandels kein Wunder ist. Das Modell berücksichtige keine Preissignale und in seiner »Business as usual«-Variante auch keine Reduzierung der Umweltbelastungen. Der Ökonom Wilfred Beckerman von der Oxford University verriss das Buch als »haarsträubenden … unverschämten Unsinn«.[63] Die Schulmeinung der Ökonomen wurde am prominentesten von William (Bill) Nordhaus von der Yale University vertreten. Seiner Meinung nach würde das dort präsentierte Modell den technologischen Wandel nicht in ausreichendem Maße berücksichtigen, vor allem die »ressourcensparende Variante« hielt er für unterrepräsentiert.[64] Falls wir uns tatsächlich mit Grenzen auseinandersetzen müssten, so Nordhaus, werde es profitable Möglichkeiten geben, sie durch Innovation zu vermeiden. So sah er zum Beispiel das phänomenale Wachstum der landwirtschaftlichen Produktivität in den vorangegangenen hundert Jahren als deutlichen

Fingerzeig darauf, dass man selbst die zum Ende des 20. Jahrhunderts rapide angewachsene Bevölkerung werde ernähren können. Ein weiteres seiner Argumente lautete, dass die bekannten Reserven an nicht erneuerbaren Rohstoffen keine guten Prädiktoren für das zukünftige Angebot seien, weil es sich aufgrund eventuell entstehender Knappheiten lohnen würde, intensiver zu explorieren und zu bohren, wodurch die bekannten Reserven zunehmen würden. Für Energieträger oder Minerale, die irgendwann einmal knapp werden, würde man Alternativen (er)finden. Die Ökonomen zeigten sich hoffnungsvoll, dass man die physischen Realitäten durch menschliche Erfindungsgabe würde überwinden können.

Eine andere Schlüsselfrage war, ob das ungehemmte exponentielle Bevölkerungswachstum eine vernünftige Annahme war. Europa und Nordamerika hatten ihren demografischen Wandel bereits hinter sich, die Geburtenraten haben drastisch abgenommen. China und Indien würden bald folgen. Die Sorgen um Überbevölkerung waren zum Zeitpunkt des maximalen Wachstums entstanden, ohne dass man entgegenwirkende Kräfte ausreichend berücksichtigt hatte. Dieser Einwand galt auch in allgemeinerer Form für das gesamte Modell. Das Standardlauf-Szenario, bei dem gar keine Anpassungen stattfinden und das die schlimmstmöglichen Folgen ergibt, war unwahrscheinlich, weil seine negativen Folgen Reaktionen hervorrufen würden – ein Punkt, über den sich die Systemdynamiker durchaus im Klaren waren.[65]

Die Debatte verlief nicht so, wie man es sich hätte erhoffen können.[66] Beide Lager publizierten in verschiedenen Journalen, und ein direktes Gespräch fand kaum statt. Der Ton wurde rau; außerdem nahm er eine unschöne politische Färbung an, wobei die Konservativen eher dazu neigten, die Sorgen der Autoren als unbegründet abzutun, während deren Unterstützer sich zumeist am anderen Ende des politischen Spektrums fanden.

Der überwiegende Eindruck war, dass die Ökonomen die Schlacht gewonnen hatten. Einer der Gründe dafür war, dass die Knappheiten, auf die das Modell sich konzentrierte, bei Nahrungsmitteln und nicht erneuerbaren Rohstoffen auftreten sollten, zum Beispiel bei den Reserven an Erdöl, Bauxit und anderen Mineralen. Das lag unter anderem an Befürchtungen, das Ölfördermaximum (»peak oil«) sei überschritten, sowie an einer langen Vorgeschichte von Energieverbrauchsmodellen. Als die Preise von Energieträgern, Nahrungsmitteln und anderen Rohstoffen in den 1980er-Jahren fielen, wurde das als Prima-facie-Beweis gegen die These von Rohstoffknappheiten gewertet, und für manche Experten war damit der Fall erledigt.[67] Ehrlich und ein Ökonom namens Julian Simon hatten eine Wette abgeschlossen, über die ausgiebig berichtet worden war. Sie stritten darüber, wie sich die Preise wichtiger Minerale entwickeln würden – und Ehrlich verlor die Wette mit Pauken und Trompeten. Die Ökonomen sahen auch die Steigerungen der landwirtschaftlichen Produktivität richtig voraus, wobei sie jedoch die wachsende Zahl von hungernden und unterernährten Menschen und die schädlichen Folgen der intensiven Landwirtschaft mit ihrem massiven Einsatz von Chemikalien und Wasser übersahen, auf denen die höheren Erträge beruhten. Sie hatten recht mit der These, dass die Reserven der meisten Rohstoffe eher durch die Gewinnungskosten als durch die tatsächlich noch vorhandenen Mengen begrenzt seien, und sie brachten eine Reihe von berechtigten Einwänden gegen die Struktur des Simulationsmodells vor.

Aber haben die Ökonomen vielleicht die Schlacht über das Modell gewonnen, dabei aber den Krieg über die Frage, ob uns tatsächlich Grenzen gesetzt sind, verloren? Es sieht danach aus.

Erste wissenschaftliche Hinweise auf die vom Menschen verursachte Erwärmung der Erdatmosphäre tauchten gerade dann auf, als die Debatte über die *Grenzen des Wachstums* im Gange war, und das Ehepaar Meadows und sein Team war vorausschauend genug, auch vor dieser neuen Bedrohung zu warnen. Daraufhin wischte Beckerman solche Berichte als Schauergeschichten vom Tisch. Nordhaus vermutete sogar, dass die Klimaerwärmung wirtschaftlich durchaus nützlich sein und zu einer Steigerung des globalen Outputs um fünf Prozent führen könne, unter anderem aufgrund von Annahmen über Verbesserungen der landwirtschaftlichen Produktionsbedingungen in kälteren Ländern, die sich später als unhaltbar herausstellen sollten.[68] Heute wissen wir, dass die konventionellen Ökonomen mit ihren intuitiven Einschätzungen nicht nur irrten, sondern auf ganz spektakuläre Weise falschlagen.

Recht bald darauf lenkte eine Flut von neuen wissenschaftlichen Daten die Diskussion fort von den begrenzten Rohstoffen des Club-of-Rome-Reports hin auf die erneuerbaren Systeme, auf die das Leben angewiesen ist: die Atmosphäre, die Wälder, die Meere, Feuchtgebiete und Böden. Mitte der 1980er-Jahre zeigten ökologische Indikatoren, etwa die Artenvielfalt, dramatische Verschlechterungen an.[69] Ironischerweise waren die neuen Öl- und Erdgasvorkommen, die die Ökonomen richtig vorausgesagt hatten, keineswegs – wie angekündigt – ein Teil der Lösung, sondern trugen vielmehr zur destruktiven Erwärmung der Erdatmosphäre bei. Im Jahr 1993 warnte eine Mehrheit der mit dem Nobelpreis ausgezeichneten Wissenschaftler, dass »Menschheit und Natur auf Kollisionskurs sind ... und dass die jetzigen Praktiken die Zukunft, die wir der menschlichen Gesellschaft, der Pflanzen- und Tierwelt wünschen, ernsthaft gefährden. Sie könnten unseren Lebensraum so verändern, dass er früher oder später nicht mehr in der Lage sein wird, Leben in der uns vertrauten Art und Weise zu beherbergen.«[70] Als das 21. Jahrhundert anbrach, hatte das Wirtschaftswachstum bereits gefährliche Veränderungen des Klimas herbeigeführt. Wenn die jetzigen Trends sich fortsetzen, so sagen es Modellszenarien auf mittlere Sicht voraus, wird die Hälfte der Erdbevölkerung bis Ende des Jahrhunderts unter gravierenden Nahrungsknappheiten zu leiden haben – und manche Analysten halten selbst diese Vorhersage für allzu optimistisch.[71] Frühe Warnungen über das »Business as usual«-Wachstum sehen inzwischen bedrohlich weitblickend aus.[72]

Da wir es versäumt haben, uns anzupassen, als die Alarmglocken Anfang der 1970er-Jahre erstmals geläutet wurden, stoßen wir heute bereits an die Belastungsgrenzen der Erde. Ein internationales Team von Umweltökonomen und -wissenschaftlern, das versucht hatte, sichere »Betriebsbedingungen« – die sie als die »Grenzen des Planeten« bezeichneten – zu definieren, berichtete im Jahr 2009, dass wir von den neun beschriebenen Grenzen schon drei überschritten haben (Klima, Artenvielfalt, Stickstoffzyklus) und bei vier weiteren bereits an die Grenzen stoßen (Süßwasserverbrauch, Landverbrauch, Versauerung der Meere, Phosphorzyklus).[73]

Ökozid am Planeten

Die Debatte über die Grenzen des Planeten warf philosophische Fragen darüber auf, wie natürliche und soziale Systeme funktionieren. Die konventionellen ökonomischen Modelle beruhen zumeist auf linearen Beziehungen und selbstkorrigierenden Mechanismen, die durch das Verhalten der Marktteilnehmer wirken, und bauen darauf, dass sich das System an einem bestimmten Punkt des Gleichgewichts einpendelt. Wenn Knappheiten entstehen, steigen die Preise; der höhere Preis lässt die Nachfrage sinken und zusätzliches Angebot entstehen, wodurch wiederum der Preisdruck nachlässt.

Dagegen berücksichtigen Modelle der Systemdynamik, Klimamodelle und die neueren kombinierten Klima-und-Wirtschaft-Modelle, dass die Welt häufig chaotisch und nichtlinear reagiert, mit Schwellenwerten und Kipppunkten (»tipping points«) sowie anderen Eigenschaften, die weit weniger beruhigend sind als die einfache Geschichte vom Gleichgewicht der Märkte.

Einer der Faktoren, die zu Instabilitäten führen, sind Rückkopplungsschleifen. Die vielleicht bekanntesten Rückkopplungseffekte sind jene, die im Klimasystem am Werk sind. Steigende CO_2-Konzentrationen in der Atmosphäre erwärmen die Oberfläche der Erde, was dazu führt, dass Permafrost taut, wodurch wiederum Methan freigesetzt (ein sehr wirkungsvolles Treibhausgas) und die Klimaerwärmung noch verstärkt wird. Wenn ein System erst einmal aus dem Ruder läuft, können Rückkopplungsschleifen problematisch werden, weil sie die ohnehin darin stattfindenden Dynamiken noch verstärken. Aber es gibt auch entgegengesetzt wirkende Rückkopplungseffekte, etwa wenn Innovationen im Bereich der erneuerbaren Energien einen emissionsreduzierenden technologischen Wandel bewirken.

Die wichtigste Entwicklung der vergangenen Jahre ist das Tempo der Klimadestabilisierung. Anstatt sich an den weniger beunruhigenden und besser prognostizierbaren linearen Prozessen zu orientieren, auf denen frühere Modelle und Studien aufbauen, versucht die Wissenschaft heute, die weit bedrohlicheren Mechanismen von Rückkopplungsschleifen besser zu verstehen. Zweitausend Wissenschaftler, die sich im März 2009 zur UN-Klimakonferenz in Kopenhagen versammelt hatten, veröffentlichten anschließend folgendes offizielles Statement: »Das Klimasystem bewegt sich schon heute außerhalb der Grenzen der natürlichen Schwankungen, innerhalb deren unsere Gesellschaft und unser Wirtschaftssystem sich entwickelt haben und gediehen sind. Zu diesen Parametern zählen die durchschnittliche globale Oberflächentemperatur, der Anstieg des Meeresspiegels, die Dynamik der Meere und Eisvolumina, die Versauerung der Ozeane sowie extreme Klimaereignisse. Es bestehen erhebliche Risiken, dass viele dieser Trends sich beschleunigen werden, was zu höheren Risiken von abrupten oder irreversiblen Klimaveränderungen führen kann.«[74] Im Klartext: Es haben Rückkopplungsschleifen eingesetzt, welche es möglich erscheinen lassen, dass nichtlineare, katastrophale Klimaveränderungen folgen.

Die Wachstumsrate der Emissionen hat sich beschleunigt; am Beginn des 21. Jahrhunderts wurden weltweit jährlich etwa 50 Gigatonnen CO_2-Äquivalente (CO_2e) emittiert, was etwa 7,5 Tonnen pro Kopf der Weltbevölkerung entspricht.* In normalen Zeiten kann der Planet knapp die Hälfte des emittierten Kohlendioxids absorbieren; aber durch die Existenz von Rückkopplungsschleifen können diese Kapazitäten verringert werden, wodurch CO_2-Senken zu Emissionsquellen werden – die Aufnahmekapazität der Ozeane beispielsweise ist bereits rückläufig.[75] Auf den Landmassen führen Hitzeperioden schon jetzt zu einer Abnahme der Fotosyntheserate.[76] Durch Waldbrände wird CO_2 freigesetzt, Permafrostgebiete haben zu tauen be-

* China war im Jahr 2015 mit einem Anteil von rund 28 % an den globalen CO_2-Emissionen der weltweit größte Emittent, gefolgt von den USA (16 %). Mit 2,4 % liegt Deutschland auf Rang 6. Vergleicht man die Emissionen pro Kopf liegen die USA mit 16 t (2013) deutlich vor China (7,2 t) oder der EU (6,8 t).

gonnen. Längere Vegetationsperioden könnten dem entgegenwirken, aber es wird zunehmend befürchtet, dass schädliche Rückkopplungsmechanismen die Oberhand behalten werden. Die polaren Eiskappen schrumpfen, die Eisdecke Grönlands schmilzt doppelt so schnell wie erwartet.[77] Die Meeresspiegel steigen, nach einigen Prognosen um mindestens zwei Meter bis zum Ende dieses Jahrhunderts.[78] Die höheren Meeresspiegel werden dazu führen, dass kleine Inselnationen verschwinden und viele Küstenbewohner zu Flüchtlingen werden und die Wasserversorgungen von vielen der weltgrößten Städte verschmutzt werden.

Viele Wissenschaftler befürchten, dass diese Weltuntergangsszenarien sich manifestieren könnten, wenn wir nicht umgehend handeln, obwohl Ausmaß und Richtung der beteiligten Rückkopplungsschleifen noch umstritten sind.[79] Es setzt sich immer mehr die Erkenntnis durch, dass das Ziel, auf das der globale Diskurs sich konzentriert hatte – eine Zunahme der Durchschnittstemperatur um maximal zwei Grad Celsius gegenüber dem vorindustriellen Wert –, in die Katastrophe führen wird, da die Erde sich schneller erwärmt und die Rückkopplungsschleifen unerwartet früh einsetzen.[80]

Prognosen über einen »Business as usual«-Wachstumspfad sagen dramatische Zunahmen der CO_2-Konzentrationen voraus. Nicholas Stern vom britischen Finanzministerium erwartet in seinem einflussreichen, 2006 vorgelegten Bericht *(Stern Review)*, dass »Business as usual« bis 2035 zu einer CO_2-Konzentration von 550 ppm führen könnte und bis 2100 zu über 650 ppm.[81] Andere Studien erwarten bis zur Jahrhundertwende eine Konzentration von bis zu 1000 ppm, aber dieses pessimistische Szenario basiert auf der Annahme, dass keine Reaktionen auf der politischen Ebene stattfinden werden, was inzwischen als unwahrscheinlich gilt.[82] Wie stark wird die Erwärmung ausfallen, die der aktuelle Pfad bewirkt? Ein »Business as usual«-Szenario des MIT sagt bis zum Ende dieses Jahrhunderts eine Erwärmung um fünf Grad Celsius voraus.[83] Katastrophenszenarien werden entworfen, wonach nur wenige Arten überleben und weite Teile des Planeten unbewohnbar werden.[84] Alternativ kann es aber auch sein, dass die Natur sich schon früher rächen und das

Klima so destabilisieren wird, dass Hungersnöte, Dürren und Stürme entstehen, die viele wirtschaftliche Aktivitäten stören und normales Wachstum unmöglich machen werden.[85] Eine Erwärmung des Systems um mindestens ein Grad Celsius – wahrscheinlich mehr – ist jetzt schon unvermeidlich.[86] Wir müssen »Business as usual« möglichst schnell aufgeben und anfangen, CO_2 aus der Atmosphäre zu ziehen. Es gibt eine wachsende internationale Bewegung, die sich 350 ppm zum Ziel gesetzt hat – aber um die Kohlendioxidkonzentration nicht über diesen Wert ansteigen zu lassen, ist es schon jetzt zu spät.[87]*

Die Schwierigkeit ist, dass die Emissionskurve – wie bei den Materialflüssen – nicht nur linear ansteigt. Am bedrohlichsten ist, dass die vom Menschen verursachten Emissionen viermal so schnell gestiegen sind wie in den 1990er-Jahren – also sogar schneller als in dem extremsten im Jahr 2000 vom IPCC berücksichtigten Szenario.[88] Im Jahr 2007 nahm die Konzentration von CO_2 in der Atmosphäre um 2,2 Prozent zu, also weitaus schneller als in den 1990er-Jahren (1,5 Prozent) und sogar schneller als im ersten Jahrfünft des neuen Jahrtausends. In den Vereinigten Staaten zeigen die neuesten Daten, dass der Turnaround noch nicht stattgefunden hat. Obwohl die Emissionen pro Dollar BIP seit 1990 um 30 Prozent abgenommen und sich die Emissionen pro Kopf der Bevölkerung stabilisiert haben, nehmen die Gesamtemissionen nach wie vor zu, wenn auch nur noch langsam.[89] Es ist sogar davon auszugehen, dass die weltweiten Emissionen durch den wirtschaftlichen Crash abnehmen werden – ein positiver Nebeneffekt der Krise zur Erholung unseres Planeten.[90] Entscheidend ist, dass ein wirtschaftlicher Aufschwung nicht erneut den ungezügelten Verbrauch fossiler Energieträger ankurbelt.

Engagierte Wissenschaftler sammeln Daten darüber, wie die Störungen des Klimas sich in allen Teilen der Welt auf die Ökosysteme, Artenvielfalt und das planetarische Gleichgewicht auswirken. An den Polen ist der Wandel am stärksten, aber auch in allen anderen

* Erstmals seit Beginn der Klimaaufzeichnungen haben die CO_2-Werte im März 2015 die symbolische 400-ppm-Marke dauerhaft überschritten. Nachdem der Wert an 40 Messstellen erreicht wurde, ist der Rekordwert erstmals für den gesamten Globus belegt.

Regionen sind Veränderungen zu beobachten. James Hansen von der NASA berichtet, dass die Zonen trockenen subtropischen Klimas sich polwärts ausdehnen und dass diese Expansion schon jetzt um durchschnittlich 400 Kilometer vorangeschritten ist.[91] Findige Biologen von der Harvard University und der Boston University verglichen die heutige Flora und Fauna in Neuengland mit den Arten, die Henry David Thoreau und andere beschrieben haben, und stellten fest, dass über 60 Prozent der Spezies, die in den 1850er-Jahren dort lebten, entweder bereits verschwunden sind oder bald aussterben werden, darunter auch einige der »charismatischsten«, zum Beispiel Orchideen und Lilien.[92] Gletscher, auf die Hunderte von Millionen Menschen für ihre Wasserversorgung angewiesen sind, verschwinden zusehends. Immer mehr Korallenriffe sterben ab. Es gibt immer häufiger verheerende Dürren, nicht nur in Afrika, sondern auch in Australien, den USA und anderswo. Der Südwesten der Vereinigten Staaten läuft Gefahr, zu einem permanenten Dürregebiet zu werden, ebenso wie andere Teile des Planeten.[93] Schon jetzt sind zahlreiche Ökosysteme durch die Klimaveränderung gefährdet, und je stärker sie geschädigt sind, desto mehr tragen sie wiederum selbst dazu bei, das Klima zu destabilisieren. Aber die Nöte des Planeten zeigen sich nicht nur beim Klima, sondern auch in anderen Formen.

Wir befinden uns mitten in einer Entwicklung, die von Biologen als das »sechste Massenaussterben« bezeichnet wird. Das vorige fand vor 65 Millionen Jahren statt, als die Dinosaurier ausstarben. Das Artensterben unter Vögeln und Säugetieren vollzieht sich heute mit der hundert- bis tausendfachen natürlichen Geschwindigkeit. Eine umfassende Studie der International Union for the Conservation of Nature ergab, dass 38 Prozent (Stand 2008) der 45.000 untersuchten Tierarten vom Aussterben bedroht sind.[94] Ein Viertel aller wild lebenden Säugetierarten droht zu verschwinden. Ein 2009 veröffentlichter Bericht über die Vogelwelt in den Vereinigten Staaten stellt fest, dass bereits ein Drittel aller dort lebenden Vogelarten gefährdet, vom Aussterben bedroht sind oder stark abnehmende Populationen zeigen.[95] Die Hauptursachen des Artensterbens sind neben der Klimaveränderung der Verlust von Lebensraum, Übernutzung (zum

Beispiel in Form von Überfischung), Umweltverschmutzung und in einigen Fällen auch das Eindringen fremder Arten in sensible Ökosysteme.[96] Der Living Planet Index des World Wildlife Fund (2008), der 1686 Wirbeltierarten umfasst, ist seit 1970 um 30 Prozent gefallen. Auf dem Land lebende Arten haben um 33 Prozent abgenommen, im Süßwasser lebende Arten um 35 Prozent und im Meer lebende Arten um 14 Prozent.[97] Dies sind in der Geschichte der Menschheit noch nie da gewesene Entwicklungen, die unermessliche Verluste bedeuten. Anthropozentrische Bewertungen betonen die Rolle der Arten für das Funktionieren der Ökosysteme, den Verlust an potenziellen medizinischen Wirkstoffen und technologischem Fortschritt und den Nutzen, der Menschen entsteht, wenn sie mit Pflanzen und Tieren in Kontakt kommen können.[98] Jede Weltsicht, die die Natur nicht nur anhand ihres Wertes für den Menschen ermisst, wird anerkennen, dass der Artenschwund ein fundamentaler Verlust für sich ist.

Eine umfassende Studie über den Zustand der Ökosysteme der Welt wurde 2005 von den Vereinten Nationen durchgeführt. Sie ergab, dass 60 Prozent – oder 15 von 24 – der wichtigsten untersuchten Ökosysteme geschädigt oder nicht nachhaltig genutzt werden. Sie kam zu dem Schluss, dass der Mensch in den vergangenen 50 Jahren die Ökosysteme »schneller und umfassender« verändert habe als jemals zuvor in seiner Geschichte.

Noch bedrohlicher ist jedoch, dass die Studie »etablierte, wenn auch unvollständige Belege« dafür fand, dass diese Schädigungen die Wahrscheinlichkeit von nicht linearen Veränderungen und Zusammenbrüchen der Ökosysteme erhöhen (analog zu den oben erwähnten abrupten Klimareaktionen). Luftqualität, Erosionswiderstände, Wasserqualität, Verfügbarkeit von Brennholz sowie natürliche Puffer für Wetterrisiken und die Ausbreitung von Schädlingen – das alles ist rückläufig oder verschlechtert sich.[99]

Vor allem die Meere geben Anlass zur Sorge. Die Kombination von Überfischung infolge destruktiver Fangmethoden, Verschmutzung durch Giftstoffe sowie Versauerung, die unter anderem durch die Klimaveränderung entsteht, führen zum Kollaps der ozeanischen Ökosysteme. Die Bestände an großen Hochseefischarten sind stark zurückgegangen, schätzungsweise um 65 bis 90 Prozent.[100] Korallenriffe wird es in ein paar Jahrzehnten vielleicht überhaupt nicht mehr geben.[101] Die Erwärmung der oberen Wasserschichten hat begonnen, den vertikalen Wasseraustausch in den Meeren zu hemmen. In Verbindung mit chemisch belastetem Abwasser entsteht dadurch ein Zustand, der als »Hypoxie« (Sauerstoffmangel) bezeichnet wird und mehrzellige Lebensformen abtötet. Im Jahr 2008 fand eine Gruppe von Wissenschaftlern 405 tote Zonen in den Ozeanen, im Vergleich zu 49 in den 1960er-Jahren.[102] Ökologen und Ozeanografen müssen entsetzt mitansehen, wie sich einstmals artenreiche und spektakuläre Lebensräume in Algenwüsten verwandeln, die riesigen Schleimteppichen gleichen.[103]

Der ökologische Fußabdruck des Menschen

In Anbetracht der Tatsache, dass es zutiefst entmutigend oder gar deprimierend sein kann, Näheres über diesen Ökozid zu erfahren, haben sich vereinfachte Kennzahlen als nützlich erwiesen, um eine öffentliche Reaktion zu mobilisieren.[104] Das ist die Theorie, die hinter dem ökologischen Fußabdruck steht, einer beziehungsreichen Kennzahl, die in den 1980er-Jahren an der University of British Columbia vom Ökologen William Rees und seinem damaligen Doktoranden Mathis Wackernagel entwickelt wurde.[105] Der ökologische Fußabdruck ist ein Maß für die Fläche, die genutzt wird, um Nahrung, Treibstoff, Kunststoffe, Metalle, Holz, Fasern und andere Rohstoffe zu erzeugen, die von einem Haushalt oder Unternehmen, einer Stadt, Region oder Nation verbraucht werden. In Bezug auf den Haushalt berücksichtigt er auch, wie weit die Nahrungsmittel reisen müssen, bevor sie auf dem heimischen Esstisch landen.[106] Er zieht in Betracht, wie häufig Fahrten mit dem Auto und der Bahn unternommen werden, auf wie vielen Quadratmetern Menschen wohnen, auf welche Temperaturen das Haus oder die Wohnung im Winter aufgeheizt wird und wie oft im Sommer die Klimaanlage läuft. Er misst, wie viel »Ökosystemkapazität« benötigt wird, um den Kohlenstoff, der emittiert wird, wieder zu binden. Der Fußabdruck ist ein Flächenmaß, was unmissverständlich klarmacht, dass der Verbrauch eines jeden Menschen letztlich auf den Verbrauch von Ackerfläche, Wäldern und Fischgründen zurückgeht. Die »Öko-Fußabdruck-Analyse« ist die Grundlage für die oft verbreitete Aussage, wir bräuchten mittlerweile fünf Planeten, lebte jeder Erdenbürger wie ein Durchschnitts-US-Amerikaner.

Die Fünf-Planeten-Kalkulation ist natürlich stark vereinfacht, und der ökologische Fußabdruck ist eine hochgradig aggregierte Zahl, die viele Faktoren außer Acht lässt. Der so bestimmte Fußabdruck ist beispielsweise keine Maßzahl für die schädlichen Auswirkungen von Giftstoffen, weder auf Ökosysteme noch auf die Gesundheit von uns Menschen. Aber das Verfahren zu seiner Berechnung wird ständig verbessert und verfeinert, und es wird von immer mehr Regierungen, Unternehmen und Gemeinden in aller Welt verwendet.[107]

Fußabdruck-Studien stellen ferner die biologische Kapazität der Erde dem Verbrauch des Menschen gegenüber. Die Biokapazität ist

Abbildung 2.2:
Ökologischer Fußabdruck, CO_2-Fußabdruck und Biokapazität

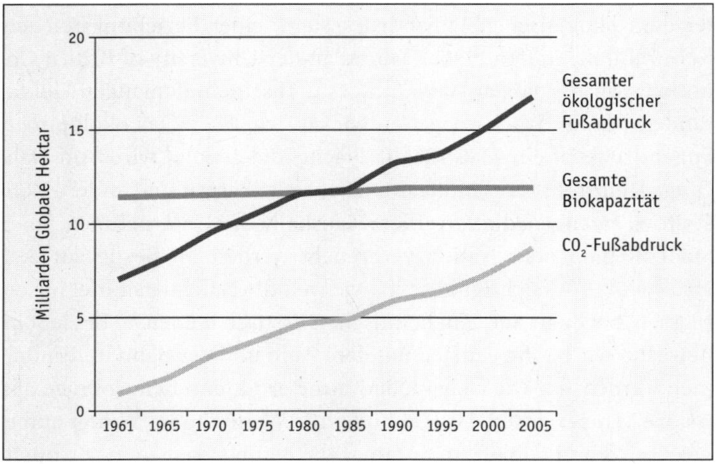

Quelle: Global Footprint Network (2009)

Abbildung 2.3: Ökologischer Fußabdruck
pro Kopf der Weltbevölkerung für ausgewählte Länder, 2006

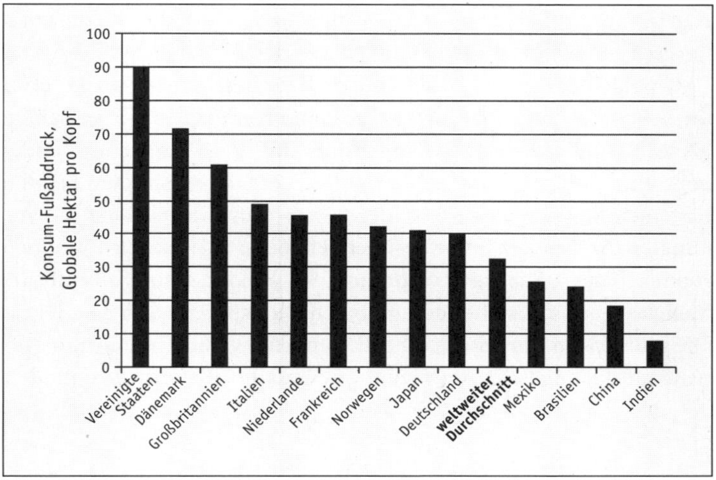

Quellen: Global Footprint Network (2009) und Ewing et al. (2008), »Table 1: Per-Person Ecological Footprint of Production, Imports, Exports, and Consumption, by Country«, Anhang F, S. 41–45

keine feststehende Zahl, da die Nutzung von Land dynamisch und veränderbar ist, neue Technologien die Produktivität von Land erhöhen, Ackerland durch Erosion zur Wüste wird, Fischbestände zu- oder abnehmen. Zwischen 1961 und 1995 nahm die gemessene globale Biokapazität etwas zu, aber sie ist seither durch Umweltschäden wieder rückläufig.[108] Wenn der ökologische Fußabdruck des Menschen kleiner ist als die Biokapazität des Planeten Erde, leben wir »nachhaltig«. Wenn er jedoch größer ist, haben wir begonnen, das natürliche Kapital der Erde aufzuzehren, zum Nachteil nicht nur für uns, sondern auch für alle künftigen Generationen.

Nach diesen Berechnungen wurde diese Grenze im Jahr 1986 erreicht. Seither hat der Rohstoffverbrauch die Biokapazität in immer höherem Maße übertroffen. Nach Daten von 2006 kann jeder Mensch über eine Fläche von circa 1,8 Hektar verfügen, wir nutzen jedoch 2,6 Hektar. Wir sind in jenem Bereich angekommen, den das Ehepaar

Meadows und Jorgen Randers 1972 als »overshoot« (»Überschießen«) bezeichnet haben, und leben seither deutlich über unsere planetarischen Verhältnisse, genau gesagt, übertreffen wir die Biokapazität unseres Planeten um 40 Prozent.[109]

Globale Berechnungen sind nützlich für bestimmte Zwecke, etwa um weltweite Trends zu messen. Anhand landesspezifischer Zahlen können wir sehen, welche Länder über ihre Verhältnisse leben oder über eine weltweit faire Zuteilung hinaus. Die Vereinigten Staaten hatten einmal den weltgrößten Pro-Kopf-Fußabdruck, aber die Vereinigten Arabischen Emirate übertreffen sie inzwischen um einen Hektar. Jeder US-Bürger verbraucht 9,0 Hektar, also die fünffache Menge der uns zustehenden globalen Biokapazität von 1,8 Hektar. Die größte Komponente des US-Fußabdrucks sind die CO_2-Emissionen, auf die ungefähr 70 Prozent des Gesamtfußabdrucks entfallen.

Abbildung 2.4:
Entwicklung des ökologischen Fußabdrucks, 1961–2005

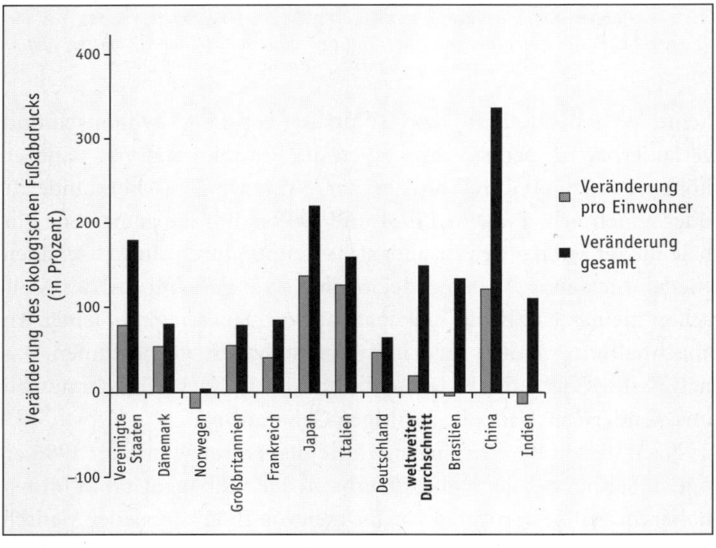

Quelle: Ewing et al. (2008), »Table 7: Percent Change in Population, Ecological Footprint, and Biocapacity, 1961 to 2005«, Appendix F, S. 67–71.

Die großen wohlhabenden Länder Europas (Deutschland, Frankreich, Italien, Spanien) und Japan haben jeweils einen Pro-Kopf-Fußabdruck, der etwa halb so groß ist wie derjenige der Vereinigten Staaten (obwohl Dänemark mit seinem kalten Klima etwas höher liegt, nämlich bei 7,2). Großbritannien liegt bei 6,1. Die vielleicht wichtigste Lektion, die man als Nordamerikaner aus der Berechnung des Fußabdrucks mitnehmen kann, ist die Erkenntnis, dass man ein materiell reichhaltiges Leben führen kann, das weit geringere Auswirkungen auf den Planeten Erde hat. Es ist auch nützlich, sich klarzumachen, dass im Globalen Süden, einschließlich China und Indien, die Umweltbelastungen pro Kopf der Bevölkerung nach wie vor gering sind. Der Fußabdruck eines Chinesen beträgt 1,8 Hektar, der eines Inders nur 0,8. Die Bürgerinnen und Bürger Brasiliens und Mexikos liegen etwas höher, nämlich bei 2,4 beziehungsweise 3,2 Hektar.

Ungeachtet des enormen Reichtums der Vereinigten Staaten wird ihr ökologischer Fußabdruck immer größer statt kleiner. Zwischen 1961 und 2005 ist er um 181 Prozent gewachsen, sogar noch mehr als der weltweite Durchschnitt, der in diesem Zeitraum um 150 Prozent zugenommen hat. Rechnet man pro Kopf der US-Bevölkerung, beträgt der Zuwachs 78 Prozent. Leider sind die Vereinigten Staaten nicht allein. Als Gruppe betrachtet, haben die reichen Länder ihre Fußabdrücke erheblich mehr vergrößert als die Länder mit mittleren und niedrigen Einkommen, und das nicht nur pro Kopf gerechnet (obwohl dabei der Abstand am größten ist), sondern sogar in Bezug auf die Gesamtfolgen. Dagegen hat der durchschnittliche Inder heute einen kleineren Fußabdruck als 1961, trotz dramatischer Einkommensverbesserungen. Das gilt auch für den Durchschnittsbrasilianer. Chinas Wachstum war ganz erheblich, sowohl pro Kopf gerechnet als auch was seinen Auftritt als Nation betrifft (122 beziehungsweise 336 Prozent), allerdings auf der Basis eines sehr niedrigen Ausgangswertes.[110]

Die Daten zeigen aber auch, dass selbst die sehr wohlhabenden Länder reich bleiben können, obwohl sie ihren Fußabdruck verkleinern. Norwegen hatte 2008 einen um 19 Prozent kleineren Fußabdruck als vor einem knappen halben Jahrhundert, und das bei einem

Pro-Kopf-Einkommen, das um circa 8000 Dollar höher liegt als in den USA. Finnen und Schweden haben ihren Fußabdruck in diesem Zeitraum kaum vergrößert; ihre Einkommen sind nicht ganz so hoch wie in den Vereinigten Staaten (sie liegen um etwa 9000 Dollar niedriger), aber dennoch zählen diese Länder zu den reichsten der Welt.

Das Konzept des ökologischen Fußabdrucks ist auch auf den Wasserverbrauch angewendet worden. Hier prognostizieren viele Wissenschaftler, dass Wasser für das 21. Jahrhundert einmal das sein wird, was das Öl für das 20. Jahrhundert war: ein immer heftiger umkämpfter Rohstoff. Zwar ist es schwierig, Wasserknappheit zu messen, aber Schätzungen gehen davon aus, dass heute etwa ein Drittel der Weltbevölkerung in Regionen lebt, deren Wasserversorgung in unterschiedlichem Maße angespannt bis gefährdet ist. Wasserintensive Landwirtschaft und durch die Klimaerwärmung verursachte Dürren und Desertifikation werden diese Belastungen noch verschärfen. Privatisierungen der Wasserversorgung, wie sie in manchen Ländern be-

Abbildung 2.5:
Jährlicher Wasserfußabdruck für ausgewählte Länder

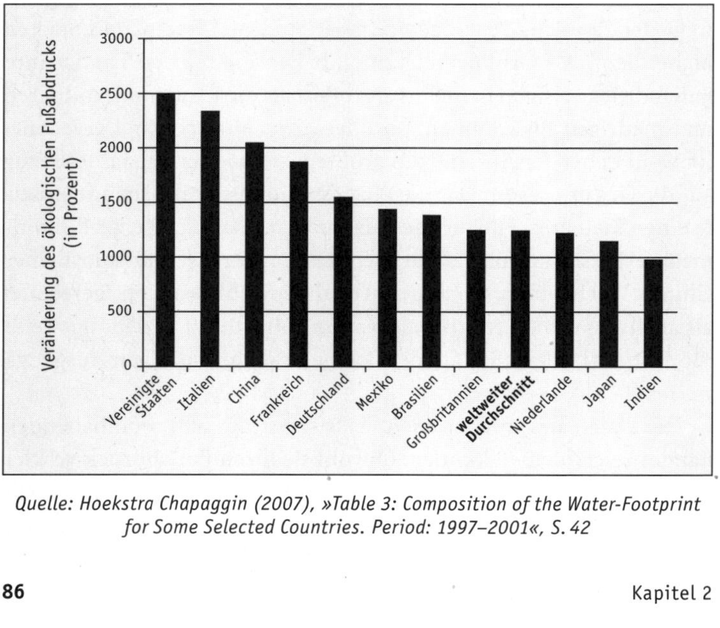

Quelle: Hoekstra Chapaggin (2007), »Table 3: Composition of the Water-Footprint for Some Selected Countries. Period: 1997–2001«, S. 42

reits weit vorangeschritten sind, gefährden gesellschaftlich gerechte Lösungen.[111] Analysen aus den *Assessment Reports* des IPCC lassen erwarten, dass bis 2050 die Zahl der Menschen, die in Regionen mit Wasserknappheiten leben, dramatisch zunehmen könnte; Worst-Case-Szenarien gehen von bis zu 6,9 Milliarden Betroffenen aus.[112]

Der Wasserfußabdruck zeigt an, wie viel Wasser ein Land verbraucht, und zwar nicht nur im Inland, sondern auch über den Weg importierter Produkte.[113] So wie bei anderen ökologischen Ressourcen sind die Vereinigten Staaten auch in dieser Hinsicht maßlos; ihr Wasserfußabdruck ist mit 2483 Kubikmetern pro Kopf der größte der Welt; das ist nicht nur das Doppelte des globalen Durchschnitts von 1243 Kubikmetern, sondern übersteigt den anderer, ähnlich reicher Länder ebenfalls um das Doppelte. Der US-Wasserverbrauch ist auf die wasserintensive Landwirtschaft, die fleischlastige Ernährung, die ausgedehnten Rasenflächen in den Randgebieten der Städte und den hohen Ge- und Verbrauch an Unterhaltungselektronik, Textilien und anderen Rohstoffen zurückzuführen. Allein 2000 Liter Wasser werden verbraucht, um ein T-Shirt herzustellen, 2400 Liter für einen Hamburger und 8000 Liter für ein Paar Schuhe aus Leder.[114]

Diese Zahlen machen unmissverständlich klar, dass »Business as usual« im Bezug auf die globale Rohstoffsituation nicht nachhaltig ist. Für die Vereinigten Staaten zeigen sie ein Ausmaß an Konsum, das ethisch nicht zu rechtfertigen und strategisch unklug ist. Aber es ist auch wichtig, dass diese Zahlenwerte auch etwas anderes zeigen, nämlich dass solcherlei Verschwendung nicht notwendig ist. Der Vergleich mit ähnlich wohlhabenden Ländern zeigt, dass die Vereinigten Staaten ihren ökologischen Fußabdruck und ihren Wasserfußabdruck halbieren könnten, ohne (wahren!) Wohlstand einzubüßen.

Bestandsaufnahme

Wir leben in außergewöhnlichen Zeiten. Der Konsumrausch der 1990er- und 2000er-Jahre ist bislang ohne Vorbild. Güter bewegten sich mit enormer Geschwindigkeit durch die Märkte. Die Materialflüsse, deren Verlangsamung vorausgesagt worden war, beschleunigten sich. Noch nie konnten so viele Menschen so viele Dinge für so wenig Geld kaufen.

Aktuell haben wir es mit zwei intensiv miteinander verwobenen Krisen zu tun – einer finanziellen und einer ökologischen –, und die klügsten Köpfe von heute haben erkannt, dass wir sie gemeinsam werden lösen müssen.[115]

Gleichwohl haben die Ökonomen sich dafür starkgemacht, dass alles so weitergehen soll wie bisher. Sie sehen die Märkte optimistisch und übertragen diese Einstellung auch auf ihre Ansichten über die Umwelt. Unter den maßgeblichen Ökonomen ist die Lehrmeinung vorherrschend, dass sich eine katastrophale Entwicklung des Planeten verhindern lässt, indem man sämtliche ökologische Kosten berücksichtigt. Die Erfahrungen der vergangenen Jahre sollten uns jedoch stutzig machen. In den Finanz-, Rohstoff-, Immobilien- und anderen schwankungsanfälligen Märkten hat es genug Belege für ein wenig intelligentes Verhalten gegeben, genug Beweise für Irrationalität, Korruption und kurzfristiges Denken. Die Erfahrung hat gezeigt, dass die Märkte eben nicht willens oder imstande sind, im umfassenden Sinne nachhaltig zu produzieren. Das Schicksal des Planeten ausschließlich der Rationalität der Märkte anzuvertrauen ist ein sehr riskanter Vertrauensvorschuss. Um zu verstehen, wie und warum die Ökonomen glauben, dass freie Märkte alles richten werden, wollen wir uns etwas genauer ansehen, wie Ökonomen denken und was sie unter Umweltökonomie verstehen.

KAPITEL 3

Wirtschaftswissenschaft kontra Erde

Die Systemtheoretiker um die Autoren der *Grenzen des Wachstums* wie auch die wachsende Nachhaltigkeitsbewegung mussten in den 1970er- bzw. 1990er-Jahren feststellen, dass es eine Gruppe gab, die sich mit Händen und Füßen dagegen sträubte, sich mit den Risiken von »Business as usual« auseinanderzusetzen: die Ökonomen des Mainstream. Eine verhängnisvolle, methodologische Entscheidung innerhalb dieser Disziplin kann erklären, warum das so ist.

Die vom Mainstream anerkannten Modelle sind darauf ausgelegt, das abzubilden, was in den Märkten geschieht, statt die breiter wirksamen Dynamiken in der Wirtschaft zu reflektieren. Da Luft, Wasser und viele natürliche Rohstoffe weder jemandem gehören noch einen Preis haben, fallen die Folgen wirtschaftlicher Aktivitäten auf ihre Intaktheit und ihr Funktionieren nicht in das Tätigkeitsfeld der Standardabhandlungen. Wenn die Umweltbelastungen tatsächlich berücksichtigt wurden, dann lediglich als Externalitäten, also als Effekte, die außerhalb der Märkte auftreten. Im Laufe der Zeit hat sich die Erforschung von Umweltbelastungen aus der allgemeinen Wirtschaftswissenschaft in ein untergeordnetes Fachgebiet verlagert, das nach Wegen gesucht hat, diese Effekte zu internalisieren, sie also in den Geltungsbereich des Marktkalküls hineinzubringen.

Außerhalb dieser Fachrichtung praktizierten die meisten Ökonomen ihr Handwerk, als würde die Natur gar nicht existieren. In den grundlegenden Kategorien ihres Rechnungswesens und ihrer Datenerhebungen kommen natürliche Ressourcen nicht vor. Außerdem enthalten auch die Marktpreise keine Kosten für Naturverbrauch – eine Lücke, die eine systematische Verzerrung in die Analyse und Beurteilung so gut wie aller Entwicklungen des Marktes bringt und die weitgehend ignoriert worden ist. Güter oder Aktivitäten, welche die Umwelt schädigen – ohne für diese Schäden zu bezahlen –, werden zu niedrig bepreist. Daher produziert der Markt zu viele Kunststoffe und giftige Chemikalien, befördert häufige Autofahrten und Flugreisen, während Dinge wie Musik, Biolebensmittel und Solarenergie weniger stark nachgefragt und damit hergestellt werden. Diese Verzerrungen spielen bei fast sämtlichen wirtschaftlichen Analysen eine Rolle, nicht nur bei denjenigen unter dem Label »Umweltökonomie«.

Die Unterlassung, die gesamten Kosten in die Preisfindung miteinzubeziehen, untermauert das Materialitätsparadoxon. Nur weil Güter zu künstlich niedrig gehaltenen Preisen angeboten wurden, war der Konsument bereit und gewillt, so viele davon zu kaufen und sie dann so bereitwillig wieder wegzuwerfen. Dieses Argument gilt auch für Produzenten, die mehr getan hätten, um ihre Fabriken, landwirtschaftlichen Betriebe, Büros und Produkte weniger umweltschädlich zu gestalten, wenn man sie zur Rechenschaft gezogen hätte. In beiden Fällen würden die Entscheidungen der Märkte ganz anders ausfallen, wenn die Beteiligten für die ökologischen Folgen ihrer Produkte und Konsumgewohnheiten zahlen müssten.

Außerdem gibt es auch auf der volkswirtschaftlichen – oder systemweiten – Ebene ein Versagen, das nur selten berücksichtigt wird. Wenn die Umweltschäden in der Kostenrechnung nicht berücksichtigt werden, führt das dazu, dass die Wirtschaft zu viel produziert und insgesamt zu schnell wächst. Diese Erkenntnis ergibt sich nicht nur aus der Sicht von Umweltschützern, sondern auch aus der unerbittlichen Logik des Standardmodells der Märkte. Solch ein Ansatz mag in einer Welt, in der die Umweltschäden noch gering waren, vielleicht vertretbar gewesen sein, aber heute entwickeln sich diese Schäden immer mehr zum Hauptproblem. Aber die Ökonomen sind auf diesem Auge blind. Verallgemeinerungen sind immer problematisch, aber es ist zu konstatieren, dass die meisten Ökonomen bis vor

Kurzem die Notwendigkeit für entschiedene kollektive Klimaschutzmaßnahmen ablehnten – im Widerspruch zum wissenschaftlichen Konsens.[1]

Als Reaktion auf die Ansichten und Praktiken dieser Ökonomen gründete eine interdisziplinäre Gruppe von Wissenschaftlern vor zwei Jahrzehnten die Society for Ecological Economics (»Gesellschaft für ökologische Ökonomik«).[2] In diesem Verband fanden sich Ökonomen, Naturwissenschaftler, Ingenieure, Systemdynamiker und andere Wissenschaftler zusammen, die der Meinung waren, dass Ökosysteme im Mittelpunkt ökonomischer Analysen stehen sollten. Sie interessierten sich vor allem für das, was in der konventionellen Ökonomie nicht gemessen und erforscht wurde. Diese Dissidenten erkannten einen fundamentalen Aspekt, den unsere bisherige Art zu wirtschaften unvermeidbar mit sich bringt: Wächst das Handels- und Wirtschaftsvolumen, ohne die Natur miteinzubeziehen, so erwächst eine zunehmende Bedrohung für das Funktionieren der Ökosysteme. Der Markt wird motiviert, kostenlose Ressourcen auszubeuten, und zerstört dadurch seine eigenen Existenzgrundlagen.[3] Die vor langer Zeit getroffene Entscheidung, die Natur als einen externen Faktor zu behandeln, hat zu ihrer fast vollständigen Externalisierung geführt.[4]

Die Fachrichtung Umweltökonomie ist bisher vom Mainstream weitgehend ignoriert worden. Doch auch hier setzt ein langsames Umdenken ein, und man ist heute eher bereit, über unsere generelle Abhängigkeit von Ökosystemen – eine der zentralen Erkenntnisse der ökologischen Ökonomie – nachzudenken. Jedoch selbst wenn diese Erkenntnisse sukzessive Eingang in die ökonomische Wissenschaft finden, wird es drastische Veränderungen in diesem Fachgebiet selbst erfordern, um diese Einsicht in den Kern des ökonomischen Denkens einzupflanzen.

Nach wie vor werden ökologische Fragestellungen außerhalb der allgemeinen Wirtschaftswissenschaften untersucht, und viele Umweltökonomen sitzen außerhalb der eigentlichen wirtschaftswissenschaftlichen Fakultäten. In den naturwissenschaftlichen Fächern hat die Neuausrichtung der Fragestellungen auf ökologische Aspekte zahlreiche Forscher angezogen und einen umfangreichen Bestand an Erkenntnissen erbracht, während die Wirtschaftswissenschaften zu den Fragen des Klimawandels oder der schwindenden Artenvielfalt kaum etwas beitragen. In den vergangenen Jahrzehnten haben Lobbygruppen die Wirtschaftswissenschaften eingespannt, um die Umweltschutzgesetzgebung zu verwässern und entsprechende Maßnahmen zu verhindern. Außerdem haben einschlägige Studien ergeben, dass in den von Ökonomen angestellten Berechnungen typischerweise der Nutzen von Umweltschutzmaßnahmen unterschätzt, ihre Kosten dagegen übertrieben werden.

Es wird ein fundamentales Umdenken erfordern, um zu einer nachhaltigen Wirtschaft zu gelangen. Es ist nicht sinnvoll, die schweren Schäden, die heute den Ökosystemen der Erde zugefügt werden, als kleine Fehler eines im Übrigen gut funktionierenden Systems zu betrachten. Um in Zukunft echte Effizienz zu erreichen und ein Leben in Wohlstand aufrechtzuerhalten, wird es nicht genügen, lediglich die Externalität von Umweltverschmutzung zu internalisieren oder die Zerstörung zu verlangsamen, indem neue Technologien zum Einsatz kommen oder das Wachstum insgesamt zurückgefahren wird. Vielmehr müssen wir erkennen, dass sich zentrale Aspekte des Wirtschaftslebens grundlegend verändern müssen, wenn wir die Natur erhalten wollen.

Wir werden Naturkapital wieder wertschätzen müssen, aber wir müssen auch über einige andere Dinge neu nachdenken: über das Volumen der Produktion, den Zugang zu Wissen, das Verbreiten von Fertigkeiten, das Eigentum an natürlichen Ressourcen und die Mechanismen, die dazu führen, Arbeitsplätze zu schaffen. Diese Fragen gehen über die Rezepte der konventionellen Ökonomie hinaus und machen es notwendig, auf einer grundsätzlichen Ebene neue Konzepte zu finden, wie sich ein Wirtschaftssystem organisieren lässt, wenn natürliche Rohstoffe wertvoll sind, Arbeitsplätze knapp und Gerechtigkeit eine tragende Rolle spielen soll.

Rohstoffe, Füllhörner und das Wunder des Marktes

Als in den 1970er-Jahren erstmals die Alarmglocken wegen der drohenden ökologischen Übernutzung geläutet wurden, zeigten sich die Mainstream-Ökonomen davon wenig beeindruckt. Wilfred Beckerman nahm für sich in Anspruch, für die gesamte Zunft zu sprechen, als er zum Ausdruck brachte, was »die meisten meiner Kollegen aus den Reihen die Ökonomen schon immer gewusst haben«, dass nämlich »das Problem der Umweltverschmutzung ganz einfach zu lösen ist, indem man eine geringfügige Ressourcen-Fehlallokation korrigiert«.[5] Auch wenn Beckerman mit dieser Aussage vielleicht übertrieb, in einer Hinsicht hatte er sehr wohl recht, nämlich dass die Ökonomen, historisch gesehen, stets dazu tendierten, das Umweltproblem optimistisch zu sehen, und äußerst geschickt darin waren, Gründe zu finden, warum sich Lösungen für Umweltprobleme ganz von selbst ergeben würden.[6]

Die Ökonomen haben schon die bloße Vorstellung von ökologischen Grenzen als Neuaufguss der diskreditierten Theorien abgetan, die der politische Ökonom Thomas Malthus Anfang des 19. Jahrhunderts formuliert hatte. Malthus war davon überzeugt, dass die Weltbevölkerung weitaus schneller wachsen würde als die landwirtschaftliche Produktivität, wodurch nicht mehr genügend Nahrungsmittel erzeugt werden können, um alle Menschen ausreichend zu ernähren. Er sah wachsende Armut und Hungersnöte voraus. Die Lehrmeinung besagt, dass er sich geirrt habe, in Anbetracht der enormen Steigerungen der landwirtschaftlichen Produktivität und des demografischen Wandels zu niedrigeren Geburtenraten. (Da etwa ein Sechstel der Weltbevölkerung schon jetzt hungert, über eine Milliarde Menschen mit einem Einkommen von einem Dollar pro Tag in bitterer Armut leben, die Lebensmittelpreise immer weiter steigen und die Konkurrenz zwischen der Nutzung von Land zur Nahrungsmittel- beziehungsweise Energieerzeugung immer schärfer wird, stellt sich allerdings die Frage, ob die Voraussagen von Malthus wirklich rundum falsch waren.)[7] Die »Neomalthusianer« – so bezeichnete man die Denkschule um die Autoren der *Grenzen des Wachstums* etwas abfällig – hätten einfach nur die Irrtümer von Malthus wiederholt. Als die Ölpreissteigerungen der 1970er-Jahre zu mehr Exploration und zur Entdeckung neuer Ölvorkommen führten, wurde das von manchen Ökonomen als Beleg für die Torheit des ganzen Ansatzes gewertet. Die gesamte Disziplin der Ökonomen stellte sich auf den Standpunkt, dass wir, anstatt uns den Grenzen des Wachstums zu stellen, noch mehr Wirtschaftswachstum fördern sollten.

Diese Haltung übertrug sich ursprünglich auch auf die Einstellung zum Klimawandel. Nachdem entdeckt worden war, dass sich das Klima veränderte, lehnten einflussreiche Ökonomen die Idee rechtzeitiger Maßnahmen zur Reduzierung von Emissionen ab (was ich bereits in Kapitel 2 erwähnt habe). Der Ökonom William Nordhaus von der Yale University sagte, dass die Klimaveränderung womöglich sogar nützlich sein könne, etwa durch eine höhere Produktivität der Landwirtschaft und die Vorteile einer Temperatursteigerung in kälteren Ländern.[8] Außerdem erwartete er sich durch den Klimawandel wirtschaftliche Vorteile für die Vereinigten Staaten. Es war und ist paradox, wie Ökonomen und Wissenschaftler so völlig gegensätzliche Standpunkte vertreten konnten.

Die optimistischen Prognosen der Ökonomen waren auf mehrere Faktoren zurückzuführen. Viele von ihnen standen nicht in regelmäßigem Kontakt mit Ökologen, die die Umweltschäden dokumentierten. Das war in gewisser Hinsicht lediglich eine Balkanisierung der Disziplin, hatte aber auch mit den Ansichten der Ökonomen über die Märkte zu tun. Eine ihrer Standardannahmen war, dass Rohstoffe vom Markt rational bepreist werden, wenn zutreffende Informationen über die zukünftige Entwicklung von Angebot und Kosten zur Verfügung stehen und Anreize vorhanden sind, ökologische Folgen zu internalisieren. Wenn ein natürlicher Rohstoff knapp wird, ist zu erwarten, dass sein Preis steigt, weil es teurer wird, ihn zu gewinnen oder zu erzeugen. Ein höherer Preis wird die Nachfrage nach diesem Rohstoff dämpfen und außerdem die wirtschaftlichen Akteure dazu motivieren, neue Vorkommen zu finden oder Alternativen zu entwickeln. Niedrigere Ölpreise in den 1980er-Jahren und fallende Preise von Nahrungsmitteln und anderen Rohstoffen in den 1980er- und 1990er-Jahren ließen viele Ökonomen daran zweifeln, dass Rohstoffe knapp werden.[9]

Eine der Unterstellungen der Optimisten lautet, dass natürliche Rohstoffe jederzeit problemlos ersetzt werden können, dass echte Grenzen darum selten existieren und man sich über sie daher nicht den Kopf zerbrechen müsse.[10] Wenn wir die Wälder abholzen, dann können wir Baumplantagen anlegen. Wenn wir die Fischbestände in den Meeren leer fischen, dann können wir Fischfarmen anlegen. Hier zeigen sich deutlich die utilitaristischen Ursprünge der Ökonomie, aber auch ihr Säkularismus und ihr auf den Menschen fixierter Ansatz. Anstatt die Natur als etwas immanent Kostbares zu achten, wird sie als Produktionsfaktor behandelt, und man meint, man könne mit wesentlich weniger Natur auskommen. Dahinter steckt der Glaube aus dem Industriezeitalter, wonach menschliche Arbeit durch Maschinen jederzeit ersetzt werden könne. Sollte die Natur tatsächlich einen Wert haben, dann eher als etwas zu Verbrauchendes denn als Input für etwas, das wir herstellen. Wir können mehr Natur kaufen, müssen dafür aber Einkommen opfern.

Die entschiedenste Variante dieses Ökooptimismus haben sich Leute wie Julian Simon, Herman Kahn und Milton Friedman zu eigen gemacht – und etwas aktueller auch Bjørn Lomborg. Sie sind als »cornucopians«, »Verkünder eines Füllhorns«, bezeichnet worden, weil sie die physischen Grenzen des Wachstums schlichtweg negieren. Für sie hält die Zukunft grenzenlose Reichtümer vor, weil immer mehr Menschen immer mehr Intelligenz und Erfindungsgabe hervorbringen. Die menschliche Intelligenz würde Ersatz für jeden natürlichen Rohstoff entdecken – und diese Substitute würden dann durch den Markt verteilt. Kurzum: Wachstum ist in deren Augen etwas rundum Positives, Grenzen existieren nicht; diesbezügliche Befürchtungen seien ohnehin schon mehrfach widerlegt worden. In ihrer extremsten Version bewirkt diese Haltung eine seltsame Übertragung: Anstatt das Wunder der Natur zu verehren, ist es der Markt, der als Götze verehrt wird. »Cornucopians« tendieren dazu, parteipolitisch und polemisch zu argumentieren, sie sind extreme Vertreter einer freien Marktwirtschaft, die wissenschaftliche Erkenntnisse über Klimaveränderung und Umweltzerstörung strikt leugnen.[11]

Nur wenige Ökonomen gehen so weit und stimmen den »cornucopians« rückhaltlos zu; aber zum großen Teil sind sie Anhänger einer etwas moderateren Variante dieses Ökooptimismus, deren Hauptargument es ist, dass Wachstum die Umwelt retten würde. Diese Haltung schlägt sich nieder in einem Konzept, das als »Umwelt-Kuznets-Kurve« (»Environmental Kuznets Curve«, EKC) bezeichnet wird. Sie geht auf Studien über Ungleichheiten der Einkommensverteilung zurück, die der Ökonom Simon Kuznets in den 1950er- und 1960er-Jahren angestellt hat. Kuznets fand beim Vergleich der Einkommensentwicklung in verschiedenen Ländern ein Muster, das einem auf dem Kopf stehenden »U« gleicht. Zu einem gegebenen Zeitpunkt gab es in verschiedenen Ländern verschiedene Kombinationen von Einkommen und Ungleichheit: In manchen waren Einkommen und Ungleichheit niedrig, in anderen waren beide Faktoren höher, in einer dritten Gruppe waren die Einkommen bei geringer Ungleichheit hoch. Aus dieser Beobachtung schlossen viele Ökonomen, dass ein Land im Laufe seiner »Entwicklung« zunächst eine Phase einer wachsenden Konzentration der Einkommen durchläuft, sich dann aber, sobald es einen gewissen Wohlstand erreicht hat, ein Mehr an Gerechtigkeit kaufen kann. In der Realität haben wir in den vergangenen Jahrzehnten aber erlebt, dass die Einkommensverteilung in wohlhabenden Ländern wieder ungerechter wird, und zwar selbst dann, wenn Wirtschaft und materieller Wohlstand weiter wachsen.

Ungeachtet der Fragwürdigkeit des Kuznets-Modells – und seine Vorzüge sind ausgiebig diskutiert worden[12] – wurde es auch auf die Umwelt angewandt.[13] Die Theorie lautet, dass arme Länder, die anfangen, sich zu entwickeln, schnell wachsen und dabei rücksichtslos die Umwelt verschmutzen und sich später, wenn sie reich geworden sind, um die Folgen kümmern. Diese Sicht der Dinge ist in Ländern wie China und Indien zum Allgemeingut geworden. Nach dieser Logik kommt man zwangsläufig zu dem abwegigen Schluss, dass die Lösung der Umweltprobleme darin besteht, immer schneller zu wachsen.

Die Umwelt-Kuznets-Kurve wurde ursprünglich aus der Entwicklung von Schadstoffkonzentrationen (Schwefeldioxid, Stickoxide) abgeleitet. Man schloss daraus, dass wohlhabendere Volkswirtschaften nach und nach auf weniger umweltschädliche Dienstleistungen umsteigen und Bürgerinnen und Bürger mit steigendem Wohlstand immer mehr Druck auf ihre Regierung ausüben, Umweltsünder zur Rechenschaft zu ziehen und die Verschmutzung von Luft und Wasser sowie das Entstehen giftiger Industrieabfälle zu verhindern.

Abbildung 3.1: Die Umwelt-Kuznets-Kurve (EKC)

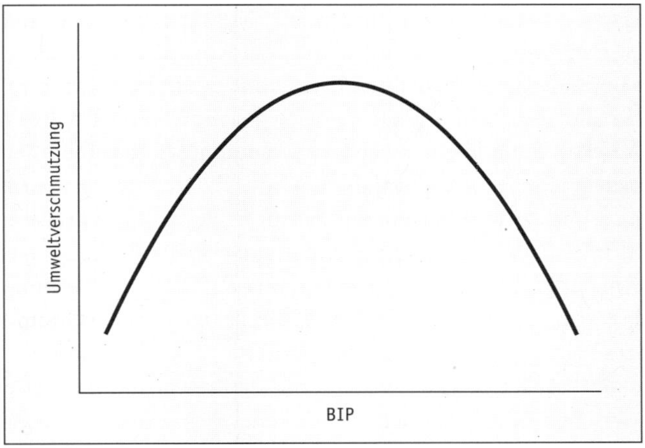

Inzwischen hat sich herausgestellt, dass die Umwelt-Kuznets-Kurve signifikante Schwächen hat bzw. dass es nicht legitim ist, ihre Ergebnisse auf alle anderen Stoffe zu übertragen.[14] Ein gutes Beispiel hierfür sind Treibhausgasemissionen, die bis jetzt permanent ansteigen, unabhängig von der Höhe des Einkommens.[15] Auch der ökologische Fußabdruck wächst mit steigendem Einkommen, und auch in den wohlhabenden Ländern werden zahlreiche Ökosysteme – etwa Gewässer und Böden – in zunehmendem Maße geschädigt. Die Umwelt-Kuznets-Kurve, diese etwas differenziertere Form eines marktgläubigen Ökooptimismus, erweist sich als ziemlich unzuverlässige Anleitung zur Nachhaltigkeit.

Auch die ökooptimistischen Annahmen über das Verhalten von Märkten sind schwer zu verteidigen, vor allem nach den Erfahrungen der vergangenen Jahre. Die These vom »wunderbaren Markt« besagt, dass dieser nüchtern und besonnen bleiben und künftige Knappheiten richtig prognostizieren werde. Andererseits waren wir Zeugen der Technologieblase der 2000er-Jahre, der Immobilien- und Finanzmarktblasen, die 2007 und 2008 platzten, und der wilden Achterbahnfahrt der Ölpreise in den Jahren 2008 und 2009. Dies sind eindeutige Beispiele für irrationale Preisentwicklungen, die schmerzhafte Konsequenzen nach sich zogen.

Was wäre, wenn wir uns im Hinblick auf natürliche Rohstoffe in einem noch nicht erkannten Moment der Kurzsichtigkeit befinden? Falls Investoren wirklich eine Vorliebe für gute Nachrichten haben, wie es manche ökonomischen Theorien behaupten, werden die Preise echte Knappheiten nicht anzeigen.[16] Wenn die Marktteilnehmer wie die meisten Menschen funktionieren und dazu tendieren, die Klimaveränderung zu verdrängen, werden uns die heutigen Preise nicht signalisieren, dass wir von fossilen Energieträgern wegkommen und auf erneuerbare Energien umstellen müssen.[17] Die Entwicklung der Märkte wird kein verlässliches Signal für die ökologische Gesundheit unseres Planeten sein.

Es gibt noch einen weiteren Grund dafür, warum die Preise die ökologischen Realitäten nicht richtig reflektieren: massive staatliche Subventionen.[18] Jedes Jahr fördern Regierungen weltweit Öl-, Gas-, Atom- und Kohlekraftwerke mit dreistelligen Milliardenbeträgen, lassen zu, dass die Energieversorgungsunternehmen Kohlendioxid emittieren, ohne finanziell dafür haften zu müssen, und unterstützen eine riesige Automobil-Infrastruktur und chemieintensive Landwirtschaft.

Und schließlich sollten wir nicht vergessen, welche beinahe übermenschlichen Anforderungen an die Bereitstellung und Verarbeitung von Informationen die Prämisse eines allwissenden Marktes nach sich zieht. Investoren müssen die neuesten wissenschaftlichen Forschungsergebnisse verstehen, sie mit wirtschaftlichen, politischen, gesellschaftlichen, psychologischen und demografischen Daten verknüpfen und die Entwicklung an den Märkten vorhersehen. Es ist riskant – oder gar fahrlässig –, sich auf Marktpreise als Indikator für den Zustand unserer Um-Welt zu verlassen.

Substitutionsökonomik: die unerträgliche Kostspieligkeit der Natur

Theorien, die dem Markt die Fähigkeit zusprechen, Alternativen für natürliche Rohstoffe zu entwickeln oder die Verschmutzungen zu beseitigen, die durch die Fixierung auf Wachstum verursacht werden, haben typischerweise eine mittel- oder langfristige Perspektive. In der Erzählung der Umwelt-Kuznets-Kurve ergreifen die Menschen erst nach Jahrzehnten Maßnahmen, um ihre Luft, Gewässer und Böden zu reinigen.

Kurzfristig ist das Denken vieler Ökonomen jedoch häufig geradezu trostlos. Da wird Naturschutz schnell zum ausschließlichen Kostenfaktor, dem wir lieb gewonnene Dinge und Verhaltensweisen opfern müssten. Die Umweltökonomie bewegt sich häufig im Bereich von Substitutionen (»trade-offs«): Sauberere Luft bedeutet teurere Energie, die Rettung von Arten kostet Steuergeld, und die Wälder zu schützen vernichtet Arbeitsplätze.[19]

Solche Substitutionstheorien werden damit erklärt, dass Wettbewerb und Märkte dafür sorgen würden, dass die Wirtschaft – mehr oder weniger – bei voller Kapazität läuft und Rohstoffe effizient eingesetzt werden. Die Menschen und die Unternehmen hätten die Entscheidungen, die ihr Wohlbefinden optimieren, bereits getroffen. Sie arbeiten gerade so lange, wie sie wollen, und sie kaufen genau die Güter und Dienstleistungen, die ihren Bedürfnissen entsprechen. Die Unternehmen haben unter Berücksichtigung der aktuellen Preise bereits die besten verfügbaren Technologien ausgewählt. Unter »Umweltschutz« versteht man nicht etwa Anstrengungen, die Wirtschaft produktiver zu machen, sondern vielmehr einen Grund, um uns anders entscheiden zu müssen – wenn wir mehr Wald haben wollen, müssen wir mit weniger Möbeln auskommen.

Abbildung 3.2: Transformationskurve

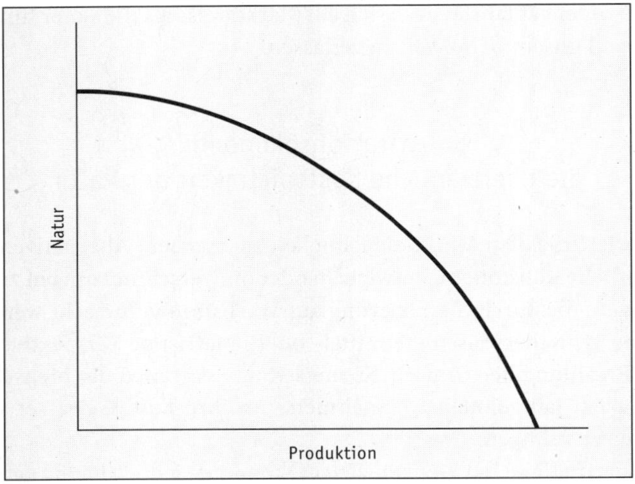

Diese Logik kann mithilfe einer Transformationskurve oder Kapazitätslinie dargestellt werden. Eine Volkswirtschaft kann nur bis zu einer bestimmten Kapazitätsgrenze wachsen, die durch die Kurve dargestellt wird. Es wird angenommen, dass die Wirtschaft auch genau dort operiert – was heißt, dass mehr Natur weniger Produktion bedeutet. Dies ist der Grund, warum viele Ökonomen die Existenz von Win-win-Situationen – oder »free lunches« –, die links von der Kurve liegen, anzweifeln. (Innerhalb der Kurve ist es möglich, sowohl Einkommen als auch Umweltschutz zu steigern, indem man sich nach rechts und oben bewegt, in Richtung der durch die Kurve dargestellten Kapazitätsgrenze.) Falls tatsächlich Win-win-Situationen auftreten, werden aufmerksame Akteure sie bemerken und sich zunutze machen. Je enger man sich jedoch an das orthodoxe ökonomische Denken hält, desto weniger wird man glauben, dass die ökonomischen Akteure es gerade jetzt unterlassen, gewinnträchtige Chancen zu ihrem Vorteil zu nutzen.[20] (Eine Ausnahme ist, wenn die Umweltschutzpolitik der Regierung die Wirtschaft in den Bereich innerhalb der Kurve zwingt. Der Ökonom Uwe Reinhardt von der

Princeton University verspottete nach dem Crash seine Kollegen: »Est, ergo optimum est, dummodo ne gubernatio civitatis implicatur« – es ist, also muss es optimal sein, vorausgesetzt, die Regierung hat sich nicht eingemischt.[21])

Eine Annahme des Substitutionsmodells (»trade-off view«) besagt, dass Güter oder Einkommen, die zusätzlich generiert werden, indem die Umwelt geschädigt wird, entsprechend hoch eingeschätzt werden – das wird selbst für wohlhabende Länder als selbstverständlich angenommen. Der Plenitude-Ansatz stellt diese Annahme infrage, was durch neue Erkenntnisse gestützt wird, die uns zeigen, dass der Zusammenhang zwischen Sein und Einkommen weniger direkt ist, als man vorher angenommen hatte. Aber die Umweltökonomie hat diese Arbeit noch nicht in ihre Theorien und Verfahren übernommen. Nach wie vor wird von den Standardmethoden das Einkommen über- und die Natur unterbewertet.

In Bezug auf Klimaschutz argumentiert William Nordhaus, obwohl er im Laufe der Jahre seine Berechnungen angepasst hat, nach wie vor, dass die Emissionssenkungen von bis zu 80 Prozent, welche von Wissenschaftlern und NGOs von den wohlhabenden Nationen bis 2050 gefordert werden, im Vergleich zum erwarteten Nutzen zu hohe Kosten verursachen würden. Eine »optimale« Politik wäre es hingegen, eine weitere Zunahme der Emissionen um 25 Prozent zuzulassen.[22] Scheinbar ist es besser, die Temperaturen weiter steigen zu lassen, Umweltschäden, steigende Meeresspiegel und unzählige Todesopfer in Kauf zu nehmen und eine Katastrophe zu riskieren, als für Klimaschutzmaßnahmen zu bezahlen.

Das von Nordhaus entwickelte Modell DICE (Dynamic Integrated Climate-Economy) ist das bekannteste einer umfassenderen Klasse von Mainstream-Wirtschaftsmodellen, die auf Substitutionsbeziehungen aufbauen und eingesetzt worden sind, um politische Entscheidungsträger in Bezug auf geeignete Reaktionen auf die Klimaveränderung zu beraten.[23] Sie werden als IAMs oder »Integrated Assessment Models« (»Integrierte Bewertungsmodelle« oder »Integrierte Folgenabschätzungsmodelle«) bezeichnet, da sie Annahmen über die physische Welt mit makroökonomischen Gleichungen verknüpfen. Ihre Rezepte zeigen einen vielsagenden Widerspruch: Sie nehmen die Klimaveränderung zwar ernst, aber es wird trotzdem empfohlen, mindestens ein paar Jahrzehnte lang so gut wie gar nichts zu tun.[24]

Dieser Widerspruch lässt sich auflösen, wenn man sich die Einzelheiten dieser komplizierten und technischen Modelle etwas genauer ansieht. Viele Ökonomen – darunter auch manche aus dem Lager der Umweltökonomie – haben festgestellt, dass viele Schlussfolgerungen auf einigen wenigen subjektiven (und schwer vertretbaren) Prämissen beruhen, etwa darüber, wie Schäden und Nutzen zu beurteilen sind oder wie ernst man die Bedürfnisse nachfolgender Generationen nehmen sollte.[25] Bei der bekanntesten dieser Kontroversen geht es um den Diskontierungssatz, also darum, wie das Modell heutiges gegen zukünftiges Geld aufrechnet.[26] DICE verwendet einen hohen Satz, um den Wert zukünftigen Einkommens und Konsums zu »diskontieren«, also niedriger zu bewerten. Dem liegt die Annahme zugrunde, dass ein zukünftiger Dollar/Euro weniger wert sein wird als ein heutiger, weil zukünftige Generationen reicher sein werden, als wir es heute sind. Da für *uns* (die heutige Generation) Geld einen höheren Wert hat als für *sie* (die reicheren Generationen der Zukunft), sei es nicht »effizient«, uns für den Klimaschutz zahlen zu lassen. Man solle *sie* (die Menschen, die um 2050 herum leben) dafür zahlen lassen, obwohl *wir* die Klimaveränderung verursacht haben. Diese als »wissenschaftlich« bezeichnete Annahme unterbindet Klimaschutzmaßnahmen, weil die Kosten, die auf zukünftige Generationen abgewälzt werden, so stark diskontiert – also abgewertet – werden. Manchmal ist der Diskontierungssatz so hoch, dass er die Ergebnisse des Modells maßgeblich beeinflusst. Außerdem wird durch einen hohen Satz die Möglichkeit ausgeschlossen, dass die Klimaveränderung so destabilisierend wirken könnte, dass zukünftige Einkommenszuwächse negativ sein werden – eine Entwicklung, die indes immer wahrscheinlicher wird. In diesem Fall sollte der Diskontierungssatz negativ sein, weil Geld für zukünftige Generationen mehr wert sein wird (und sie mehr davon brauchen werden) als für die Menschen, die heute leben.

Aber die Probleme mit IAMs gehen weit über Diskontierungssätze hinaus. Der Ökonom Frank Ackerman vom Stockholm Environment Institute und sein Kollege Ian Finlayson vom Massachusetts Executive Office of Energy haben entdeckt, dass DICE der Erwärmung des Klimas willkürlich einen großen Nutzen zuschreibt, weil es eine bevorzugte globale Durchschnittstemperatur von 23 Grad Celsius postuliert. Das ist schon an und für sich eine fragwürdige Prämisse, die aber besonders ungeheuerlich erscheint, wenn man bedenkt, dass ein großer Teil der Weltbevölkerung in Regionen lebt, in denen es schon heute zu heiß[27] ist – und in denen es mutmaßlich noch heißer (und trockener) werden wird, weshalb die Einkommen der Armen in aller Welt erheblich schrumpfen werden.[28] DICE nimmt außerdem an, dass es der US-amerikanischen Öffentlichkeit nur fünf Milliarden Dollar wert wäre, einen Temperaturanstieg um 2,5 Grad Celsius zu verhindern, der Hunderte von Millionen Menschen zu Klimaflüchtlingen machen würde und katastrophale Entwicklungen auslösen könnte.[29] Aber schon jetzt sehen wir milliardenschwere Verluste, die mit einer Erwärmung im Zusammenhang stehen, die bereits jetzt eingetreten ist. Doch IAMs haben noch weitere Mängel: Sie schreiben den Bewohnern armer Länder, die größere Schäden erleiden werden, weniger Wert zu,[30] Vermutungen über die Art und Weise, wie Schäden entstehen werden, sind willkürlich,[31] Prognosen über den technologischen Wandel vereinfachen zu stark,[32] und es wird unterlassen, Ungewissheiten ernst zu nehmen.[33]

Durch derartige hochgradig subjektive Annahmen rechtfertigen das DICE-Modell und ähnliche IAMs das Weiterso eines »Business as usual«. Sie unterstützen und zementieren einen Status quo, der nach Überzeugung vieler Wissenschaftler in eine Katastrophe führen wird. Dessen ungeachtet hat Geoffrey Heal von der Columbia University, ein führender Umweltökonom, in einem 2009 veröffentlichten Beitrag den Berufsstand insgesamt als voreingenommen gegen die Notwendigkeit entschiedenen Handelns charakterisiert. Scheinbar ist die Substitutionsökonomie gesund und munter, Wachstum, Einkommen, Arbeitsplätze und Wohlbefinden werden gegen Umweltschutz ins Feld geführt. Die Perspektive war und ist durch kurzfristiges Denken geprägt, und die Grundannahme ist, dass Interventionen die Grenze nicht nach außen verschieben, sondern uns entweder an ihr entlangbewegen lassen oder, noch schlimmer, hinter sie zurückdrängen, weil sie Anreize verfälschen und das Geschäftsklima beschädigen.

Ist die Annahme, dass wir uns im Hinblick auf ökologische Grenzen auf der Kurve befinden, zutreffend?

Seit dem Beginn der Krise ist die Antwort auf diese Frage ganz offensichtlich Nein. In einer Rezession sind viele Menschen arbeitslos, die Unternehmen operieren unterhalb ihrer Kapazität, und wir bewegen uns innerhalb der Grenze. Aus diesem Grund haben weniger Ökonomen als üblich gegen Vorschläge opponiert, die Wirtschaft durch Subventionen für grüne Arbeitsplätze anzukurbeln. Will man Arbeitslose einsetzen, um Häuser zu dämmen oder Windkraftanlagen zu bauen, sind die Opportunitätskosten niedrig. Außerdem können staatliche Maßnahmen, die mehr Menschen Arbeit verschaffen, durch Ansteckungseffekte mehr Wachstum im privaten Sektor erzeugen. Es ist eine gute Zeit für ökologisch orientiertes staatliches Handeln.

Der veränderte Diskurs zeigt auch, dass solche Debatten nicht im politischen Vakuum stattfinden. In den Jahren der Bush (jun.)-Regierung wirkten pessimistische Einschätzungen und der Widerstand von Unternehmen gegen Umweltschutzbestimmungen zusammen. Zahlreiche von der Industrie finanzierte Studien über die US-Gesetzgebung und die globale Klimapolitik kamen zum Ergebnis, Umweltschutz sei zu teuer. Die Bush-Regierung hat sich äußerst aktiv mit wirtschaftlichen Argumenten gegen Verbesserungen des Umweltschutzes eingesetzt. Heute ist die Situation anders, da die Obama-Regierung der Meinung ist, dass Maßnahmen zum Schutz der Umwelt – und vor allem des Klimas – wirtschaftlichen Nutzen bringen werden, sowohl auf kurze als auch auf lange Sicht. Aber auch hier sind keine Wunderdinge zu erwarten, da die Kräfte der Opposition immer noch sehr stark sind.

Abgesehen von der aktuellen Schwäche der Wirtschaft stellt sich die Frage, ob wir generell in einer Welt leben, in der wir dem einen nehmen müssen, um dem anderen zu geben. Dieses Substitutionsdenken basiert auf der Prämisse, dass die Natur ein Konsumgut sei – Wälder, Meere oder Reservate müssten »gekauft« werden, um sie auch genießen zu können. Allerdings sei die Rolle der Natur als Input für die Produktion weit wichtiger.[34] Nach dieser Logik untergraben wir unsere Möglichkeiten, in Zukunft Einkommen zu erzeugen, wenn wir die Natur verbrauchen – ein Effekt, der von einer statischen Formulierung wie der Transformationskurve oder differenzierteren Formulierungen nicht berücksichtigt wird. Indem wir die Natur bewahren, verschieben wir die Kurve nach außen. Durch die Pionierarbeit der Umweltökonomie wird ein größerer Bestand an Verfahren entwickelt, die Natur als Kapital zu werten und den Wert der ständigen Dienste zu berechnen, die Ökosysteme leisten. Diese Arbeit hat das Potenzial, die Kosten-Nutzen-Rechnungen der ökologischen Ökonomie zu revolutionieren, und macht Fortschritte.[35] Wenn die Klimamodelle etwa auch sogenannte Ökosystemdienstleistungen berücksichtigen, sind die Argumente für unverzügliches Handeln wesentlich stärker.[36]

Dagegen tendiert die Substitutionsökonomie – vor allem die Standard-Kosten-Nutzen-Analyse – dazu, partielle Buchhaltung anzuwenden, und sie ist eher einer kurzfristigen Perspektive verhaftet.[37] Außerdem scheint sie eine systematische Befangenheit zu zeigen: Eine Reihe von Studien hat ergeben, dass ökonomische Berechnungen, die angestellt werden, um die potenziellen Auswirkungen von Umweltprojekten einzuschätzen, dazu neigen, die Kosten zu überschätzen und den Nutzen zu unterschätzen.[38] Es gibt zahlreiche Fälle, in denen Umweltschutzbestimmungen sich als weit weniger belastend herausstellten, als ihre Gegner es erwartet hatten.[39] Die Substitutions-Denkschule hat typischerweise den technologischen Wandel außerhalb ihres Blickfeldes gelassen, sodass nicht erkannt wird, dass Umweltschutzmaßnahmen Innovationen anregen können, die der Natur zugutekommen. (Wenn das geschieht, wird die Grenze nach rechts außen verschoben, wodurch die Substitution transzendiert wird.) In letzter Zeit wurde immer öfter erkannt, dass das Innovationstempo zunimmt, sobald wir uns in einem technologischen Übergang befinden – zum Beispiel zu erneuerbaren Energien –, und dass Innovationen weniger kostspielig sind als ursprünglich angenommen wurde.[40]

Immer noch keine wirksame Klimapolitik in Sicht

Im Jahr 2006 veröffentlichte Nicholas Stern, der Chefökonom des britischen Finanzministeriums, einen zukunftsweisenden Bericht. Er vertrat hierin die Auffassung, dass es teurer wäre, die Klimaerwärmung *nicht* zu stoppen, als heute wirkungsvoll zu handeln.[41] In seinem *Stern Review* sagte er, dass mindestens fünf Prozent – und vielleicht sogar über 20 Prozent – der weltweiten Wirtschaftsleistung Klimaschäden zum Opfer fallen könnten. Es würde weit weniger kosten – vielleicht nur ein Prozent der Wirtschaftsleistung –, die Klimaerwärmung auf den seinerzeit für akzeptabel gehaltenen Grenzwert von zwei Grad Celsius zu beschränken. (Im Nachgang haben die schlechten Nachrichten vom Klima Stern dazu veranlasst, sich für ein niedrigeres CO_2-Ziel einzusetzen, welches mit zwei Prozent der Wirtschaftsleistung zu Buche schlagen würde.)[42] Stern, der auch mit einem IAM gearbeitet hat, lehnte den vorherrschenden Substitutionspessimismus rundweg ab und war davon überzeugt, dass es zahlreiche politische Interventionen gebe, bei denen der Nutzen die Kosten übersteigt. Klimaschutz sei keineswegs ein Wachstumshemmnis, sondern vielmehr *die* Wachstumsstrategie. Seit der Veröffentlichung des *Stern Reports* haben sich wesentlich mehr Ökonomen, darunter auch sehr einflussreiche, vehement für konzertiertes Handeln eingesetzt. Sie sind davon überzeugt, dass es nicht besonders teuer wäre, die Klimakrise zu beenden; das sei vielmehr ein »free, green lunch«.

Die Berechnungen der Kosten wirkungsvoller Umweltschutzmaßnahmen werden immer optimistischer, seit das Meinungsklima unter den Ökonomen endlich begonnen hat, sich zu wandeln. Jeff Sachs, der Direktor des Earth Institute an der Columbia University, hat auf der Basis einer Bottom-up-Studie über die Kosten spezifischer Interventionen geschätzt, dass es weltweit lediglich 1,8 Billionen Dollar kosten würde, eine weitere Zunahme der Emissionen zu verhindern – ein »winziger Bruchteil« der Wirtschaftsleistung im Vergleich zu dem Nutzen, der durch Abwenden einer ökologischen Katastrophe erzielt würde.[43] Eine 2007 von der Unternehmensberatung McKinsey vorgelegte Studie kam zu dem Ergebnis, dass fast die Hälfte der zur Diskussion stehenden Maßnahmen – darunter Gebäudedämmung, Treibstoffeinsparungen, neue Wasserboiler und industrielle Effizienzverbesserungen –, über ihre gesamte Lebensdauer betrachtet, sogar Geld einsparen würden, also eine eindeutige Win-win-Situation wären. Zwei Jahre später kam ein Update zu dem Schluss, dass es möglich sein würde, die Emissionen bis 2030 um 70 Prozent unter das Niveau von »Business as usual« abzusenken, und zwar bei relativ moderaten Kosten (weniger als ein Prozent der weltweiten Wirtschaftsleistung).[44]

Manche Ökonomen bringen inzwischen auch unkonventionelle Argumente für entschiedenes Handeln vor, etwa die Idee, dass der Mensch, selbst wenn die Wahrscheinlichkeit einer extremen Destabilisierung des Klimas gering sein mag, risikoscheu sei. Die Reduzierung von Emissionen sei eine Versicherungspolice gegen ein unwahrscheinliches, aber katastrophales Ereignis.[45] (Tatsächlich sieht das Katastrophenszenario inzwischen immer wahrscheinlicher aus.) Auch die Substitutionsmentalität wird auf der Suche nach doppelten Dividenden aufgegeben; stattdessen schaffen grüne Anreizprogramme Arbeitsplätze und schützen die Umwelt. Das Streben nach doppelter Dividende zeigt sich in Vorschlägen, die Abgaben für die CO_2-Emissionen durch Steuerentlastungen auszugleichen, die Ökonomen nicht mögen, weil sie glauben, solche Steuern würden unternehmerische Entscheidungen verfälschen.[46] Win-win-Denken ist im Kommen.

Der Kern des Problems lässt sich mit einem einfachen, aber überzeugenden Argument beschreiben: Die bloße Existenz von Umwelteffekten außerhalb des Marktes (Externalitäten) bedeutet, dass der Markt zu keiner effizienten Lösung gekommen ist. Die Klimaerwärmung ist das gravierendste Marktversagen in der Geschichte der Menschheit.[47] Wenn eine so massive Externalität existiert, muss das

System *per definitionem* noch weit von seiner Grenze entfernt sein, und das Substitutionsdenken muss falsch sein. Anstrengungen, die Emissionen zu reduzieren, werden notwendigerweise einen Nutzen erbringen, der ihre Kosten übersteigt, sobald wir die gesamten Folgen in der Kostenrechnung berücksichtigen – also müssen sie auf »Win-win« hinauslaufen. Selbst wenn es Verlierer geben sollte, etwa die Kohle- oder die Automobilindustrie und ihre Beschäftigten, werden die Vorteile, die entstehen, wenn wir den Klimawandel stoppen, groß genug sein, um ihre Verluste auszugleichen.

Aber das neue »Klimadenken« hat uns noch nicht wirklich weit vorangebracht. Die heutigen Klimamodelle und -prognosen gehen von hohen wirtschaftlichen Wachstumsraten aus – nicht nur für die Schwellenländer, sondern auch in den Industrienationen. McKinsey erwartet eine Verdoppelung der weltweiten Wirtschaftsleistung bis 2030.[48] Sachs geht davon aus, dass der Output sich bis 2050 versechsfachen wird.[49] Nordhaus erwartet bis 2105 eine Vervierfachung des Pro-Kopf-Konsums, bei über zwei Milliarden zusätzlichen Menschen.[50] Die CO_2-Emissionen sind dabei berücksichtigt, aber nicht die Folgen eines solchen Wachstums auf Artenvielfalt, Fischbestände, Bodenqualität, Wasserversorgung und Schadstoffemissionen. Können wir eine Versechsfachung der Produktion tatsächlich tolerieren? Derart massive Einkommenszuwächse werden sich als zusätzliche Nachfrage nach ohnehin schon knappen Rohstoffen bemerkbar machen. Es ist zu einfach, von einer Produktion ohne Folgen auszugehen. Mittlerweile führen immer mehr Ökonomen, die sich mit Umweltproblemen beschäftigen, einen ernsthaften Dialog mit Wissenschaftlern, und sie sind sich der Bedrohung der Artenvielfalt sehr bewusst. Aber die Quadratur des Kreises ist noch nicht gelungen.

Bietet Technologie einen Ausweg?

Viele Menschen setzen darauf, dass dieser Trick durch Technologie gelingen wird. Selbst Ökonomen, die nicht dem Lager der »cornucopians« zuzurechnen sind und dem technologischen Wandel eher skeptisch gegenüberstehen, zeigen sich in der Bewertung des Potenzials der erneuerbaren Energien mittlerweile immer optimistischer. Die neue Lehrmeinung besagt, dass die Klimaerwärmung durch innovative Technologien und Marktanreize, etwa einen Preis für (oder eine Steuer auf) CO_2-Emissionen, aufgehalten werden kann. Es gibt eine spürbare Begeisterung für Hybridfahrzeuge, intelligente Stromnetze und Passivhäuser, erneuerbare Energien und reflektierende Dächer und auch für eine maßgebliche Rolle des Staates bei der Umsetzung dieser Ideen.

Es gibt gute Gründe, optimistisch zu sein, und das nicht nur im Hinblick auf Energie. Die vergangenen Jahrzehnte haben enorme Fortschritte gebracht in der ersten Stufe einer Nachhaltigkeitsrevolution, die Ideen wie »zero waste«, Ökoeffizienz und Bionik (die Übertragung hocheffizienter, auf evolutionärem Wege entstandener Fähigkeiten und Funktionsweisen der Natur auf Design und Herstellung von Produkten).[51] Zu ihren Pionieren zählen der Ökounternehmer Paul Hawken, der Architekt William McDonough, die Physikerin und Umweltaktivistin Vandana Shiva, der Energie- und Technologieexperte Amory Lovins, die Autorin Janine Benyus und der ökologisch engagierte Chemiker Michael Braungart. Inzwischen arbeiten auch viele andere daran, naturnahe Alternativen zu finden und zu entwickeln, zum Beispiel Ersatzstoffe für giftige Chemikalien, Materialien, die leichter und stabiler sind, alternative Energiesysteme, möglichst umfassendes Abfallrecycling, saubere Nanotechnologien. Besonders weitreichend ist das ökologische Prinzip, wonach Abfall gleich Nahrung ist, dass also alle Nebenprodukte aus Fertigung oder Landwirtschaft zum Input für andere Produktionsprozesse werden. Mit Brauchwasser aus dem Bad können Pflanzen gewässert werden, die wiederum dazu beitragen können, Gebäude zu heizen oder zu kühlen – ein geschlossener Kreislauf. Auch das Sammeln und Nutzen von Regenwasser wird immer beliebter. Kompostierte Lebensmittelreste können als Dünger verwendet werden. Es gibt schon jetzt wegweisende Beispiele, zum Beispiel Solarpassivhäuser, die intelligentes Design, zweckmäßige Konstruktion und die Körperwärme der Bewohner nutzen, um angenehme Temperaturen aufrechtzuerhalten, ohne auf fossile Treibstoffe angewiesen zu sein. Wir haben Autos, die mit zweieinhalb Liter Benzin 100 Kilometer weit fahren können, und Autos, die mit alternativen Treibstoffen fahren. Biologisch erzeugte Lebensmittel werden immer effektiver hergestellt und erobern die Supermarktregale, Kleidung aus recycelten Stoffen wird immer beliebter. In den Bereichen Energieversorgung, Landwirtschaft, Fertigung, Design und Verkehr entsteht eine Bewegung für saubere, grüne Produktion, deren Einfallsreichtum in vielen Fällen wirklich inspirierend ist.

Manche Technologen gehen davon aus, dass ein solcher Wandel kostenlos zu haben sein wird, da durch die Einsparungen an Rohstoffen zumindest die Kosten der Innovation gedeckt werden.[52] Es ist eine Welt der »Win-wins« oder gar der Dreifach-»Wins«, in der die Umwelt, das Unternehmen und der Konsument (oder Arbeitnehmer) profitieren. Ein klassisches Beispiel dafür ist die Schaffung eines energieeffizienten Arbeitsplatzes, der erneuerbare Energien für Licht und Heizung nutzt, wodurch nicht nur die Energiekosten und Emissionen stark zurückgehen, sondern auch die Arbeitsproduktivität verbessert, die Produktionskosten gesenkt und die Zufriedenheit der Mitarbeiter gesteigert werden.[53] Die Anfangsinvestition hat sich schnell bezahlt gemacht. Unter solchen Umständen werden Einkommen und Wohlbefinden gesteigert und die Bereitschaft, sich umweltfreundlich zu verhalten. Manche Beobachter, etwa der Publizist Thomas L. Friedman, erhoffen sich von sauberen Technologien, dass sie die nächste Wachstumsrunde ankurbeln und die Wirtschaft beleben werden.[54]

Es besteht Einigkeit darüber, dass anders produziert werden muss. Und es sind sich auch fast alle einig, dass CO_2-Emissionen etwas kosten müssen. Aber wird das reichen?

Es ist kein Wunder, dass die meisten politischen Initiativen zum Klimaschutz bisher auf technologische Lösungen setzen. Das ist es, was der Markt gut kann, und dadurch wird »Business as usual« nicht gefährdet. Über weitreichendere Veränderungen im Wachstumsstreben, in den grundlegenden Strukturen der Wirtschaft oder der Konsumkultur wird kaum gesprochen. Die Zielsetzung der McKinsey-

Studien war, Emissionssenkungen ohne Verhaltensänderungen zu berechnen, was als »schwierig« zu erreichen gilt.[55]

Aber die bisherigen Erfahrungen mit einem umweltschonenden technologischen Wandel sollten uns misstrauisch machen im Hinblick auf den Optimismus, der den gesellschaftlichen Diskurs durchtränkt. Um die Diskussion auf dem Boden der Tatsachen zu halten, sollten wir daran denken, dass wir anfangen müssen, CO_2 aus der Atmosphäre zu ziehen und die Ökosysteme zu regenerieren – und zwar jetzt, nicht erst 2020 oder 2050.

Fangen wir mit der Frage der Verbreitung an. Wer oder was bestimmt, wie schnell – oder ob überhaupt – neue Technologien angenommen und eingesetzt werden? Diese Frage ist schwierig zu beantworten und keine, auf die wir schon jetzt eine gute Antwort hätten. Aber einiges wissen wir. Erstens spielen die reinen Effizienzeigenschaften einer Technologie nicht die entscheidende Rolle.[56] Wir müssen auch die wirtschaftlichen Zusammenhänge ihrer Verbreitung in Betracht ziehen. Technologien unterscheiden sich in der Art und Weise, wie sie Produktionsfaktoren kombinieren: Arbeit, Maschinen, Wissen, Kapital, Managementinput und so weiter. Damit Unternehmen oder Haushalte neue Technologien übernehmen, muss sowohl das wirtschaftliche als auch das technologische Umfeld günstig sein. Die 1970er-Jahre waren eine Zeit rapider Fortschritte in alternativen Energien und grünen Technologien, und viele glaubten, dass diese Innovationen weite Verbreitung finden würden, weil sie technologisch überlegen sind. Aber der Umstieg auf umweltschonende Energiequellen geriet ins Stocken, und zwar unter anderem, weil die Energiepreise, die in den 1970er-Jahren hoch waren, in den 1980er-Jahren erneut fielen. Andere Kosten spielten ebenfalls eine Rolle: In den 1980er-Jahren gingen die Realeinkommen zurück, durch Globalisierung und schwache Nachfrage nach Arbeitsleistung. Und Kredite waren teuer. Diese Rahmenbedingungen bremsten das Tempo des technologischen Wandels aus. Bedauerlicherweise haben wir es heute mit ganz ähnlichen Rahmenbedingungen zu tun. Regierungen können durch ihre Politik die Kostenbedingungen verändern, aber ihre Macht hat Grenzen.

Wirtschaftliche Aspekte von Innovation haben auch eine politische Dimension. Unternehmen zögern, Technologien zu installieren, wenn sie von den dadurch erzeugten Zugewinnen nicht profitieren können. So mag etwa ein dezentrales System der Energieerzeugung aus Solar- und Windkraft technisch überlegen sein, weil es zum Beispiel die Leistungsverluste durch lange Verteilungswege aus zentralen Kraftwerken vermeidet. Aber wenn die eingesetzten Technologien klein und leicht zu reproduzieren sind, haben große Unternehmen Schwierigkeiten, daraus die Gewinne zu generieren, die Investitionen wünschenswert machen würden. Vor allem im Energiesektor müssen über Aspekte der technischen Effizienz hinaus auch Marktmacht, Preispolitik und die Verteilung von Gewinnen in Betracht gezogen werden, wenn man vorhersagen will, welche Neuerungen angenommen werden und welche nicht.

Rebound-Effekte und das Paradoxon vom technologischen Wandel

Eine Abkehr von fossilen Energieträgern wird die Treibhausgasemissionen stark vermindern. Aber das wird noch eine Weile dauern, und die Lehrmeinung besagt, dass wir uns auf dem Weg dorthin damit behelfen werden, Hybridfahrzeuge zu fahren, unsere Häuser besser zu dämmen, den Energieverbrauch von Fahrzeugen und Haushaltsgeräten zu senken und andere Maßnahmen umzusetzen, die zwar noch auf fossilen Energieträgern basieren, sie aber effizienter nutzen. Aus wirtschaftlicher Sicht entsprechen solche Verbesserungen einer Senkung der Energiepreise, da sie bei geringerem Treibstoffeinsatz die gleiche Leistung erbringen. Der Rebound-Effekt tritt auf, wenn niedrigere Preise den Verbraucher dazu motivieren, mehr Energie zu konsumieren, wodurch wiederum die durch den technologischen Wandel erreichten Einsparungen ganz oder teilweise zunichtegemacht werden.

Inzwischen gibt es einen erheblichen Bestand an Literatur über Rebound-Effekte. Sie wurden zuerst vom britischen Ökonomen William Stanley Jevons beschrieben, der erkannt hatte, dass Effizienzverbesserungen bei der Verwendung von Kohle dazu führen, dass mehr davon verbraucht wird. Das Jevons-Paradoxon wurde im Jahr 1980 wiederentdeckt. Die Ökonomen Daniel Khazzoom und Leonard Brookes wendeten es an, um die Verbesserungen der Energieeffizienz in den 1970er-Jahren zu analysieren.[57] Sie sprachen dem Rebound-Effekt eine so starke Wirkung zu, dass Effizienzverbesserungen die Gesamtnachfrage nach Energie sogar erhöhen. Wenn das so ist, handelt es sich dabei um einen klassischen Fall eines »blowback«, eines unbeabsichtigten Folgeschadens.

Der Rebound-Effekt entsteht aus mehreren verschiedenen Dynamiken. Die ersten sind direkt: Substitutions- und Einkommenseffekte. Der Substitutionseffekt ist die Tendenz, von etwas mehr zu kaufen, wenn es billiger angeboten wird. Der Einkommenseffekt tritt auf, wenn jemand mehr Energie konsumiert, weil deren niedrigerer Preis sein Realeinkommen effektiv erhöht, wodurch er oder sie mehr kaufen kann. Es gibt aber auch indirekte Effekte: Effizienzverbesserungen erhöhen typischerweise das Produktionsvolumen, wodurch wiederum mehr Energie verbraucht wird.

Unter den Wissenschaftlern, die solche Phänomene untersuchen, besteht noch keine Einigkeit über die Quantifizierung dieser Effekte. Sie diskutieren über einen Bereich von Schätzungen, der je nach Branche und Land variiert.[58] Beim Heizen und Kühlen von Privathäusern scheint der Rebound-Effekt bei etwa 30 Prozent zu liegen, das heißt, 30 Prozent der Effizienzverbesserungen werden durch höhere Nachfrage wieder zunichtegemacht, wobei die Reaktion beim Kühlen stärker ausfällt als beim Heizen. Bei Fahrzeugen liegt die Konsensschätzung eher bei zehn Prozent, obwohl eine größere US-Studie einen Rebound von 23 Prozent ermittelt hat. Das Rebound-Phänomen ist eine sehr deutliche Erinnerung daran, dass technische Spezifikationen nur ein Teil des Gesamtbildes sind und die wirtschaftlichen Aspekte technologischer Neuerungen eine ebenso wichtige Rolle spielen können. Es zeigt auch, wie notwendig es ist, die Energiepreise zu regulieren, wenn wir CO_2-Emissionen wirklich reduzieren wollen.

Die indirekten Auswirkungen sind komplexer und wiegen potenziell schwerer. Da Energie ein wichtiger Inputfaktor für zahlreiche Güter und Dienstleistungen ist, können Effizienzverbesserungen die Preise anderer Produkte senken, woraufhin die Menschen mehr davon kaufen. Dadurch wird wiederum mehr Energie benötigt, um die zusätzlichen Güter herzustellen, zu transportieren und zu betreiben. Außerdem kommt es zu einem Skaleneffekt: Wenn die Produktivität von Energie steigt, kurbelt sie die gesamte Wirtschaft an, wodurch wiederum mehr Energie verbraucht wird. Wie groß ist diese Art von Rebound-Effekt? Wir wissen es nicht, weil das Methodenspektrum für Studien auf der Makroebene noch nicht gut genug ist, um belastbare Ergebnisse zu erbringen. Die Wahrscheinlichkeit, dass es zu einem »blowback« – also einem Rebound von über 100 Prozent – kommen wird, ist gering, aber die Effekte sind dennoch beträchtlich. Bei einer in Großbritannien durchgeführten Studie wurde ein Rebound von 26 Prozent ermittelt; andere Verfahren ergeben noch höhere Werte. Manche Analytiker glauben, dass sich Veränderungen im Energiesektor in besonders hohem Maße auf Profite und Wirtschaftswachstum auswirken können.[59] Dies ist genau das Argument, das einige der leidenschaftlichsten Befürworter erneuerbarer Energien – etwa Thomas L. Friedman – anführen, um für entschiedenes Handeln zum Klimaschutz zu werben.

Die in den vergangenen Jahrzehnten in den Vereinigten Staaten beobachteten Entwicklungen sind ein Paradebeispiel für die Gefahren von Rebound-Effekten.[60] Seit 1975 hat das Land in seinen Anstrengungen, die Energieeffizienz zu verbessern, enorme Fortschritte erzielt. Die pro Dollar BIP aufgewendete Energiemenge ist um die Hälfte reduziert worden, aber die Nachfrage nach Energie hat insgesamt zugenommen, und zwar um etwa 40 Prozent. Außerdem steigt die Nachfrage am stärksten in denjenigen Sektoren, in denen die höchsten Effizienzverbesserungen zu verzeichnen waren, und das waren der Verkehrssektor und die Privathaushalte. Die Kühlschränke wurden um 10 Prozent effizienter, aber die Anzahl der eingesetzten Kühlschränke stieg um 20 Prozent. Im Flugverkehr ging der Treibstoffverbrauch pro Meile um über 40 Prozent zurück, aber der

Gesamt-Treibstoffverbrauch stieg um 150 Prozent, weil mehr Passagiermeilen geflogen werden. Beim Fahrzeugverkehr sieht es ähnlich aus. Und bei steigender Treibstoffnachfrage haben auch die Emissionen zugenommen: Die CO_2-Emissionen dieser beiden Sektoren sind um 40 Prozent gestiegen und damit doppelt so stark wie in der Gesamtwirtschaft.

Abbildung 3.3: Rebound-Effekte

	Effizienzverbesserung	**Zunahme des Verbrauchs**
Energie	Der Energieverbrauch pro Dollar BIP ist seit 1975 um beinahe 50 Prozent gefallen.	Die Nachfrage nach Energie ist seit 1975 um über 40 Prozent gestiegen.
Fahrzeuge	Der durchschnittliche Verbrauch pro gefahrenem Kilometer ist seit 1980 um 30 Prozent gefallen.	Der Benzinverbrauch pro Fahrzeug ist seit 1980 konstant geblieben, weil die Fahrzeuge zahlreicher (und größer) sind und mehr gefahren wird.
Flugverkehr	Der Treibstoffverbrauch pro geflogener Meile ist seit 1975 um 40 Prozent gefallen.	Der Gesamttreibstoffverbrauch ist seit 1975 um 150 Prozent gestiegen.
Kühlschränke	Der Energieverbrauch ist seit 1990 um 10 Prozent gefallen.	Die Gesamtanzahl von Kühlschränken ist seit 1990 um 20 Prozent gestiegen.
Airconditioning	Der Energieverbrauch ist seit 1990 um 17 Prozent gefallen.	Die Gesamtanzahl von Klimageräten ist seit 1990 um 30 Prozent gestiegen.

Quelle: Rubin und Tal (2007)

Will man Emissionen reduzieren, so gibt es Wege, solche Rebound-Effekte zu umgehen – der Schlüssel ist, den Preis für Energie hoch zu halten. Aber selbst das ist kein Patentrezept. Wenn CO_2-Emissionen besteuert und diese zusätzlichen Steuereinnahmen ausgegeben werden, erzeugen sie ebenfalls vermehrte Nachfrage nach Produkten und sorgen dadurch indirekt für mehr Emissionen. Selbst wenn es uns durch neue Technologien gelingen sollte, überhaupt keine fossilen Energieträger mehr zu benötigen, sodass die Verwendung von

Energie gar keine Treibhausgase mehr erzeugt, wird der wirtschaftliche Aufschwung, den diese neuen Technologien bewirken, die Nachfrage nach diversen anderen natürlichen Rohstoffen ankurbeln. In der ersten Runde sind es Metalle, Glas, Boden, Wasser, Zement und andere Materialien, die gebraucht werden, um Windkraftanlagen, Solarpaneele und Erdwärmepumpen zu bauen. In der zweiten sind es die Rohstoffe, die notwendig sind, um Fernsehgeräte, Autos, Möbel, Nahrung und andere Produkte herzustellen, die der Konsument mit den Zugewinnen aus der tollen neuen umweltschonenden Wirtschaft kauft. Man kommt kaum um den Schluss herum, dass wir nicht nur den Preis von Energie kontrollieren müssen – das übliche Rezept –, sondern auch das Wachstumstempo, weil die Effizienzsteigerungen die Nachfrage ankurbeln, was wiederum zusätzliche Umweltschäden verursacht.

Ökologische Übernutzung muss eingestanden werden

In den 1960er-Jahren, als die Kosten-Nutzen-Analyse entwickelt wurde, erfreute sich das Substitutionsdenken unter Ökonomen großer Beliebtheit, und sie wendeten es auf Fragestellungen wie »Inflation vs. Arbeitslosigkeit« und »Ungleichheit vs. Wachstum« an. Die Welt war damals wesentlich »leerer« als heute, um einen Ausdruck von Herman Daly zu gebrauchen, einem Pionier der ökologischen Ökonomie. Man wusste damals noch nicht, dass der Mensch durch seine Aktivitäten das Klima destabilisierte, es wurde etwa ein Zehntel des heutigen Outputs produziert, und das Artensterben schritt noch wesentlich langsamer voran.[61] Das Substitutionsdenken ergab mehr Sinn.

Wenn man in Zeiten eines ökologischen Überschießens lebt, sieht das ganz anders aus. Wie Umweltökonomen schon vor Jahrzehnten zu prophezeien begonnen haben, ist es inzwischen teurer geworden, natürliche Ressourcen *nicht* zu schützen, als sie zu schützen. Wir erschöpfen die Bestände an Naturkapital, und je mehr sie zur Neige gehen, desto mehr lässt auch ihr Vermögen nach, Nutzen zu erbringen und Kosten zu absorbieren. Jedes Jahr, in dem wir nicht handeln, steigen die Kosten, und das Zeitfenster für wirkungsvolles Handeln wird enger. Es wird die zu starke Abhängigkeit von natürlichen Rohstoffen sein, die uns arm macht – und das nicht erst auf lange Sicht, sondern schon viel früher, als die meisten wahrhaben wollen. Anstatt über einfachen Ersatz für natürliche Rohstoffe verfügen zu können, wie es optimistische Ökonomen annehmen, glauben viele, dass wir uns dem Punkt auf der Kurve nähern (oder schon dort angekommen sind), ab dem es keinen Ersatz mehr geben wird. An diesem Punkt wird die Natur tatsächlich unendlich wertvoll, und dann wird es unendlich teuer, sie zu schädigen – eine Beobachtung, die allmählich auch in der ökonomischen Literatur ankommt.[62] Wenn wir auch weiterhin die Atmosphäre, das Klima, die Gewässer und andere Arten schädigen, bringen wir das Leben selbst in Gefahr.

Im Jahr 2004 wurde in der Fachzeitschrift *The Journal of Economic Perspectives* ein Artikel veröffentlicht, von dem viele sich erhofften, dass er bahnbrechend sein würde. Eine Gruppe von Wissenschaftlern, Umweltökonomen und Ökologen aus der vordersten Reihe, darunter Kenneth Arrow, Partha Dasgupta, Lawrence Goulder, Paul Ehrlich, Stephen Schneider und Gretchen Daily, stellten eine Frage, die seit den Debatten über *Die Grenzen des Wachstums* nicht mehr auf den Tisch gekommen war: »Konsumieren wir zu viel?« Schon diese Form der Zusammenarbeit war selten (vielleicht sogar eine Premiere). Der Artikel bewegt sich innerhalb des Standardmodells der Ökonomie, welches das Wohlbefinden des Menschen zum ultimativen Ziel erklärt, und fragt, ob wir womöglich zu viel konsumieren, um entweder das heutige Niveau an Wohlbefinden in Zukunft halten oder unser Wohlbefinden maximieren zu können. Die Antwort war ein entschiedenes »Vielleicht«.[63] (Ein Grund für die Ungewissheit war das Fehlen von Daten über wichtige natürliche Ressourcen, zum Beispiel Fischbestände, saubere Luft und Gewässer, fruchtbare Böden, CO_2-bindende Wälder und Artenvielfalt.)[64] Umweltökonomen sahen eine wichtige Öffnung der Debatte, aber dem Artikel gelang es nicht, den Mainstream in das Gespräch hineinzuziehen, um sich mit der Frage zu beschäftigen, die in anderen Kreisen längst diskutiert wird: Ist Wirtschaftswachstum nachhaltig? Vielleicht wird dieser Artikel in einigen Jahren als der erste Schritt zum großen Umdenken betrachtet werden.

Die Haltung der Ökonomen zum Klima veränderte sich, da die Einschätzungen, was ohne wirkungsvolles Handeln passieren würde, immer bedrohlicher geworden sind. Dadurch eröffneten sich Win-win-Optionen. Eine ähnliche Veränderung wird sich ohne Zweifel auch im Hinblick auf andere Arten von Umweltzerstörung vollziehen. Wenn wir endlich die vollen Kosten zusammenbrechender Fischbestände, von Bodenerosion, Desertifikation, Bränden, dem Verlust von Regenwäldern, Schadstofffreisetzung und dem massenhaften Artenverlust aufsummieren, wird der Preis weit höher sein als die Kosten für den Schutz und Erhalt des Planeten. Wie schon in der Klimadebatte wird sich zeigen, dass es billiger sein wird, gestörte Systeme zu regenerieren, als die Folgen eines Kollapses zu erleiden und zu bekämpfen. Was wir zurzeit tun, wird als ein weiteres massives Marktversagen betrachtet werden, dessen Korrektur das Wohlbefinden verbessern wird.

Der Weg zur Nachhaltigkeit: Bevölkerung, Wohlstand und Technologie

Umweltökonomen strukturieren ihre Überlegungen häufig mithilfe eines Rechnungslegungsrahmens (»accounting framework«), der von zwei Wissenschaftlern entwickelt wurde: Paul Ehrlich von der Stanford University und John Holdren von der Harvard University.[65] Er besagt, dass Umweltschäden die Folge dreier Ursachen seien: Bevölkerung, Wohlstand und Technologie. »Wohlstand« ist das Pro-Kopf-Einkommen und umfasst nicht nur die Löhne und Gehälter der Menschen, sondern die gesamte Produktion einer Gesellschaft. »Bevölkerung« ist die Zahl der Menschen, die dieses Einkommen »verkonsumieren«. »Technologie« steht für einen Operator, der die Gesamtproduktion in alle von ihr verursachten Umweltbelastungen umrechnet. Genau genommen deckt dieses Konzept von »Technologie« mehr ab als das Wort in seiner Alltagsbedeutung, da es auch den Mix verschiedener Produkte und Aktivitäten miteinbezieht. (So würde beispielsweise eine Verlagerung von Konsum aus dem Verkehrs- in den Unterhaltungssektor auch ohne einen technologischen Wandel die Belastung der Umwelt reduzieren.) Seit den frühen Anwendungen dieses »accounting framework« in den 1970er-Jahren sind komplexere Formulierungen entwickelt worden, und die Variablen wurden in ihre Bestandteile zerlegt.[66] Aber die einfache Version kann uns helfen, eine grundlegende Tatsache über unsere aktuelle Zwangslage zu erkennen.*

Der Tatbestand des ökologischen Überschießens bedeutet in der Realität, dass wir die Umweltbelastungen reduzieren müssen, und zwar ganz erheblich. Es gibt drei große Hebel, an denen man ansetzen kann, um das zu erreichen. Der erste davon, die Bevölkerungszahl, ist seit den 1960er-Jahren zum Ziel enormer Anstrengungen geworden. Global betrachtet, sind die Wachstumsraten der Bevölkerungszahl rückläufig, und das mittlere Szenario der Vereinten Nationen geht davon aus, dass die Weltbevölkerung um 2050 ihr Maximum von 9,1 Milliarden Menschen erreichen wird.[67] Das Bevölkerungswachstum ist bis dahin überwiegend auf die Trägheit der demografischen Entwicklung zurückzuführen, mit der die heutige Jugend ins gebärfähige Alter kommt. In den Jahren 2008/09 wuchs die Weltbevölkerung mit knapp 1,2 Prozent pro Jahr.[68]

Bleiben also noch Einkommen und Technologie als weitere Hebel. Vor der Finanzkrise wuchs die Weltwirtschaft um vier bis fünf Prozent pro Jahr, was ungefähr einer Verdoppelung alle sechzehn Jahre entspricht. Also muss die ganze Arbeit, um die Belastungen einzudämmen, durch Technologie erledigt werden, und in 16 Jahren muss sie doppelt so viel leisten wie heute. Bei »Business as usual« gehen die CO_2-Emissionen pro Dollar Einkommen um 1,2 Prozent pro Jahr zurück.[69] Das gleicht nur ungefähr den Bevölkerungszuwachs aus, wodurch kein Beitrag mehr übrig bleibt, um CO_2-Emissionen insgesamt zu reduzieren oder den Folgen höherer Einkommen entgegen-

* Mit dem Environmental Impact Index (auch IPAT-Gleichung, $I = P \times A \times T$) lässt sich aus den Faktoren Bevölkerung (Population), Ausstattung mit Wirtschaftsgütern (Affluence) und der technologisch bedingten Schädigung durch diese Güter (Technology) eine Wirkung (Impact) errechnen.

zuwirken. Schätzungen zufolge werden wir pro Jahr jährliche Reduzierungen allein der CO_2-Emissionen um fünf bis sieben Prozent erreichen müssen, was einer Vervierfachung der Kohlenstoffproduktivität entspricht, um unterhalb des heute als unzureichend geltenden Ziels von zwei Grad Celsius zu bleiben.[70] Das liegt weit jenseits aller Erfahrungswerte. Um den zugehörigen, mutmaßlich »sicheren« Kohlendioxidgrenzwert zu erreichen, müssten die technologischen Verbesserungen sogar noch größere Wirkung erzielen.[71] Diese einfache Rechnung macht deutlich, dass wir etwas gegen das Wachstum der Produktion unternehmen müssen.

Aber die Treibhausgasemissionen sind nicht das einzige Problem, das wir lösen müssen. Wir müssen auch aufhören, die Lebensräume zu zerstören, das Wasser und die Böden zu verschmutzen und giftige Chemikalien freizusetzen, was die Aufgabe, die auf die Technologen wartet, noch weiter vergrößert. In Anbetracht der in Kapitel 2 beschriebenen Materialflüsse erscheint die Aussicht einer rein technologischen Lösung als ziemlich weit hergeholt. Von 1980 bis 2005 fiel das Gewicht der Materialien, die eingesetzt werden mussten, um einen Dollar an BIP zu erzeugen, im weltweiten Durchschnitt um etwa 30 Prozent, also 1,2 Prozent pro Jahr.[72] Da jedoch der Output schneller zunahm, steigerte sich der Materialverbrauch in diesem Zeitraum um insgesamt 45 Prozent. Westeuropa hat in dieser Hinsicht beeindruckende Fortschritte gemacht, aber die gemessene Entkopplung in Nordamerika hat nur etwa 25 Prozent betragen, also ein Prozent pro Jahr, und für beide Regionen liegen die tatsächlichen Raten wegen unberücksichtigter Importe deutlich niedriger.[73] Eine Entmaterialisierung – das Entkoppeln von Einkommen und Umweltbelastung – ist möglich, schreitet aber wesentlich langsamer voran, als die Umwelt geschädigt wird.

Zusammenfassend lässt sich feststellen, dass es geradezu abenteuerlich wäre zu glauben, dass die Technologie das gesamte Gepäck der notwendigen ökologischen Anpassungen würde tragen können. Selbst in Verbindung mit einem Preis für CO_2-Emissionen wird die Technologie ohne andere Maßnahmen zur Reduzierung der Nachfrage nach Energie, Gütern und Dienstleistungen die Kehrtwende nicht schaffen. Studien über Rebound-Effekte auf der Makroebene – und auch der gesunde Menschenverstand – sagen uns, dass wir gegen die immer weiter expandierende Produktion etwas tun müssen. Entweder muss die Wirtschaft weniger wachsen – oder auf eine ganz andere Art. In den Vereinigten Staaten lag das Pro-Kopf-Einkommen 2008 bei 47.200 Dollar.[74]* Es wird Zeit, dass wir uns ernsthaft anstrengen, alternative Quellen von Wohlstand zu finden, durch die wir gedeihen können, ohne den Planeten zu zerstören.

In reichen Ländern könnte das einfacher werden, als es die »Business as usual«-Prognosen erwarten lassen. Die Marktwirtschaft der Zukunft wird die überdimensionalen Gewinne der vergangenen Jahre kaum erreichen können. Die klügste Strategien könnte es sein, die Potenziale der neuen Technologien zu nutzen, ohne die Einkommen auf konventionelle – oder konventionell in Geld gemessene – Weise zu erhöhen. Das ist die fundamentale Idee, die Plenitude zugrunde liegt.

* Im Jahr 2015 belegt Luxemburg mit einem Pro-Kopf-Einkommen (abgeleitet aus dem BIP pro Einwohner) von geschätzt 103.000 US-Dollar Rang eins der weltweit wohlhabendsten Länder, vor der Schweiz und Katar. Die USA weisen 56.000 US-Dollar auf, Deutschland 41.000.

KAPITEL 4

Erfüllt leben auf einem angezählten Planeten

Die Grenzen des heutigen Wachstumsregimes treten von Jahr zu Jahr deutlicher zutage. Auf dem Weg des Planeten zur Überwindung der »Business as usual«-Wirtschaft werden Nahrung, Energie, Verkehr und Reisen sowie Konsumgüter immer teurer werden. Jobs und Einkommen werden immer knapper, und den üblichen Ausweg – einen schuldenfinanzierten Konsumboom – können sich die Haushalte und der Planet nicht mehr leisten. Wenn die altbekannten Lösungen nicht mehr funktionieren, werden wir zur Untätigkeit verdammt sein, wenn wir uns auf die in der Vergangenheit geübte Praxis beschränken. Es wird Zeit, dass wir die unverdaulichen »trade-offs« (Substitutionen), die uns heute angeboten werden, hinter uns lassen und uns für eine neue Art von Wirtschaft engagieren. Wenn wir uns aus dem »Business as usual«-Markt diversifizieren, wird es möglich, vernachlässigte Werte wieder zu nutzen. Wahrer Reichtum kann erreicht werden, indem wir die notwendigen Veränderungen der Ökonomien von Zeit, Kreativität, Gemeinschaft und Konsum vorantreiben.

Ein Vorbehalt: »One Life Living«

Eine innovative Initiative innerhalb der Nachhaltigkeitsbewegung nennt sich »One Planet Living« (»Leben mit einem Planeten«). Sie basiert auf dem ökologischen Fußabdruck und versucht, Menschen und Gemeinschaften von Lebensweisen zu überzeugen, bei denen sie nur noch so viele Rohstoffe verbrauchen, wie sie zur Verfügung hätten, wenn die Biokapazität gleichmäßig unter allen Menschen rund um den Globus aufgeteilt würde. In South London gibt es seit 2002 das Ökodorf Beddington Zero mit hundert Häusern, wo viele der Bewohner dieses Ziel bereits erreicht haben. Sie bemühen sich, keine CO_2-Emissionen und keinen Abfall zu erzeugen und ihre Lebensmittel, Stoffe und anderen Bedarfsgegenstände aus örtlichen Quellen zu beziehen.

Die im Folgenden beschriebene Strategie der Diversifizierung kann ein Weg zu einem ähnlich kleinen Fußabdruck sein. Aber ihr Potenzial, ein mit wahrer Zufriedenheit und echtem Wohlbefinden erfülltes Leben herbeizuführen, hängt letztlich von einer Voraussetzung ab, und zwar von »One Life Living« (»Leben mit einem Leben«). Dieses Konzept beruht auf der Idee, dass die meisten Menschen glauben, sie hätten nur eine einzige Chance, auf der Erde zu leben. Um ein erfülltes Leben zu leben, muss man diese Chance auf eine persönlich sinnvolle Art nutzen.

Die Vorreiter der Nachhaltigkeitsbewegung haben den Sinn ihres Lebens darin gefunden, einen Beitrag zur Rettung des Planeten zu leisten. Aber die weitaus meisten von uns empfinden keine Leidenschaft für ein ökologisch definiertes Leben. Über kurz oder lang werden wir jedoch verstehen, dass es notwendig ist – und vielleicht sogar Freude daran haben. Aber der tiefere Lebenssinn findet sich anderswo, in der Familie, im Freundeskreis, in persönlicher Kreativität, Religion, Musik und den Künsten, in sozialer Gerechtigkeit, Wissenschaft, dem eigenen Betrieb oder indem man anderen hilft. Plenitude als wirtschaftliche Strategie kann diesen Sinn nicht stiften: Sie kann nur helfen, ihn zu verwirklichen. Falls Ihre Arbeit und anderen Aktivitäten Ihnen schon jetzt diese Zufriedenheit geben, sollte dieser Ansatz Ihnen helfen können, noch mehr davon zu finden oder das zu bewahren, was Sie schon haben. Wenn Sie jedoch immer noch nach wirklich sinnvoller Arbeit suchen, kann er Ihre Möglichkeiten erweitern, weil er bewirkt, dass Sie nicht mehr so viel verdienen müssen. Es gibt nur einen Planeten – und ein Leben für jeden von uns.

Anpassung an die ökologischen Realitäten: Das Prinzip der Diversifizierung aus dem Markt

In Kapitel 1 habe ich gesagt, die »Business as usual«-Wirtschaft habe einen steinigen Weg vor sich. Gewinne und Einkommen werden sinken, die Einkommensschere wird sich auseinanderentwickeln. Preise werden steigen. Konventionelle wirtschaftliche Aktivitäten werden dem durchschnittlichen Bürger weniger bieten. Wenn ich damit recht habe, wird es für viele Menschen eine sinnvolle Reaktion sein, sich allmählich aus diesem Markt zurückzuziehen und die dadurch erlittenen Einbußen durch Diversifizierung zu minimieren. BAU wird zu einem Verlustgeschäft, vor allem auf lange Sicht. Es werden sich neue Arten des Produzierens und Konsumierens entwickeln – entweder weil wir klüger werden oder weil die Natur uns dazu zwingt, unser Verhalten zu ändern. Die Menschen, die das früher begreifen, werden einen Vorsprung gewinnen. Für manche Menschen wird es am besten sein, sich teilweise neu zu orientieren, indem sie das, was sie bisher getan haben, mit neuen Aktivitäten verbinden. Für andere, die ins Berufsleben einsteigen oder umsatteln wollen, wird es sinnvoll sein, sich gänzlich auf Alternativen zu verlegen. Einige werden sich mit allen Mitgliedern des Haushalts anpassen und die Arbeitszeiten von zwei Verdienern neu strukturieren.

Die Logik hinter dieser Strategie beruht auf der Theorie der Zeitallokation. Sie wurde in den 1960er-Jahren vom Chicagoer Ökonomen Gary Becker und anderen entwickelt und wendet ökonomische Argumente auf die Frage an, wie der Einzelne (oder ein Haushalt) seine Zeit optimal auf verschiedene Möglichkeiten, die allesamt einen Wert erbringen, aufteilen sollte.[1] Zwar hatten Ökonomen diese Frage schon seit Langem in Bezug auf das Angebot an Arbeit untersucht – ob man gegen Entgelt arbeiten sollte oder nicht, und falls ja, wie lange –, aber Becker wird zugeschrieben, zum ersten Mal in allgemeinerer Form darüber nachgedacht zu haben.

Eine der Erkenntnisse der Zeitallokations-Theorie ist, dass sämtliche Aktivitäten, bezahlte wie unbezahlte, das Potenzial haben, Gewinn zu erbringen. Wir betrachten Löhne und Gehälter als den Gewinn aus bezahlter Beschäftigung. Aber auch Aktivitäten, die kein Geld einbringen, produzieren Gewinne. Wenn man im eigenen Haushalt arbeitet, ohne dafür bezahlt zu werden, produziert man etwas. Die zubereitete Mahlzeit, die ausgefüllte Steuererklärung, das versorgte Kind – sie alle haben einen wirtschaftlichen Wert. (Ökonomen bezeichnen solche Gewinne aus Aktivitäten außerhalb des Marktes als »Schatteneinkommen« [»shadow wages«], ein unglücklich gewählter Begriff, der auf die Unsichtbarkeit solcher Arbeit hinweist.)

Diese Argumentation gilt selbst für Aktivitäten, die normalerweise nicht als Produktion gelten. Der Gewinn aus Freizeitaktivitäten kann Freude sein, zum Beispiel wenn man einen Sport ausübt, ein Musikinstrument spielt oder einem Hobby nachgeht. Ehrenamtliche Arbeit erbringt Nutzen für die Gemeinschaft und gute Gefühle für die Person, die sich auf diese Weise engagiert. Sogar Zeit, die man mit einem Freund verbringt und die man für völlig unökonomisch halten könnte, stärkt soziale Netzwerke der Unterstützung und Gegenseitigkeit, was wiederum Zugang zu Ressourcen schafft.

Ich führe diesen Punkt einigermaßen detailliert aus, weil die Menschen in den Industrienationen im Laufe der vergangenen drei Jahrzehnte einen immer größeren Teil ihrer Zeit auf Aktivitäten innerhalb des Marktes verlagert haben. Die privaten Haushalte haben immer mehr Zeit für Erwerbsarbeit aufgewendet und die Zeit für heimische Produktion beschnitten. Das kompensieren sie zum Teil, indem sie mehr Güter und Leistungen einkaufen, die sich häufig in höheren Stufen der Verarbeitung befinden (zum Beispiel mehr Fertiggerichte). Mit der Ausnahme von Senioren setzen die Menschen immer weniger unbezahlte Arbeitszeit für gemeinnützige Arbeit ein.[2] Auch die Freizeit ist stärker kommerzialisiert, was bedeutet, dass pro verbrachter Stunde Freizeit mehr Geld ausgegeben wird. Es wird weniger Freizeit mit partizipatorischen und mehr mit rezeptiven Aktivitäten verbracht – lieber ein Disneyland-Urlaub (teuer und passiv) als eine Campingreise (erschwinglich und aktiv).

Je ungewisser die Zukunft der »Business as usual«-Wirtschaft wird, desto sinnvoller wird es, mehr Zeit und Energie aus dem Markt in andere wertvolle Aktivitäten zu verlagern. Das können Tätigkeiten sein, die überhaupt nicht bezahlt werden, etwa soziales Kapital aufbauen, oder die eine pseudomonetäre Qualität haben wie Tauschgeschäfte oder die Bedürfnisse erfüllen, ohne dass ein Markt gebraucht würde (Obst und Gemüse anbauen), und schließlich solche, die das Potenzial haben, neue Einkommensquellen zu erschließen (ein kleiner Betrieb, vor allem in der wachsenden Biobranche). Der springende Punkt ist, die Allokation von Zeit und die Arten, wie Bedürfnisse erfüllt werden, zu diversifizieren.

Der Rat, nach Diversifizierung fort vom Markt zu streben, ist nicht für jeden geeignet. Falls Sie ein hohes Einkommen haben, wird es für Sie nach wie vor sinnvoll sein, sich auf den Markt zu spezialisieren. Das gilt auch, wenn Sie eine Nischenkompetenz beherrschen. Wenn Sie Ihren Job lieben, nicht länger arbeiten, als Sie möchten, und einen absolut sicheren Arbeitsplatz haben, sollten Sie vielleicht bei Ihrem jetzigen Lebensstil bleiben. Aber bei den meisten Menschen treffen zumindest einige dieser Voraussetzungen nicht zu.

Die »Business as usual«-Wirtschaft wird nicht ewig Bestand haben. Wenn wir Produktionsprozesse und Konsumsysteme neu erfinden, um sie ökologisch nachhaltig zu gestalten, werden neue Märkte und Geschäftsmodelle entstehen und sich zu stabilen Einkommensquellen entwickeln. Aber in der Übergangsphase läuft es darauf hinaus, dass Sie ein geringeres Einkommen erwarten sollten, nach konventionellen Maßstäben gemessen. Darauf klug zu reagieren heißt, in Sektoren und Aktivitäten zu investieren, die vernachlässigt worden sind. Es ist an der Zeit, wieder mehr Zeit für sich selbst zurückzuerobern, nützliche Fertigkeiten zu entwickeln, in Menschen zu investieren, mehr zu sparen und die Kunst der Selbstversorgung zu perfektionieren.

Zeitwohlstand

Für die meisten Menschen fängt Diversifizierung bei ihrem wichtigsten Wert an: der Arbeitszeit. Das erste Ziel von Plenitude ist es daher, Zeit zurückzuerobern. Millionen Menschen in den Industrienationen haben die Kontrolle über den Grundrhythmus ihres Alltags verloren. Sie arbeiten zu viel, essen zu schnell, vernachlässigen zwischenmenschliche Kontakte, verbringen viel zu viel Zeit im Stau, bekommen nicht genug Schlaf und fühlen sich viel zu oft gehetzt. Die Einzelheiten der Zeitknappheit unterscheiden sich zwischen verschiedenen sozioökonomischen Gruppen, aber als Gesellschaft erleben wir gemeinsam das Phänomen zeitlicher Verarmung.

Diese Beschleunigung kam weitgehend unerwartet. Vor einem halben Jahrhundert glaubte man noch, dass Technologie uns von der Plackerei erlösen würde. Aber während wir in finanzieller und materieller Hinsicht immer reicher wurden, haben wir das Gegenteil erlebt. Zu den Grundanforderungen von Beruf, Mobilität und Familienleben sind steigende Erwartungen in den Bereichen Konsum, Technologie und Bildung hinzugekommen. Es sind auch andere Begriffe verwendet worden, um diese Entwicklung zu beschreiben: Der Neuropsychiater Peter Whybrow hat es die »amerikanische Manie« genannt; der Dokumentarfilmer John de Graaf hat »Affluenza« diagnostiziert.[3] Es ist ein »way of life«, der die Fundamente von Wohlstand und Wohlbefinden untergräbt, zum Beispiel starke familiäre und soziale Bindungen, einen tieferen Sinn im Leben und körperliche Gesundheit. Darum ist das Zurückerobern von Zeit der gemeinsame Nenner von Lebensweisen an der vordersten Front der Nachhaltigkeitsbewegung. Bei weniger Zeitstress ist es nicht nur einfacher, sich an die neuen ökologischen und ökonomischen Lebensumstände anzupassen, sondern die neu gewonnene Zeit führt auch zu neuartigen finanziellen Chancen.

In den 1980er-Jahren, als ich begann, mich für Arbeitszeiten und die Verwendung von Zeit zu interessieren, war erst relativ wenig über Arbeitszeittrends geforscht worden. Seither sind zahlreiche neue Studien hinzugekommen. Meine anfänglichen Erkenntnisse zeigen, dass Menschen, die einen Job hatten, immer mehr arbeiteten, vor allem wenn die damals zunehmende strukturelle Arbeitslosigkeit und Unterbeschäftigung berücksichtigt wurden. Die Ergebnisse aus Studien über Arbeitszeittrends waren widersprüchlich, weil sie auf unterschiedlichen Daten beruhten, die in verschiedenen Phasen des Wirtschaftszyklus erhoben wurden, und weil sie bildungsbedingt divergierten.[4] Arbeitnehmer mit niedrigem Bildungsstand haben stärker unter Arbeitslosigkeit und Unterbeschäftigung zu leiden, während gut ausgebildete Beschäftigte mit größerer Wahrscheinlichkeit überarbeitet sind.[5] Und natürlich fiel während der Krisenjahre 2008/09 die Zahl der geleisteten Arbeitsstunden dramatisch, wie es in jedem wirtschaftlichen Abschwung der Fall ist. Aber *alle* Quellen zeigen, dass seit Mitte der 1970er-Jahre bis in die Gegenwart die Anzahl der im Markt geleisteten Arbeitsstunden zugenommen hat.[6]

Im Jahr 2006 leistete der durchschnittliche US-amerikanische Arbeitnehmer amtlichen Umfragedaten zufolge 180 Arbeitsstunden mehr als 1979. (Sein Pensum erhöhte sich in diesem Zeitraum von 1703 auf 1883 Stunden pro Jahr.) Die Trends sind ausgeprägter, wenn man sie pro Haushalt ermittelt. Im Jahr 2006 leisteten Ehepaare (mit Kindern) im Alter zwischen 25 und 54 Jahren 413 mehr Arbeitsstunden als im Jahr 1979.[7] Wesentlich mehr Männer leisten inzwischen über 50 Arbeitsstunden pro Woche.[8] (Dreißig Prozent der männlichen Collegeabsolventen und 20 Prozent aller männlichen Vollzeitbeschäftigten absolvieren meistens über 50 Wochenarbeitsstunden.) Die Beschäftigungsquote – ein weiterer Indikator der im Markt geleisteten Arbeitszeit – stieg von 60 Prozent im Jahr 1985 auf 63 Prozent im Jahr 2007.[9]

Das in den Vereinigten Staaten geleistete Arbeitspensum ist erstaunlich, wenn man es mit demjenigen in ähnlich wohlhabenden Ländern vergleicht, etwa in Deutschland, Frankreich, Italien und den Niederlanden. Es übersteigt dasjenige in diesen Ländern um durchschnittlich 270 Stunden, was über sechseinhalb Wochen entspricht (bei einer 40-Stunden-Woche).[10] Selbst die Briten, die deutlich weniger wohlhabend sind als die US-Amerikaner, arbeiten pro Jahr 164 Stunden weniger als ihre Kollegen in den USA. Die Arbeitszeiten in Nordamerika (in Kanada wird ähnlich lange gearbeitet wie in den USA) liegen deutlich höher als in allen anderen Ländern mit einem ähnlichen Einkommensniveau mit Ausnahme Japans.

Und so ist es kein Wunder, dass im Laufe der vergangenen 25 Jahre immer mehr Arbeitnehmer angaben, überarbeitet zu sein. Eine 2004 durchgeführte Studie ergab, dass 44 Prozent der Befragten berichteten, sich häufig oder sehr häufig überarbeitet oder durch ihren Job überfordert zu fühlen oder nicht in der Lage zu sein, innezuhalten und zu verarbeiten, was vor sich geht.[11] Ein Drittel gab an, chronisch überarbeitet zu sein. Diese überarbeiteten Beschäftigten zeigten wesentlich höhere Stressniveaus und schlechtere körperliche Gesundheit, litten häufiger unter Depressionen und waren weniger gut in der Lage, sich um sich selbst zu kümmern, als ihre weniger unter Druck stehenden Kollegen. In einer Reihe von Studien wurden negative Folgen von langen Arbeitszeiten, Stress und Überarbeitung festgestellt, die zu diversen Problemen der körperlichen, psychischen und sozialen Gesundheit führen.[12]

Wenn Einkommen und Arbeitszeiten steigen, scheint sich auch der allgemeine Lebensrhythmus zu beschleunigen. Dieser Effekt wurde vor gut 40 Jahren von Wirtschaftstheoretikern vorhergesagt, wird aber nur selten empirisch gemessen. Eine internationale Studie aus den 1990er-Jahren ermittelte die Gehgeschwindigkeit als eine der Näherungsgrößen für den Lebensrhythmus.[13] Unter 31 Großstädten in aller Welt landete New York an sechster Stelle, hinter Spitzenreiter Dublin. Außerdem hatte sich der Lebensrhythmus in New York beschleunigt, seit die Messungen ursprünglich gemacht worden waren.

Ein von schnellem Lebenstempo, langen Arbeitszeiten und – in manchen Fällen – hohen Einkommen geprägter Lebensstil ergab in einer Ära steigender Gewinne und billiger Güter noch einen gewissen Sinn. Er war besonders attraktiv für Freiberufler, deren Qualifikation ihr Verdienstpotenzial verbesserte. Diese Art von auf die berufliche Arbeit ausgerichteter Zeitallokation ist nicht neu. Auch die Epoche der industriellen Revolution im späten 18. und im 19. Jahrhundert war eine Zeit, in der zunehmende unternehmerische Möglichkeiten zu immer längeren Arbeitszeiten führten. Das Arbeitspensum stieg dramatisch an, als die Eigentümer von Textilfabriken, Eisenbahnen und Chemiefabriken versuchten, den Profit aus ihren Investitionen in teure Maschinerie zu maximieren.

Mittel- bzw. langfristig erwarte ich, dass dieser Prozess sich umkehren wird. Das Einkommen und andere Gewinne, die in der »Business as usual«-Wirtschaft aus einer Arbeitsstunde zu erwarten sind, werden für die meisten von uns niedriger sein. Für den Einzelnen ist es nur vernünftig, darauf zu reagieren, indem er kürzer arbeitet.[14] Wenn er sich das allerdings nicht leisten kann, wird er sich vielleicht stattdessen entschließen, mehr zu arbeiten. Die austeritätsorientierte Substitutionsökonomik besagt: Wenn die Wirtschaft sich verschlechtert und die natürlichen Rohstoffe knapp werden, müssen wir entweder sparsamer leben oder mehr arbeiten.

Plenitude schlägt eine dritte Option vor: weniger innerhalb des konventionellen Markts zu arbeiten, aber die dadurch frei gewordene Zeit produktiv einzusetzen und in neue Fertigkeiten und Aktivitäten zu investieren. Diese Zeit wird zum Teil dafür genutzt, höherpreisige Nahrung, Energie und Konsumwaren durch hausgemachte oder gemeinschaftlich erzeugte Alternativen zu ersetzen; zum Teil wird sie eingesetzt, um in soziale Beziehungen zu investieren, eine andere Form von Reichtum. Und zum Teil wird diese Zeit genutzt, um gewinnbringenden Aktivitäten nachzugehen, die relativ wenig kosten und die teuren Annehmlichkeiten des herkömmlichen, von schnellerem Lebensrhythmus und höherem Einkommen geprägten Lebensstils ersetzen.

Diese Vision einer Welt, in der Erwerbsarbeit einen wesentlich geringeren Teil unserer Zeit in Anspruch nimmt, mag utopisch wirken. Aber es gibt bereits deutliche Signale, dass ein kulturelles Umdenken in Richtung kürzerer Arbeitszeiten und umweltschonenderer Lebensweisen begonnen hat.

Als ich im Jahr 1996 zum ersten Mal eine Umfrage zu diesem Thema durchgeführt habe, gaben 19 Prozent einer repräsentativen Stichprobe der erwachsenen Bevölkerung an, in den vorangegangenen fünf Jahren ihren Lebensstil freiwillig auf eine Art und Weise geändert zu haben, dass sie dadurch weniger verdienten. Im Jahr 2004 hatten schon 48 Prozent eine solche Änderung vollzogen[15] – die höhere Zahl reflektiert wahrscheinlich das Altern der Babyboomer-Generation und eine Reaktion auf die exzessiven Arbeitsanforderungen des Wirtschaftsbooms in den 1990er- und frühen 2000er-Jahren. Selbst der bekanntermaßen hektische Lebensrhythmus der New Yorker hat aufgehört, sich zu beschleunigen, und ist seit 1996 unverändert geblieben.[16]

Natürlich sind nicht alle derartigen Lebensstiländerungen von Dauer, aber die Umfragedaten lassen vermuten, dass solche Entscheidungen immer häufiger getroffen werden, und zwar in der gesamten Bevölkerung. In der 2004 befragten Gruppe reduzierten drei Viertel der Teilnehmer ihre Arbeitszeit, indem sie entweder ganz aufhörten, in einem abhängigen Beschäftigungsverhältnis zu arbeiten, oder die Anzahl Jobs, in denen sie arbeiteten, verringerten. Das von 47 Prozent der Befragten am häufigsten genannte Motiv dafür war, dass sie Stress reduzieren wollten. Etwa ein Drittel der Befragten gab an, sie wollten ein ausgeglicheneres Leben führen oder mehr Zeit zur Verfügung haben, und 30 Prozent sagten, sie hätten ihren Lebensstil geändert, weil sie sinnvollere oder befriedigendere Arbeit anstrebten. Siebenundzwanzig Prozent gaben an, sie wollten sich um ihre Kinder kümmern.

Als ich 1992 mein Buch *The Overworked American (Der überarbeitete Amerikaner)* veröffentlicht habe, bot die Wirtschaft wesentlich weniger gut bezahlte Teilzeitstellen, und Beschäftigte, die kürzer arbeiten wollten, mussten häufiger als heute ihren Job ganz aufgeben. Seither werden in immer mehr Berufen und Unternehmen Teilzeitoptionen angeboten. Vor der Finanzkrise arbeiteten 17 Prozent aller Beschäftigten in Teilzeit, vier Fünftel davon auf eigenen Wunsch.[17] Im Jahr 2010 arbeiteten 31 Prozent aller Beschäftigten in atypischen Beschäftigungsverhältnissen (»non-standard employment«), also in Teilzeit, in beratender Funktion, vorübergehend oder in anderen formlosen Arrangements.[18]

In den von mir durchgeführten Umfragen fällt ein typisches Merkmal von freiwilligem Wechsel in Teilzeitarbeit auf: Befragte, die solche Änderungen vollzogen haben, berichten, damit sehr zufrieden zu sein.[19] Bei der 2004 durchgeführten Umfrage gaben 23 Prozent an, nicht nur zufriedener zu sein, sondern auch das Geld nicht zu vermissen. Sechzig Prozent berichteten, zufriedener zu sein, aber das Geld mehr oder weniger zu vermissen. Nur zehn Prozent bereuten den Wechsel.

Die aktuellen multiplen Wirtschafts- und Finanzkrisen bieten eine gute Gelegenheit, Teilzeitarbeit zu erweitern und zur Norm werden zu lassen. Im ersten Jahr der Rezession vermieden zahlreiche Unternehmen Entlassungen, indem sie die Arbeitszeiten durch Beurlaubungen, unbezahlte Betriebsferien, Vier-Tage-Wochen und flexible Arbeitszeitregelungen verkürzten.[20] Die Weltwirtschaftskrise in den 1920er- und 1930er-Jahren hatte eine ähnliche Wirkung auf die Arbeitszeiten. Mitte 2009 ergab eine Studie in Großunternehmen, dass damals 20 Prozent der Belegschaft die Arbeitszeiten verkürzt hatten, um Entlassungen vorzubeugen.[21] Frühere Erfahrungen lassen vermuten, dass viele Betroffene die zusätzliche Zeit schätzen werden, vor allem solche, die ganze Tage frei bekommen. Manche von ihnen werden versuchen, bei den kürzeren Arbeitszeiten zu bleiben, wenn ihr Arbeitgeber ihnen wieder mehr Arbeit anbieten kann. In meinen Studien habe ich mit Downshiftern (Menschen, die sich mäßigen, zur Ruhe kommen, entspannen und dadurch bewusst auf beruflichen Aufstieg, Konsum und Luxus verzichten) gesprochen, die mit dem Verlust ihres Arbeitsplatzes oder einer unfreiwilligen Arbeitszeitverkürzung angefangen hatten, aber dann ihren neu gewonnenen Zeitwohlstand schätzen lernten.

Es gibt kein Patentrezept, um solchen Zeitwohlstand zu mehren. Für Menschen, die das Glück haben, in ihrem aktuellen Job flexible Arbeitszeiten zu haben, wird das am einfachsten sein. Andere werden ihren Job kündigen oder unter den Mitgliedern ihres Haushalts die Gesamtarbeitszeit neu aufteilen. Einige junge Menschen beginnen ihr Arbeitsleben mit einem derartigen Arbeitszeitmodell und vermeiden so die hohen Kosten, die ein von Vollzeitarbeit bestimmter Lebensstil mit sich bringt. Natürlich ist es für viele Arbeitnehmer schlichtweg unmöglich, weniger Geld zu verdienen, weil ihr Einkommen ohnehin schon zu niedrig ist. (Allerdings setzen viele einkommensschwache Menschen andere Prinzipien des Plenitude-Modells schon jetzt in die Praxis um.) Einige von denjenigen, die es sich leisten können, weniger zu arbeiten, und erste Erfahrungen mit »mehr Zeit« gemacht haben, werden feststellen, dass sie nicht nur die eigene Lebensqualität verbessert haben, sondern auch zu einem Teil einer

Lösung für große, systemische Ungleichgewichte geworden sind. Um einen gerechten und gut funktionierenden Arbeitsmarkt wiederherzustellen, ist es notwendig, die im Markt vorhandene Arbeit gleichmäßiger zu verteilen.

Kürzere Arbeitszeiten finanziell tragbar machen: Sicherheit für alle

Ein typisches Merkmal der vergangenen Jahre war, dass die Menschen immer länger gearbeitet und immer mehr Plunder gekauft haben, aber nicht mehr in der Lage waren, sich gewisse grundlegende Notwendigkeiten des Lebens zu leisten. Die Kosten von medizinischer Versorgung, Bildung und Kinderbetreuung stiegen immer weiter, während Konsumgüter immer billiger wurden. Renten wurden immer unsicherer, während die Niedrigpreise für industriell erzeugte Produkte zur Selbstverständlichkeit wurden. Die unerschwinglichen Kosten für das Erfüllen von Grundbedürfnissen verursachten Stress und Not und führten außerdem zu Verzerrungen des Marktes. Die Menschen harrten in Jobs aus, die sie eigentlich lieber aufgegeben hätten, oder arbeiteten länger, als sie eigentlich wollten, um ihren Zugang zu den sozialen Sicherungssystemen zu erhalten.

Manchen Menschen ist es gelungen, den Plenitude-Lebensstil zu verwirklichen, ohne dass diese kollektiven Probleme gelöst wären. Sie versichern sich nur gegen katastrophale Gesundheitsrisiken, leben ohne Krankenversicherung, oder es geht nur einer von zwei Partnern arbeiten, um krankenversichert zu sein, während der andere einer formlosen Beschäftigung nachgeht. Manche der »voluntary simplifiers« (»freiwillige Vereinfacher«; damit sind Menschen gemeint, die gezielt ein einfacheres Leben anstreben) gehen zu Heilpraktikern, deren Leistungen sie per Tauschhandel vergüten, aber das birgt Risiken, die nur wenige Menschen einzugehen bereit sind. Häufig ziehen Downshifter in eine Gegend mit niedrigen Lebenshaltungskosten, wo alles billiger ist und sie Gleichgesinnte finden können, die ihr Leben ähnlich gestalten.

Natürlich ist es viel einfacher, mit dem Fehlen von sozialen Leistungen fertigzuwerden, wenn man keine Kinder zu versorgen hat. Und es ist einfacher zu bewerkstelligen für Haushalte, die Rücklagen gebildet oder Rückhalt in der Familie haben.

Allerdings ist es unvermeidlich, dass die Umsetzung eines Plenitude-Lebensstils verlangsamt wird, bis grundlegende Vorsorgestrukturen entwickelt werden. Ein Mensch wird wahrscheinlich länger in einem Job bleiben, in dem er länger arbeiten muss, als ihm lieb ist, wenn er durch kürzere Arbeitszeiten seinen Anspruch auf Sozialleistungen verlieren würde. Wir müssen vorankommen auf dem Weg in unsere gemeinsame Zukunft, und das bedeutet, dass wir Systeme entwickeln müssen, die allen Einzelpersonen und Familien eine Grundsicherung bieten – von der Kindheit bis ins hohe Alter.

Warum es umweltfreundlich ist, weniger zu arbeiten

Ein neues Gleichgewicht zwischen Aktivitäten innerhalb und außerhalb des Marktes herzustellen ist nicht nur eine Strategie, um das persönliche Wohlbefinden zu verbessern, es ist auch ein Grundpfeiler ökologischer Nachhaltigkeit, durch die Triade aus weniger Erwerbsarbeit, Einkommen und vermarktetem Konsum. Weniger verdienen und weniger Geld ausgeben bedeutet weniger emittieren und weniger Umweltschäden verursachen.

Die Psychologen Kirk Brown und Tim Kasser haben den ökologischen Fußabdruck von 400 Personen gemessen, von denen sich die Hälfte als »voluntary simplifiers« bezeichneten, also als Menschen, die sich bewusst entschieden haben, weniger zu konsumieren und weniger materielle Güter zu gebrauchen.[22] Der Fußabdruck der Simplifier war um fast ein Viertel (23 Prozent) kleiner als bei einer zufällig ausgewählten Vergleichsstichprobe. (Die Simplifier berichteten auch von einem signifikant besseren Wohlbefinden.) Auswertungen von Daten aus verschiedenen Ländern führen zu ähnlichen Ergebnissen. Eine einfache Grafik zeigt, dass Länder mit einer längeren Jahresarbeitszeit tendenziell einen größeren ökologischen Fußabdruck haben.[23] Ein aufwendigeres Modell der Soziologen Anders Hayden und John Shandra, das diverse andere Einflüsse berücksichtigt, darunter auch das Einkommen, ergab, dass die Jahresarbeitszeit nach wie vor ein statistisch signifikanter Prädiktor für die Größe des ökologischen Fußabdrucks bleibt.[24] Eine Studie, die von David Rosnick und Mark Weisbrot vom Center for Economic and Policy Research durchgeführt wurde, schätzte, dass die Vereinigten Staaten etwa 20 Prozent weniger Energie verbrauchen würden, wenn sie die Arbeitszeitmuster der westeuropäischen Länder einführten.[25]

Abbildung 4.1: Ökologischer Fußabdruck und Jahresarbeitszeit in verschiedenen Ländern, 2005

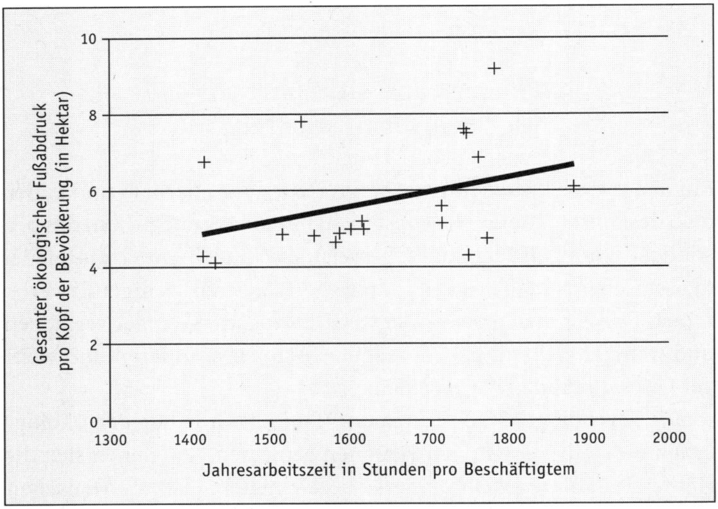

Quellen: Daten über den ökologischen Fußabdruck aus »Ecological Footprint and Biocapacity 2005« (Global Footprint Network 2008); Daten über die Jahresarbeitszeit aus The Conference Board and Groningen Growth and Development Centre (2008)

Warum führt eine kürzere Jahresarbeitszeit zu niedrigerem Rohstoffverbrauch? Der offensichtlichste Faktor ist der Skaleneffekt: Arbeit im Markt erzeugt Einkommen, das eingesetzt wird, um Lebensmittel,

Konsumgüter, Energie und Mobilität zu kaufen.[26] Der Konsum geht zurück, wenn kürzere Arbeitszeiten zu niedrigerem Einkommen führen: ein Effekt, der dem abnehmenden Konsum während einer Rezession entspricht. Es gibt aber noch zwei andere Wirkmechanismen, die beide kompositional sind; das heißt, sie wirken sich auf den Warenkorb der gekauften Produkte und Leistungen aus.

Der erste sind durch das niedrigere Einkommen herbeigeführte Veränderungen im Warenkorb der gekauften Produkte und Leistungen, die eintreten, wenn die Haushalte überproportional an rohstoffintensiven Aktivitäten wie Urlaubsreisen sparen oder wenn sie weniger Unterhaltungselektronik und andere nicht unbedingt notwendige Produkte kaufen. Der zweite sind durch die kürzeren Arbeitszeiten herbeigeführte Veränderungen im Warenkorb der gekauften Güter und Leistungen. Menschen, die mehr Zeit haben, können geruhsameren, weniger rohstoffintensiven Aktivitäten nachgehen. Sie können zum Beispiel ihre Wäsche zum Trocknen auf die Leine hängen, statt einen elektrischen Wäschetrockner zu benutzen. Noch wichtiger ist jedoch, dass sie auf weniger energieintensive, aber dafür zeitaufwendigere Verkehrsmittel umsteigen können (Fahrrad statt Auto, öffentliche Nahverkehrsmittel statt Privatfahrzeug, Auto oder Bahn statt Flugzeug). Sie können Gemüse anbauen und zu Hause kochen. Eine finnische Studie über die Materialintensität von Zeit ergab, dass für eine Stunde Essen im Restaurant elf Kilowattstunden Energie verbraucht werden, während für eine Stunde Essen zu Hause (einschließlich aller Wege für den Einkauf der Zutaten, Gas fürs Kochen und so weiter) nur 7,4 Kilowattstunden zu Buche schlagen.[27] Eine in Frankreich durchgeführte Studie ergab (wobei Einkommensunterschiede kompensiert wurden), dass Menschen mit einer längeren Jahresarbeitszeit mehr Geld für Wohnen (sie kaufen größere Häuser mit mehr Haushaltsgeräten), für die Fortbewegung (bei längeren Arbeitszeiten werden öffentliche Verkehrsmittel weniger genutzt) und für Hotel- und Restaurantbesuche ausgeben.[28] Diese drei Punkte sind anhand einer Reihe von Kriterien – etwa CO_2-Emissionen und ökologischem Fußabdruck – als die umweltschädlichsten Ausgabenkategorien ermittelt worden.

Eine große, noch nicht abschließend zu beantwortende Frage ist, ob bewusste Simplifier mehr reisen – vor allem über weite Entfernungen –, weil sie mehr freie Zeit zur Verfügung haben. Es gibt durchaus Hinweise darauf, dass das bei Simplifiern mit hohem Einkommen tatsächlich der Fall sein könnte. Falls sie wirklich mehr reisen, wäre das eine Veränderung des Warenkorbs, die die Umweltbelastungen verstärken könnte. Allerdings entwickelt sich ein neuer Trend, der als »Slow Travel« (»langsames Reisen«) bekannt ist und auf gemächliche Formen von Fernreisen zurückgreift – zum Beispiel per Eisenbahn, Passagierschiff oder Frachtschiff –, die beliebt waren, bevor Flugreisen so preiswert wurden. Ähnlich wie die Slow-Food-Bewegung zielt er darauf ab, das Erlebnis zu bereichern und die Umweltbelastungen zu reduzieren.

Selbstversorgung im 21. Jahrhundert

Plenitude erfordert, die durch weniger Arbeit im Markt eingesparte Zeit effektiv zu nutzen, und zwar idealerweise so, dass man damit zwei oder gar drei Fliegen mit einer Klappe schlagen kann. So kann man zum Beispiel für den eigenen Bedarf produzieren oder Dinge herstellen, die verkauft oder gegen andere Dinge eingetauscht werden können, und man kann Aktivitäten nachgehen, die sinnvoll und lehrreich sind und helfen, den Lebensstandard zu steigern.

Der Trend zur Selbstversorgung hat bereits Fuß gefasst bei Kleinunternehmern, Simplifiern und einer Gruppe von »bioneers«, den biologischen Pionieren und Ökoerfindern, welche einen umweltschonenden Lebensstil pflegen und nachhaltige Technologien einsetzen. Selbstversorgung hat natürlich auch eine andere Geschichte, die eher im Mainstream angesiedelt ist. Einige Aktivitäten in dieser Rubrik, zum Beispiel Heimwerken und Stricken, haben schon immer Anhänger gehabt. In anderen Fällen besinnen sich die Menschen wieder auf Fertig- und Tätigkeiten, die von früheren Generationen praktiziert wurden, aber heute in Vergessenheit geraten sind, zum Beispiel Tischlern, Schneidern, Bierbrauen, Einwecken und Konservieren.

Gemüseanbau, Jagen und Angeln sind weitere Beispiele, ebenso wie Nähen, Reparieren und Renovieren – oder, in jüngerer Zeit, das Zusammenbauen eines Computers aus Einzelteilen.

Viele Menschen gehen solchen Aktivitäten nach, weil sie ihnen Freude machen, höherwertige Produkte ergeben oder solche Produkte, die anders nicht leicht zu bekommen sind. Außerdem kann es auf diese Weise günstiger sein, an Güter zu kommen, die man sich sehr wünscht. Wenn man Marmeladen, Saucen und geräuchertes Fleisch oder Strickpullover, Steppdecken und Kleidung selbst herstellt, werden solche kostspieligen Annehmlichkeiten erschwinglich. Auch die gesellschaftlichen Einstellungen zu Aktivitäten wie Gemüseanbau oder das Selbstherstellen von Kleidung und Konsumgütern haben sich geändert, sodass solche Entscheidungen heute immer mehr dem Mainstream zugerechnet werden als den kümmerlichen Lebensumständen, die aus Not geboren sind.

Selbstversorgung wird immer beliebter, wenngleich Informationen über das Ausmaß zum Teil noch lückenhaft sind. Immerhin wissen wir, dass der Selbstanbau von Gemüse enorm zugenommen hat. Im April 2009 ergab eine landesweite Umfrage, dass ein Fünftel der US-Bürger angab, Pläne zu haben, noch im selben Jahr einen Gemüsegarten anlegen zu wollen.[29] Es wird auch immer beliebter, selbst Bier zu brauen und Wein anzubauen; Einwecken und Konservieren von Nahrungsmitteln erleben eine Renaissance. In den Krisenjahren 2007/08 erlebten Dienstleister wie Frisiersalons, Haustiersalons und Tagesmütter einen Rückgang ihres Geschäfts, weil die Menschen begannen, solche Dinge selbst zu erledigen.[30] Eine jährliche Messe namens Maker Faire, die in Kalifornien ins Leben gerufen wurde, hat immer mehr »Do-it-yourselfer« (»DIYer«) angezogen – und Erfinder, die sowohl traditionelle als auch Hightech-Verfahren nutzen. Sie breitet sich auf immer mehr Standorte im ganzen Land aus, und es heißt, die Besucherzahlen hätten sich seit 2006 vervierfacht.[31] Es ist zu erwarten, dass diese Zahlen und alle Formen von Selbstversorgung dramatisch zunehmen werden, nicht nur aufgrund eines Kulturwandels, sondern auch, weil die Menschen in schweren Zeiten mehr Zeit, jedoch weniger Geld zur Verfügung haben.

Der langfristige wirtschaftliche Nutzen von Selbstversorgung besteht darin, dass sie den Menschen mehr Freiheiten in Bezug auf berufliche Entscheidungen, die Verwendung ihrer Zeit und ihren Konsum eröffnet. Je besser man sich selbst versorgen kann, desto weniger Geld muss man verdienen, um einen gewissen Lebensstandard zu halten. In den vergangenen Jahren sind die technischen Möglichkeiten zur Eigenproduktion von Nahrungsmitteln, Energie, Kleidung und Wohnraum besser geworden. Selbstversorgung hat sich zu einem wichtigen Standbein einer klugen und nachhaltigen Lebensweise entwickelt.

Man könnte meinen, das würde ziemlich weit hergeholt klingen, vor allem für Haushalte in den Städten. Doch das Zusammenwachsen von Nachhaltigkeit und Selbstgenügsamkeit hat eine Vielfalt von Aktivitäten und Kreativität sowohl innerhalb als auch außerhalb der Städte entfesselt. Die bekanntesten dieser Trends sind die Produktion von Nahrungsmitteln durch biologischen Anbau, urbane Landwirtschaft, das Verwerten weggeworfener Lebensmittel und der Anbau frischer Lebensmittel selbst auf Kleinflächen innerhalb enger Stadtwohnungen (urbanes Gärtnern). Aber die städtische Landwirtschaft geht weit über Kräuter und Gemüse hinaus – es werden Obstbäume gepflanzt, Hühner im Hinterhof gehalten und Bienen gezüchtet. Viele Menschen koppeln sich vom Stromnetz ab, mit Solarpanelen und passiver Solararchitektur, mit Erdwärmepumpen, Windmühlen und Öfen, die mit Holzpellets und Maisstrünken befüllt werden. Die Bewegung für alternative Energie weitet sich von Heizung und Strom auf Haushaltsgeräte aus. Viele Menschen bauen Solaröfen und -kühlschränke und sogar Biogasanlagen, die aus Hausmüll Energie erzeugen können, um eine Ökoküche zu versorgen. Diese Trends haben auch neue Namen: »microfarming« und »microgeneration for self-produced energy« (Energieerzeugung für den Eigenbedarf). Im Jahr 2008 wurden 14 Prozent der neu hinzugekommenen Solarkapazität »off-the-grid« – also unabhängig vom öffentlichen Stromnetz – installiert.[32]

Auch beim Wohnen wird DIY immer beliebter. Als Alternative zu teuren und flächenintensiven Wohnungen und Häusern des konventionellen Wohnungsmarkts bauen viele Menschen ihr eigenes Traumhaus, nach cleveren Konstruktionsprinzipien, aus natürlichen Materialien, mit effizienter Energieversorgung und häufig mit der »kostenlosen« Eigenleistung von Familienmitgliedern und Freunden. Im Westen von Texas haben Anhänger des visionären ägyptischen Architekten Hassan Fathy die Adobe Alliance gegründet, um für die vielen einkommensschwachen oder arbeitslosen Menschen in dieser Gegend Häuser zu bauen. Diese ansprechenden Bauten kosten fast kein Geld und sind mit ihrem genialen Design echte Wunderwerke. Das Kronjuwel dieser Bewegung ist das Haus des Architekten und Gründers der Adobe Alliance mit seiner spektakulären Kuppel.[33] Manche Bauherren experimentieren mit Ziegeln aus verdichteter Erde, mit gegossener Erde, mit »papercrete« (Kunstwort aus »paper« und »concrete«, also wie »Paton« aus »Papier« und »Beton«), einem Material aus recyceltem Papier und etwas Beton, sowie diversen anderen Materialien. Eine Gruppe in Neuengland hat eine Tradition aus der Kolonialzeit wiederbelebt, nämlich das gemeinschaftliche Aufstellen von Scheunen, aber heute kommen sie zusammen, um Jurten zu bauen. Auch anderswo in den Vereinigten Staaten werden Jurten gebaut, ebenso wie in den kanadischen Seenprovinzen und in Großbritannien. Im US-Bundesstaat Montana haben Tom und Renee Elpel, ein sparsames und unkonventionelles Paar, ein Solarhaus in Gleitschalbauweise errichtet (einer einfachen Steinbauweise), welches aussieht, als wäre es einer Designzeitschrift entsprungen – mit einem Budget von etwa 100 Dollar pro Quadratmeter Wohnfläche und, was vielleicht noch erstaunlicher ist, bei einem Einkommen von 12.000 Dollar pro Jahr.[34] Inzwischen verdienen sie ihren Lebensunterhalt mit diesen Erfahrungen und geben ihr Fachwissen weiter, indem sie Bücher schreiben, Workshops veranstalten und im Internet Inhalte posten und andere beraten. Die Strategie, kürzere Arbeitszeiten im Job mit Selbstversorgung zu kombinieren, ist am umfassendsten von dem visionären Philosophen Frithjof Bergmann ausgearbeitet worden, in einem wirtschaftlichen Arrangement, für das er den Begriff »New Work« (»Neue Arbeit«) geprägt hat.[35] Bergmann entwickelte das ursprüngliche Konzept für New Work vor gut 30 Jahren, als er an der University of Michigan lehrte. Die USA befanden sich damals in einem einschneidenden wirtschaftlichen Abschwung, der 1980 begonnen hatte. Branchen wie Stahlindustrie und Automobilhersteller gerieten in arge Bedrängnis, und Bergmann lebte mitten in der Region, in der die großen Autofabriken angesiedelt waren. Er entwickelte eine Strategie, um mit den um sich greifenden Entlassungen und den wirtschaftlichen Nöten, unter denen die Menschen dort zu leiden hatten, fertigzuwerden – vor allem in Flint, Michigan, der Stadt, in der er sich niederließ und seine Firma gründete.

Bergmanns System hatte drei Komponenten. (1) Die Arbeitszeiten in den Fabriken radikal verkürzen, auf etwa 20 Wochenstunden, um Arbeitsplätze zu erhalten. (2) Unterbeschäftigten und arbeitslosen Lohnempfängern helfen, ihre Berufung zu finden, also die Art von Arbeit, die sie am liebsten machen würden, und sie darin unterstützen, damit anzufangen – ganz unabhängig davon, ob es Geld einbringt. (3) Eine Reihe von hoch entwickelten »Smart Technology«-Methoden zu fördern, mit denen sich die Grundbedürfnisse des Lebens ohne schwere Arbeit erfüllen lassen. Dafür verwendete er den Begriff »Hightech-Selbstversorgung«.

Bergmann hatte seine akademische Laufbahn in den 1960er-Jahren an der philosophischen Fakultät der Princeton University begonnen. Er interessierte sich für die Freiheit des Menschen und war fasziniert von Henry David Thoreaus bekanntem Experiment in einer Waldhütte am Walden Pond. Bergmann kündigte seine Stellung an der Universität und machte sich auf den Weg nach New Hampshire, um das nachzuleben, was Thoreau vorgemacht hatte. Es war eine mutige Entscheidung für einen jungen Gelehrten mit einer vielversprechenden akademischen Karriere.

Es gab vieles, was Bergmann sehr gefiel an seiner Zeit in den Wäldern, aber er kam zu der Überzeugung, dass ein Teil von Thoreaus Vision hoffnungslos romantisch war: seine Lowtech-Herangehensweise an Arbeit. In zwei extrem harten Wintern und nur mit einer Handsäge ausgestattet, empfand Bergmann die endlose Runde von Holzhacken, Wasserkochen und anderen täglichen Plackereien als sehr anstrengend, sogar geisttötend. Er beendete sein Experiment mit einer Erkenntnis, die seine späteren Überlegungen leiten sollte: Selbstversorgung ist großartig, aber nur mit der Hilfe hoch entwickelter Technologie ist sie auch befreiend. Dies war eine entscheidende Abweichung von einer Strömung von Selbstgenügsamkeits- und Nachhaltigkeitsbewegungen, die sich für eine Rückkehr zu traditionellen Lowtech-Methoden eingesetzt hatte. Im Laufe der Jahrzehnte hat Bergmann an etlichen innovativen Produkten mitgearbeitet, die den Menschen die Prinzipien der Selbstversorgung nahebringen, aber auf eine Art und Weise, dass sie nur minimalen oder sehr geringen Einsatz menschlicher Arbeit erfordern.

Bergmann konzentrierte seine Arbeit auf Technologien, die helfen, Grundbedürfnisse zu erfüllen – Nahrung, Fortbewegung, Energie, Kleidung, Mobiliar und Haushaltswaren –, damit die Menschen sich von der Entfremdung durch Fabrikarbeit und andere bürokratisierte Arbeit befreien können. Er arbeitete mit Designern und Herstellern zusammen, um fortschrittliche, erschwingliche und umweltfreundliche Alternativen zu den teuren und in Massen produzierten Gebrauchsgegenständen des Mainstream-Lebensstils zu entwickeln und bekannt zu machen. Nach Möglichkeit entschied er sich für Optionen, die auch Einkommen erbrachten. In den 1990er-Jahren engagierte er sich, um für »living wall gardens« zu werben – eine Art des »vertikalen Gärtnerns« mit übereinander angelegten Beeten, auf denen man ohne Pestizide, Unkrautjäten und viel Arbeit Gemüse anbauen kann. Bergmann arbeitete mit kommunalen Organisationen in den heruntergekommensten Wohnvierteln von Detroit und Manhattan zusammen, um arbeitslosen Jugendlichen und einkommensschwachen Müttern diese »Miracle Grow«-Boxen zu bringen, die sie dann verwenden, um Tomaten und andere Gemüsesorten zu ziehen, nicht nur für den Eigenbedarf, sondern auch um sie auf Wochenmärkten zu verkaufen.

»Living wall gardens« sind ein Beispiel für die innovativen Technologien, die heute unter der Rubrik »urbane Landwirtschaft« oder »urbanes Gärtnern« entwickelt werden. Sie nutzen den Umstand, dass Pflanzen eigentlich aus Wasser, dem CO_2 in der Luft, Sonnenlicht und Mineralien wachsen statt aus Erde und dass es daher mithilfe einer cleveren Konstruktion möglich ist, florierende grüne Gärten in übereinander angeordneten Beeten anzulegen. Sie sind ein Modell der ökologischen Prinzipien, die auch bei der Konstruktion von umweltfreundlichen Gebäuden angewendet werden. Wenn solche Gärten im großen Maßstab an Gebäudewänden installiert werden, senken sie den Energieverbrauch, weil sie im Sommer die eingestrahlte Wärme absorbieren und im Winter eine isolierende Wirkung haben. Darüber hinaus filtern sie die Luft, da die Pflanzen Giftstoffe aufnehmen und abbauen. Sie können wunderschön sein und natürliche Systeme in dicht besiedelte, städtische Wohngegenden bringen. Der französische Landschaftsarchitekt Patrick Blanc, der Erfinder des »Vertical garden«, hat an verschiedenen Stellen in Paris – und inzwischen auch in immer anderen Städten der Welt – ganz bemerkenswerte Pflanzenlandschaften installiert. Im Vergleich zur konventionellen Landwirtschaft sind sie sehr effizient in ihrer Konstruktion und erfordern weniger Arbeitszeit, um sie zu bestellen, was dem Plenitude-Prinzip entspricht, hochwertiger Arbeit nachzugehen.

Urbane Landwirtschaft ist ein Teil einer größeren Bewegung, der Permakultur, die sich zum Ziel gesetzt hat, durch Nachahmen der gesunden Effizienz, die der Natur innewohnt, die Landwirtschaft zu revolutionieren. Die Gründer der Permakultur erkannten, dass die moderne Landwirtschaft enorme Mengen an Energie verschwendet, weil in Monokulturen keine Synergien zwischen verschiedenen Arten stattfinden können. Sie entwickelten Ökosysteme von hohem Wert, die statt fossiler Treibstoffe oder beschwerlicher menschlicher Arbeit – den beiden wichtigsten Inputs für die heutigen Agrarsysteme – die natürliche Arbeit von Pflanzen und Tieren nutzen. Hühner heizen mit ihrer Körperwärme Treibhäuser und picken Felder sauber. Tiere fressen Schädlinge. Unter dem schützenden Dach von Wäldern gedeihen Knollen und Obstbäume. Dachgärten, die bis zu 160 essbare oder heilende Pflanzenarten beherbergen, sind wahre Wunderwerke des Bio-Engineering. Sie wärmen, kühlen und filtern die Luft, liefern Nahrung, können eine Einkommensquelle sein und helfen, Krankheiten zu heilen. Die Arbeit, die notwendig ist, um ein solches Wunderwerk zu bauen und zu bestellen, ist eine hoch qualifizierte, hochproduktive Diversifizierung aus dem traditionellen Markt heraus.

Bei einem weiteren Beispiel von Hightech-Selbstversorgung geht es um ein völlig neuartiges Fahrzeug. Vor über zehn Jahren begann Bergmann, mit Fahrzeugingenieuren in Michigan zu arbeiten, von denen einige das Elektroauto EV1 konstruiert hatten, über das die Dokumentation *Warum das Elektroauto sterben musste* (Originaltitel: *Who Killed the Electric Car?*) gedreht wurde. Bergmann konzentrierte sich aufs Auto, weil die Haushalte so viel Geld für die Fortbewegung ausgeben und weil das Auto das archetypische Industrieprodukt ist. Ein innovatives Auto würde die Glaubwürdigkeit der Selbstversorgungsökonomie erhöhen. Das Ziel war, ein Fahrzeug zu entwickeln, das billig ist, sparsam im Verbrauch, vielseitig einsetzbar und dessen Endmontage – und dies war der Hauptunterschied zur gängigen Praxis – vom Kunden geleistet wird. Obwohl die Konstruktion des Fahrzeugs inzwischen abgeschlossen ist, hat Bergmann es noch nicht geschafft, das Fahrzeugprojekt in einem größeren Rahmen zu realisieren – was kein Wunder ist in Anbetracht des Umstandes, dass es enorme Mengen an Kapital erfordert, ein Automobil-Startup auf die Beine zu stellen. Aber nach der ersten Welle von Fahrzeugen mit Hybrid-, Elektro- oder Wasserstoffantrieb und sparsamen Kleinwagen und da der Hypercar und andere supereffiziente Optionen mittlerweile serienreif sind, wird es sehr wahrscheinlich in naher Zukunft kostengünstige und sehr sparsame Fahrzeuge geben.[36]

Die allgemeinste Anwendung von Hightech-Do-it-yourself ist der »digital fabricator« (»digitale Fertiger« oder 3-D-Drucker). »Fabricators« – oder kurz »Fabbers« – sind raffinierte Maschinen, die digitale Befehle ausführen, um Rohmaterialien zu manipulieren und zu formen und auf diesem Wege richtige Gegenstände herzustellen. Eine Variante sind Rapid-Prototyping-Maschinen, die eine Art dreidimensionales Kopierverfahren beherrschen. Eine solche Maschine wird programmiert, ein bestimmtes Objekt herzustellen, dann werden die benötigten Materialien zugeführt, und der Fertigungsprozess beginnt. Die Schritte, die die Maschine nicht ausführen kann, werden von Menschen erledigt. Als Rohmaterial für einen Fabber werden häufig Kunststoffabfälle verwendet, aber solche Maschinen können auch Metalle, Holz und andere Materialien verarbeiten.

Ursprünglich wurde diese Fertigungstechnologie fast ausschließlich in der Industrie eingesetzt, um Prototypen für Kleinserien herzustellen, aber das ändert sich gerade. Unter der Leitung des Physikers Neil Gershenfeld richtete das MIT vor etwa 15 Jahren ein »fabrication laboratory« – oder »fab lab« – ein.[37] Das Herz des Labors bilden mehrere intelligente Maschinen, die im Verbund eine große Vielfalt von Objekten und Maschinen herstellen können. Außer den Rapid-Prototyping-Maschinen gibt es in einem Fab Lab diverse Arten von Schneidemaschinen, zum Beispiel Laserschneider oder Hochdruck-Wasserstrahlschneider, sowie Materialmühlen und Plattenfräsapparate, mit denen Leiterplatten hergestellt werden. Manche dieser Maschinen sind schon ziemlich weitgehend miniaturisiert, zum Beispiel Desktop-Materialmühlen, andere haben hingegen die Größe eines Fotokopierers oder sind sogar noch größer.

Fab-Lab-Maschinen sind eingesetzt worden, um sehr verschiedene Dinge herzustellen. Ihre Befürworter sagen sogar, sie könnten so gut wie alles herstellen – beispielsweise einfache Dinge wie Wecker und Toaster oder Möbel und Kleidungsstücke. Ein MIT-Student hat einen Fahrradrahmen aus Polycarbonat-Kunststoff hergestellt und anschließend anderen beigebracht, wie man das macht. Fab Labs können Computer herstellen, WLAN-Geräte, Smartphones und andere elektronische Geräte. Sie sind auch schon für sehr ehrgeizige Projekte eingesetzt worden, zum Beispiel für Windturbinen, Solaranlagen und sogar extrem preiswerte Fertigbauhäuser aus billigen Materialien, die nach präzisen Spezifikationen produziert werden. Vor Kurzem hat die MIT-Gruppe sich dafür engagiert, Fab Labs in aller Welt einzurichten und den Menschen vor Ort zu zeigen, wie die Geräte bedient werden, zum Beispiel an Standorten in Großstädten wie Boston und Barcelona, aber auch an sehr abgelegenen Orten rund um den Globus, zum Beispiel in Ghana, Indien und Norwegen. Sie haben auch ein Fab Lab in der afghanischen Stadt Dschalalabad eingerichtet, wo unter anderem individuell angepasste Prothesen hergestellt werden.

Das Fab Lab ist das maßgebliche Beispiel für Hightech-Selbstversorgung. Über kurz oder lang wird man Fabber für den Hausgebrauch zu erschwinglichen Preisen bekommen können, und vielleicht werden sie so allgegenwärtig wie Kochherde oder Kühlschränke, aber heute werden sie überwiegend noch von NGOs auf kommunaler Ebene eingerichtet. Gruppen in aller Welt nutzen diese Technologie, um energiesparende Geräte herzustellen, zum Beispiel automatische Lichtsensoren, Fahrräder, die Haushaltsgeräte mit Energie versorgen, sowie Verbesserungen für umweltfreundliche Transportmittel. Schon vor Jahren hat Frithjof Bergmann die vielfältigen Einsatzmöglichkeiten solcher Maschinen erkannt. Wenn eine Gemeinde ein Fab Lab erwirbt (das Einrichten mit allen Maschinen und Materialien hat damals nur etwa 20.000 Dollar gekostet)[38] und es den Bürgern zugänglich macht, können sie ihre eigenen Möbel herstellen, Schuhe, Kleidung, Haushaltsgeräte und diverse weitere Gebrauchsgegenstände. Wenn die Arbeitsleistung »kostenlos« ist, reduzieren sich die Herstellungskosten auf den Materialeinsatz, der oft sehr gering sein kann.

Die neue Ökonomie der Eigenproduktion

Der Einsatz moderner Technologie für die Produktion im eigenen Haushalt scheint nicht zusammenzupassen – immerhin ist die Hochtechnologie von einer komplexen, modernen und industrialisierten Wirtschaft hervorgebracht worden. Eigenproduktion ist eine Form des Wirtschaftens, die Anfang des 20. Jahrhunderts weitgehend aufgegeben wurde, da sie angesichts billiger kommerzieller Fertigung und zunehmender Massenproduktion veraltet zu sein schien. Aber die Geschichte verläuft nicht immer geradlinig, auch wenn die ökonomischen Thesen der Modernisierungstheorie dies behaupten. Wir entwickeln uns nicht in eine einzige Richtung, hin auf eine effizientere, spezialisiertere und stärker marktorientierte Welt. Neue technologische Entwicklungen, zunehmendes Bildungsniveau und die ökologischen Realitäten sind nur einige der Faktoren, die einen Richtungswechsel möglich und wünschenswert machen. Es ist Zeit, über kleinere Betriebsgrößen nachzudenken, über breiter gefächerte Fertigkeiten und das Verbreiten von Erfindungen und Kreativität.

Es ist richtig, dass das Prinzip des Diversifizierens typisch ist für eine frühere, vorindustrielle Epoche. Viele historische Studien haben gezeigt, dass in früheren Zeiten viele Menschen einer breiten Vielfalt von produktiven Aktivitäten nachgegangen sind, selbst wenn sie in einer sehr kommerziellen, marktorientierten Wirtschaft lebten. Weltweit haben Bauernfamilien Nahrungsmittel sowohl für den Eigenbedarf als auch für den Verkauf produziert. Sie haben Nutztiere gehalten und viele der Gebrauchsgegenstände, die sie im Alltag benutzten, selbst hergestellt. Oftmals haben die weiblichen Familienmitglieder Faden gesponnen und ihn an Händler verkauft. Es wurden Stoffe gewebt, oder man arbeitete in Heimarbeit für Kaufleute, die Material vorstreckten und dann die fertiggestellten oder zusammengebauten Produkte wieder zurückkauften. Auch in den Städten sind die Menschen einen ähnlichen Weg gegangen und verwendeten alles, was sie produktiv einsetzen konnten, um sich zusätzliche Einkommensquellen zu erschließen. Frauen beherbergten Pensionsgäste, betätigten sich als Geldverleiherinnen in informellen Währungssystemen und verkauften Lebensmittel aus dem Stubenladen heraus. Und das sind keineswegs nur historische Kuriositäten; viele dieser Gebräuche werden auch heute noch gepflegt, wenn auch selten.

Obwohl solche Arrangements hoffnungslos prämodern erscheinen mögen, so reflektieren sie doch kluge ökonomische Berechnung im Kontext der jeweiligen Lebensumstände. Die klimatischen Bedingungen waren unsicher, die Märkte waren schwankungsanfällig, und die kollektiven Sicherungssysteme waren lückenhaft. Es ist kein Zufall, dass es genau diese Rahmenbedingungen sind, mit denen wir es auch in den vor uns liegenden Jahren immer mehr zu tun haben werden. Ein diversifizierter Einkommensstrom ist nützlich, wenn der Arbeitsmarkt Höhen und Tiefen durchläuft oder wenn er langfristig Probleme bereitet. Unter solchen Umständen ist es riskanter, seine gesamte Zeit in eine einzige Qualifikation oder berufliche Karriere zu investieren, als sich mehrere Einkommensquellen aufzubauen. Außerdem nutzen diversifizierte Haushalte vielfältige Aktivitäten, um auch in ruhigen Zeiten etwas Produktives zu tun zu haben. Auch heutige Haushalte können einige dieser Prinzipien befolgen, um sich die Volatilität von Märkten und saisonale Schwankungen der Nachfrage nach Arbeitsleistung und Qualifikationen zunutze zu machen und, was noch wichtiger ist, um sich möglichst optimal in einer entstehenden, aber noch nicht zuverlässig nachhaltigen Wirtschaft zu betätigen. Es wird sich vielleicht im Detail unterscheiden, was wir produzieren werden und wie, aber die ökonomischen Prinzipien, auf denen diese Strategie beruht, sind dennoch überzeugend.

Durch die Fortschritte in unserer postindustriellen Zeit, die die potenzielle Produktivität des Einzelnen, des Familienverbandes und sogar der kommunalen Gemeinschaft dramatisch erhöht haben, lohnt es sich wieder, zu solchen Arrangements zurückzukehren. Inzwischen steht eine viel größere Vielfalt an Technologien zur Auswahl, die zum Teil sehr produktiv sind. Computer und das Internet gehören ganz offensichtlich in diese Kategorie, aber sie sind beileibe nicht die Einzigen.

Innovationen wie Fabber führen zu radikalen Veränderungen der Kostenrechnung. Es ist nicht mehr nötig, Schuhe oder Kleidung oder sogar Toaster in zentralisierten Fabriken herzustellen, was vielleicht sogar finanziell unattraktiv werden wird – vor allem wenn auch die ökologischen Kosten in den Preisen berücksichtigt werden. Das Produzieren im kleinen Maßstab, auf der Ebene von Haushalten oder Kommunen, reduziert die Transportkosten. Überschüssige Produktion und Abfälle (ein chronisches Problem bei der Massenproduktion) werden vermieden, da nur nach Bedarf produziert wird. Dinge auf Maß anzufertigen wird wieder möglich und für mehr Menschen finanzierbar.

Eine Kleinproduktion nach Bedarf entspricht auch den sich entwickelnden Fertigkeiten der Bevölkerung. Im alten System der Massenproduktion blieb es den Managern und Konstrukteuren vorbehalten, anspruchsvolle Tätigkeiten auszuführen, während die Arbeiter und Angestellten auf einfache(re) Tätigkeiten reduziert waren. Dagegen macht es eine technologisch anspruchsvollere Wirtschaft notwendig, dass alle Beschäftigten höher und breiter qualifiziert sind. Je besser solche Kompetenzen in der Bevölkerung entwickelt sind, desto kleiner wird der Maßstab, in dem effizientes Produzieren möglich ist.

Ich werde im letzten Kapitel auf diese Themen zurückkommen und sie in einen größeren Zusammenhang stellen. Hier kommt es mir darauf an, dass es diverse Faktoren gibt, die den optimalen Maßstab des Produzierens haben schrumpfen lassen. Einige davon sind bekannt, zum Beispiel die Wirkung von Open-Source-Systemen. Die Ökonomie von Information führt zu Netzwerken und einer Kultur des Teilens, was wiederum den optimalen Produktionsmaßstab verkleinert. Menschen, die sich in der Welt der Hightech-Systeme auskennen, können sich das Selbstversorgungsmodell lediglich als ein weiteres optimiertes Netzwerk vorstellen.[39] Dies ist ein Trend, der nicht nur für die gesamte Wirtschaft wichtig ist, sondern auch für einzelne Unternehmen. Aber er ist auch für den Einzelnen und die Haushalte relevant, die wir uns immer mehr als Kleinbetriebe vorstellen sollten.

Der Übergang zur Selbstversorgung ist auch aus einem weiteren Grund sinnvoll: Es ist eine Strategie, um in der Bevölkerung neue Fertigkeiten aufzubauen. Zwar erfordern einige der Aktivitäten, über die ich weiter oben gesprochen habe, keine besondere Ausbildung, aber in dem Maße, wie der Übergang an Fahrt aufnimmt, werden die Komplexität und der Einfallsreichtum der nachhaltigen Wirtschaft zunehmen. Aus ökonomischer Sicht ist einer ihrer Vorteile, dass einige ihrer Aspekte fundiertes Wissen erfordern. Wenn man herausfinden will, wie sich die Produktivität eines Dachgartens maximieren lässt, wie man aus recyceltem Material etwas Neues herstellen kann oder wie ein energieeffizientes Haus konstruiert wird, braucht man viel neues Wissen, das man sich zum großen Teil aneignen kann, indem man die Natur beobachtet. Schon jetzt lernen viele Menschen ohne formalen Unterricht, und die sogenannten »bioneers« besinnen sich auf das Modell der Lehre durch Anschauung, die in der modernen Zeit in Vergessenheit geraten ist. Die Philosophie der Selbstversorgung ist ein Weg, um Fertigkeiten und Gebräuche zu verbreiten, die wir benötigen werden. Sie ist besonders wichtig, weil sie die Menschen motiviert, sich wieder darauf zu besinnen, wie sie sich selbst ernähren, kleiden und versorgen können. Dies sind Künste und Fertigkeiten, die beinahe in Vergessenheit geraten sind und auf die wir uns wieder besinnen müssen, um die auf uns zukommenden ökonomischen und ökologischen Stürme bestehen zu können. Das bedeutet nicht unbedingt eine Rückkehr zu den alten Gebräuchen, mit denen wir früher solche Bedürfnisse erfüllt haben, aber es heißt sehr wohl, dass wir uns solches Können aneignen müssen, damit wir im 21. Jahrhundert gedeihen können.

Selbstversorgung ist auch ein Ansporn für unternehmerische Aktivitäten. Die meisten Menschen, die nach dieser Philosophie leben, versorgen sich nicht mit allem selbst, sondern suchen sich produktive Aktivitäten, die ihnen liegen, die sie gut beherrschen oder die in ihren Lebensumständen am einfachsten umzusetzen sind. Sie tauschen oder verkaufen das, was sie am besten selbst erzeugen können. Diese Entwicklung ist schon in einigen Bereichen zu beobachten, die eine Vorreiterrolle spielen, zum Beispiel im Hausbau und der Permakultur. Mit einer solchen Spezialisierung wird Selbstversorgung zu einem Weg, das Entstehen von Kleinbetrieben zu fördern, die florieren werden, wenn die nachhaltige Wirtschaft erst einmal Fahrt aufgenommen hat.

Ein letzter Aspekt der Selbstversorgungsökonomie ist, dass sie ihre Anhänger in demjenigen Segment des Marktes platziert, das sich im Aufschwung befindet. Seit Jahrzehnten waren Biolebensmittel und Ökotextilien, nachhaltig geerntetes Holz und giftfreie Alternativen deutlich teurer als die gängigen Industrieprodukte. Aber der grüne Sektor hat seine frühen und kostenträchtigen Ursprünge hinter sich gelassen, und der Preisabstand zu Massenprodukten ist wesentlich geringer geworden. Wenn wir es schaffen, die ökologischen Kosten zu internalisieren, wird der Preisunterschied sich umkehren – und die Menschen, die auf dieses Pferd setzen, werden gut beraten sein.

Das Pendel schwingt zurück, und Plenitude ist eine Synthese aus Prä- und Postmoderne. Aus der Ersteren übernimmt sie die Vision des geschickten Handwerkers, der sowohl für den eigenen Bedarf als auch für den Markt produziert. Es ist ein dezentralisiertes, integriertes Produktionsmodell mit einer im Vergleich zur Massenproduktion weniger spezialisierten Arbeitsteilung. Die Gesamtarbeitszeit ist gering (wie es auch in der präkapitalistischen Ära der Fall war), der Einzelne behält mehr Kontrolle über seine Zeit und seine Arbeit, und die Arbeit bietet reichlich Raum für Kreativität. Aus der postmodernen Epoche kommen die hoch entwickelte Technologie und das smarte, ökologisch sparsame Design hinzu. Es ist eine perfekte Synthese: Die Technologie macht die beschwerliche Plackerei der prä-industriellen Ära überflüssig, und die handwerkliche Arbeit verhindert die Entfremdung der modernen Fabrik- und Büroarbeit.

Wird man ein solches Leben genießen können? Es gibt nicht wenige, die diese Frage mit Ja beantworten.[40] Natürlich wird eine solche Lebensweise Herausforderungen mit sich bringen, aber viele Menschen sind froh, den Wechsel vom sinnentleerten Job des Büroangestellten zum Gärtner vollzogen zu haben. Selbstversorger schätzen ihre neu gewonnenen Fertigkeiten und die Möglichkeit, kreativ zu sein, und sie gewinnen Zufriedenheit und Sicherheit daraus, sich ein selbstbestimmteres Leben aufzubauen. Sie finden Erfüllung durch die Verbindung zur Natur und fühlen sich durch die Möglichkeit belohnt, ihr Leben zu gestalten, ohne ihre Umwelt und unseren Planeten zu gefährden.

Der Plenitude-Verbraucher

Sie haben sich also entschlossen, die Plenitude-Philosophie umzusetzen, Sie arbeiten in einem neuen Teilzeitjob, der Ihnen viel Freude macht, Sie bauen Gemüse an und versuchen, nebenbei einen kleinen Betrieb in Gang zu bringen. Aber für ein erfülltes Leben braucht es mehr, als produktiv zu sein. Wie ist es etwa um den Konsum bestellt?

Es ist offensichtlich, dass der Einzelhandel im Begriff ist, sich fundamental zu verändern. Das »Fast Fashion«-Modell der vergangenen 25 Jahre hat nicht nur den Konsumenten erschöpft, sondern auch den Planeten und die Kräfte, auf die sich dieses Modell stützt. Im neuen Paradigma müssen die Belastungen für die Umwelt erheblich reduziert werden. Das gilt auch für das frei verfügbare Einkommen.

Aber das heißt noch lange nicht, dass Sie nicht mehr nach Herzenslust shoppen könnten. Immerhin werden Sie mehr Zeit haben. Sie können ruhig auch weiterhin Ihrer Schwäche für schicke Klamotten oder das neueste elektronische Spielzeug frönen, falls Sie das glücklich macht. Dekorieren Sie Ihr Zuhause, oder renovieren Sie es komplett. Plenitude regt an, dass Sie dem Konsumenten in Ihnen noch mehr Aufmerksamkeit schenken sollten und nicht etwa weniger.

Jetzt wundern Sie sich? Von allen Seiten wird heutzutage altmodische Sparsamkeit gepredigt. Kritiker der Konsumkultur haben ihre Oberflächlichkeit gegeißelt und betrachten sie als schalen Ersatz für das, was uns in anderen Lebensbereichen fehlt. Shoppen und Konsumieren haben den Ruch der Würdelosigkeit. Aber leidenschaftliches Konsumieren aufzugeben, weil das Prickeln der Shoppingmall sich verflüchtigt hat, ist ungefähr so vernünftig, wie das Essen einzustellen, weil die Fast-Food-Kultur so entsetzlich ist.

Tatsächlich zeigt uns die Esskultur den richtigen Weg. Falls Sie Michael Pollan, Vandana Shiva, Frances und Anna Lappé und ähnliche Autoren lesen oder die Slow-Food-Kultur eines Carlo Petrini kennen, dann wissen Sie, dass sie nicht nur die industrielle Landwirtschaft kritisieren, sondern auch die Exponenten einer alternativen Kultur sind, die uns zeigt, wie Nahrungsmittel angebaut, verteilt, zubereitet und gegessen werden sollten. Diese Esskultur respektiert den Planeten Erde, tut dem Körper gut, bringt Menschen zusammen, fördert Kreativität, schmeckt himmlisch und stillt Verlangen. Das alles ist längst möglich, und wir können es auf andere Bereiche übertragen, auf unsere Häuser, Fahrzeuge, Kleidung, elektronischen Geräte, Möbel und andere Konsumartikel.

Fangen wir mit »stuff« an, dem vielen überflüssigen Krempel, den wir kaufen. Es lässt sich nicht leugnen, dass jede Anschaffung nicht nur ihren Preis in Dollar oder Euro hat, sondern auch die Umwelt belastet.[41] Einige Dinge belasten die Umwelt mehr als andere, aber jedes Produkt, das wir kaufen, verursacht CO_2-Emissionen, verbraucht Rohstoffe und stört das Funktionieren von Ökosystemen. Der Anbau von Baumwolle erfordert den intensiven Einsatz von Pestiziden und laugt die Böden aus. Kunststoffe werden aus Rohöl hergestellt und sind nicht selten voller Giftstoffe. Die Unterhaltungselektronik verbraucht Schwermetalle und Seltene Erden. Ganz so, wie die Bewegung für alternative Ernährung Bioanbau, regionale Produktion und Nachhaltigkeit fordert, muss auch der Plenitude-Konsum die Erde respektieren. In den genannten Beispielen liegt die Bringschuld, den Übergang zur umweltfreundlichen Produktion zu bewerkstelligen, bei den Unternehmen. Solange dieser Übergang nicht vollständig vollzogen ist, kann der Konsument die Umweltbelastungen minimieren, indem er sich für Produkte und Unternehmen entscheidet, die auf diesem Weg schon etwas weiter sind als andere – in den meisten Produktkategorien gibt es immer breiter gefächerte Auswahlmöglichkeiten. Inzwischen gibt es umweltfreundliche Reinigungsmittel, natürliche und umweltschonende Rohstoffe für Kleidung und Haushaltsgeräte, energiesparende Elektronik und andere Elektrogeräte, Ökomöbel und Gebrauchsgegenstände, die aus Recyclingmaterial hergestellt werden.

Immer mehr Informationen darüber, wo man solche Produkte bekommen kann, sind im Internet zu finden, wenn sie nicht ohnehin lokal bereits zur Verfügung stehen. Anwenderfreundliche Informationen über Umweltbelastungen sind auch auf dem Weg – viele Produkte bekommen CO_2-Scores und andere Kennzeichnungen, die Angaben über die von ihnen verursachten Umweltbelastungen liefern. Websites bieten Verbrauchern die Möglichkeit, schon im Laden mit ihrem Smartphone Öko-Scores für die angebotenen Produkte abzufragen.[42] Es werden immer mehr derartige technische Daten verfügbar, obwohl sich bis jetzt noch kein einheitliches System durchgesetzt hat, um solche Informationen bereitzustellen.

Viele Verbraucher müssen feststellen, dass es ziemlich schwierig ist, Informationen über die von einzelnen Produkten verursachten Umweltbelastungen zu finden.[43] Es gibt eine einfache Faustregel, die das wesentlich erleichtert: »Konsumiere Produkte, die früher als Luxusartikel galten, maßvoll!« Ein Produkt wird normalerweise zum Luxusartikel, weil die entsprechenden Rohstoffe in der Natur selten vorkommen und/oder weil es teuer ist, ein solches Produkt auf den Markt zu bringen. Ein Teil des schädlichsten Konsums der vergangenen Jahre hat über die massenhafte Vermarktung von Artikeln stattgefunden, die früher teuer waren. Ein frühes Beispiel sind Garnelen, deren Preis durch Aufzucht in Shrimp-Farmen in Süd- und Südostasien gedrückt wurde. Durch diese Farmen wurden Mangrovenwälder und Küstenökosysteme zerstört und die Lebensgrundlagen der lokalen Bevölkerungen untergraben. Billige Kaschmirwolle gibt es, weil Herden in Zentralasien in nicht nachhaltiger Weise vergrößert wurden, was zu einer Überweidung und Desertifikation führt. Kostengünstiges Leder wurde möglich durch unkontrolliertes Gerben und Färben mit gefährlichen Chemikalien, die vor Ort das Grundwasser verunreinigen und bei den Arbeitern Krebs verursachen. Die steigende Nachfrage nach Gold und anderen Edelmetallen sowie Edelsteinen ist ein ökologischer Albtraum, weil dabei riesige Mengen an Erde und Gestein bewegt und Gewässer und Ökosysteme in der Umgebung vergiftet werden. Fleisch ist ein Nahrungsmittel, das früher teuer war und in geringen Mengen verzehrt wurde, aber heute über ein nicht nachhaltiges System produziert und massenhaft vermarktet wird.[44]

Es ist zwar wichtig, diese Umweltkatastrophen abzustellen, aber es genügt nicht. Wir können nicht einfach das, was wir heute tun, mit einem grünen Anstrich versehen und damit einfach weitermachen. Das Ausmaß des Konsums wird insgesamt zu hoch bleiben, bis die Umweltbelastung pro Produkt abnimmt. Das bedeutet, dass wir weniger kaufen und das, was wir kaufen, länger nutzen müssen. Die erste Veränderung bedeutet, dass wir beim Konsum neuer Artikel mehr Wert auf Qualität als auf Quantität legen sollten – es geht um die segensreiche Umstellung auf »slow spending«, »langsames Konsumieren«.

Die Kunst des »Slow spending«

Das »Fast Fashion«-Modell hat dazu geführt, dass viele Produkte in Design und Konstruktion immer billiger geworden sind, was bedeutet, dass sie nicht mehr so lange halten wie früher und schwieriger zu reparieren sind. Nachhaltiger Konsum macht es notwendig, die Haltbarkeit der Produkte zu verlängern.[45] Die stark gestiegene Nachfrage nach Schuhreparaturen und geschneiderter Kleidung ist ein Trend in diese Richtung, aber Kleidungsstücke und Schuhe müssen eine gewisse Mindestqualität haben, damit es sich überhaupt lohnt, sie zu reparieren. In vielen Fällen bringt nachhaltiger Konsum es mit sich, dass man zunächst einen höheren Preis zahlen muss – was aber keineswegs auch auf lange Sicht teurer sein muss. Manche Schuhhersteller bieten den Service an, ihre ursprünglich eher teuren Produkte zu einem Bruchteil des Anschaffungspreises »runderneuern« zu lassen, wodurch sich deren nützliche Lebensdauer verdoppelt oder verdreifacht und die effektiven Kosten entsprechend sinken.[46] Dieses Prinzip der Langlebigkeit gilt nicht nur für Schuhe und Kleidung, sondern auch für viele andere Produkte. In Europa und anderswo wurden bereits zahlreiche gesetzliche Regelungen umgesetzt, durch die jeder Hersteller von Unterhaltungselektronik, Bürogeräten und Fahrzeugen für seine Produkte verantwortlich ist. Die Unternehmen müssen zurücknehmen, was sie vorher verkauft haben – also werden durch solche Gesetze Anreize geschaffen, langlebige Produkte anzubieten. Altgeräte (oder Teile davon) werden in den Kreislauf zurückgeführt (was zum Beispiel viele Computerhersteller schon jetzt tun), und manche Unternehmen bieten heute langfristige Nutzungslizenzen und die entsprechenden Wartungsverträge an, statt Geräte zu verkaufen. Interface, ein Hersteller von Bodenbelägen in den USA, nimmt seine Teppichböden zurück, recycelt sie und macht so aus Alt wieder Neu.

Ein zweites Prinzip der Nachhaltigkeit ist Multifunktionalität. Wir können bequem mit weniger Produkten leben, wenn die Dinge, die wir kaufen, vielseitiger genutzt werden können. Im Bereich der Kleidung gibt es klassische Beispiele, zum Beispiel den indischen Sari, der sich den unvermeidlichen Expansionen und Kontraktionen des Körpers fließend anpassen kann, und auch elektronische Geräte werden immer multifunktionaler. Innovationen in Form vielseitig einsetzbarer Gebrauchsgegenstände erfordern zunächst mehr Entwicklungsarbeit – was die anfänglichen Kosten erhöht –, liefern aber auf lange Sicht mehr Nutzen pro Kilogramm eingesetztem Rohstoff und bezahltem Geldbetrag. Dagegen belasten Utensilien mit nur einem Verwendungszweck, seien es Küchengeräte oder spezialisierte Kleidungsstücke, die Umwelt aus Sicht der Lebensdauer weit stärker, weil sie viel seltener benutzt oder getragen werden.

Ein drittes Prinzip ist Maßanfertigung und individuelle Anpassung – was uns zu dem Einzelhandelsumfeld bringt, welches das Plenitude-Konsummodell unterstützt. Es ist am anderen Ende des Spektrums angesiedelt als die großen Cash-&-Carry-Märkte mit ihren immensen Verkaufsflächen, hohen Umsätzen, niedrigen Preisen und minimalen Serviceleistungen. Da der Konsument in weniger und teurere Dinge investiert, müssen diese Dinge perfekt passen und ihre Passform auch möglichst lange behalten. Um das alles zu erreichen, muss der Einzelhandel wieder individueller und persönlicher werden, einen Austausch zwischen Hersteller und Verbraucher ermöglichen und nach dem Verkauf Wartung und Reparatur für das Produkt anbieten. Kleinere, lokale Geschäfte funktionieren nach diesem Modell besser, und zwar unter anderem, weil sie höhere Preise verlangen können (obwohl das auch für große Unternehmen nicht unmöglich ist). Am einfachsten kann man sich das bei Textilien vorstellen, die buchstäblich *passen* müssen. Wenn Sie viel Geld ausgeben sollen für einen Mantel, ein Kleid oder eine Handtasche, muss der Artikel exakt Ihren Wünschen und Bedürfnissen gerecht werden. Also gehen Sie shoppen und ziehen verschiedene Hersteller und Stile in die engere Wahl. Wenn Sie ein Konzept gefunden haben, das Ihren Vorstellungen entspricht, entwerfen Sie zusammen mit dem Anbieter das eigentliche Design. Sobald das Stück angefertigt wurde, haben Sie die Möglichkeit, die Passform ändern zu lassen, und auch später können Sie für Änderungen und Anpassungen wiederkommen, die, abhängig vom Kaufpreis des Artikels, kostenlos sind oder zumindest nicht teuer. Es ist ein serviceorientiertes, interaktives (»high-involvement«) Einzelhandelsmodell (das für bestimmte Produkte auch online stattfinden kann). Der Konsument investiert nicht nur Geld, sondern auch Zeit und Emotionen in das jeweilige Produkt – was dabei hilft, das seltenere Vergnügen einer neuen Anschaffung zu kompensieren. Schmuck ist ein anderes Beispiel: Anstatt neue Stücke zu kaufen, wenn die Mode sich ändert, kann der Konsument (und viele tun das schon jetzt) zu einem örtlichen Kunsthandwerker gehen, der das Edelmetall einschmilzt, die Steine neu fasst und eine neue Halskette, einen Ring oder eine Brosche daraus fertigt. Entsprechend kann das interaktive Einzelhandelsmodell im Bereich Lebensmittel menschliche Kreativität freisetzen, lokale Bindungen schaffen, »himmlische« Geschmackserlebnisse bieten und dem Verbraucher seine Wünsche erfüllen. Dies ist auch der Punkt, in dem sich die Konsumseite von Plenitude mit Selbstversorgung trifft. Die Menschen, die begonnen haben, ihre Kleidung selbst herzustellen, weil ihr kreativer Drang sie dazu bewegt hat, werden zu den Designern und Produzenten, die im Ort Ateliers eröffnen.

Was ich bis jetzt beschrieben habe, ist der Wechsel zu einer Art von Einzelhandel, die nur mit höherpreisigen Produkten überleben kann. Es kostet Geld, umweltschädliche Abkürzungen in der Produktion aufzugeben und Service, Fertigung nach Maß, Haltbarkeit und Designleistungen vor dem Verkauf zu bieten. Das Gegenteil von hohem Umsatz bei niedriger Marge ist niedriger Umsatz bei hoher Marge. Das bedeutet höhere Preise für den Konsumenten. Aber Plenitude-Anhänger werden im Durchschnitt kürzer arbeiten und weniger Geld zur Verfügung haben.

Diese Lücke wird unter anderem dadurch geschlossen, dass seltener neue Produkte gekauft werden, aber häufiger Dinge auf anderen Wegen angeschafft werden. Wenn die Lebensdauer eines Produkts sich verdoppelt, halbiert sich sein effektiver Preis pro Jahr. Und wenn ein Mensch sich selbst versorgt, hat er einen kostengünstigen Weg gefunden, um Güter anzuschaffen. Aber es gibt noch eine Strategie, die *wirklich* kostengünstig ist: den Gebrauchtmarkt. Im Gegensatz zum Neuerwerb ist das Weiterverwenden gebrauchter Gegenstände ein ökologischer und wirtschaftlicher Segen. Der inkrementelle Fußabdruck entsteht hauptsächlich über die Transportkosten und – falls der Artikel über einen Secondhandladen verkauft wird – dessen Betriebskosten. Und natürlich liegen die Preise für gebrauchte Artikel typischerweise weit unter den entsprechenden Neupreisen. Das heißt, man kann sein Zuhause dekorieren und umdekorieren, Kleiderschränke bauen und wieder verkaufen, nach Herzenslust horten, shoppen und sammeln, aber dennoch innerhalb vernünftiger ökologischer und finanzieller Grenzen leben.

Uns bietet sich heute eine einmalige Gelegenheit. Keine Gesellschaft in der Geschichte der Menschheit war reich – oder unverantwortlich – genug, um so viel Überfluss zu produzieren. Der positive Aspekt des Materialitätsparadoxons ist, dass wir einen enormen Bestand an Produkten angehäuft haben, die ihren ursprünglichen Eigentümern nicht mehr viel wert sind. Das hat dazu geführt, dass Tausch- und Verkaufsbörsen schnell gewachsen sind. Das Internet hat die Kosten solcher Transaktionen drastisch reduziert und die geografische Reichweite solcher Onlinemärkte erweitert. Neben bekannten Plattformen wie eBay gibt es im World Wide Web spezialisierte Wiederverkäufer für alles Mögliche, von Harley-Davidson-Motorrädern bis hin zu Büchern oder CDs. Auch andere Formen des Tauschs von gebrauchten Gegenständen werden immer beliebter, etwa Tauschbörsen, »regifting« (Geschenke weiterverschenken) und Tauschringe für Kleidung, Saatgut, Pflanzen und Handwerksbedarf. Ungeachtet ihrer neu gewonnenen Beliebtheit gibt es jedoch kulturell bedingte Hemmnisse für die Expansion von Gebrauchtmärkten. Der Handel mit Gebrauchtgegenständen ist komplexes symbolisches Gelände.[47] Die meisten gebrauchten Dinge haben einen geringeren Wiederverkaufswert, andere einen höheren, und bei wieder anderen kann beides vorkommen. Gebrauchte Möbel fangen als »gebraucht« an, können aber dann eine Schwelle zur Antiquität überschreiten, womit dann ein Status-Preisaufschlag fällig wird. Die Höhe der ursprünglichen Investition kann eine Rolle spielen, muss es aber nicht, wie die gesalzenen heutigen Preise für seinerzeit durchaus kostengünstige importierte Möbel aus den 1950er- und 1960er-Jahren zeigen. Eine gebrauchte Immobilie wird kaum stigmatisiert, und gemütliche ältere Häuser mit zeittypischen Details kosten einen Aufpreis. Alter und Herkunft können Kunstwerke, Schmuck, Uhren und andere Objekte wertvoller machen, aber in Massen produzierte Artikel verlieren typischerweise an Wert. Mit Ausnahme von Antiquitätengeschäften hatten die meisten Gebrauchtwarenläden, zum Beispiel

»thrift shops« (deren Ertrag in vielen Fällen wohltätigen Zwecken zugutekommt) oder Verkaufsagenturen, einen niedrigen Status. Das beginnt sich zu ändern, und es werden immer mehr Secondhandartikel auch in Boutiquen für Kleidung und Retrodesign angeboten, die eine wohlhabendere Kundschaft haben als traditionelle »thrift shops« – obwohl seit einigen Jahren zu beobachten ist, dass auch deren Kunden immer besser gestellt sind.[48] Aber das ist eine symbolische Neubewertung, die noch weiter gehen muss, wenn das volle Potenzial von Gebrauchtmärkten ausgeschöpft werden soll. Es besteht nach wie vor ein zu großer Unterschied in den Vermarktungspraktiken (Design, Dekoration und Layout) zwischen Einzelhandelsgeschäften für Neuwaren und solchen für gebrauchte Artikel. Es ist ein vielversprechendes Zeichen, dass seit Kurzem immer mehr Designerboutiquen für gebrauchte Modeartikel in gehobenen Shoppingmalls auftauchen – und unter jungen Leuten und umweltbewegten Verbrauchern ganz offen für recycelten Chic geworben wird.

»Small can be beautiful«

Unser Drang, immer mehr zu wollen – immer größere Autos zu fahren, immer weiter zu reisen etc. –, hat seinen ökologischen Preis gefordert. Es steht außer Frage, dass viele Menschen die positiven Aspekte von mehr Platz und mehr Pferdestärken genossen haben. Aber durch steigende Energiepreise wird es immer teurer werden, übergroße Häuser in den äußeren Vorortsiedlungen zu heizen und von dort aus mit dem Auto zur Arbeit in die Innenstadt zu pendeln. Und die Menschen werden auf steigende Energiepreise reagieren und versuchen, ihre Kosten zu senken.

Diese schlichte Notwendigkeit wird den Wandel vorantreiben. Die Menschen wollen ein Haus besitzen, aber sie wollen auch, dass diese Immobilie eine kluge Investition ist. Es kann auch noch andere Vorteile bringen, kleiner zu bauen (ein Wohnforscher hat einmal gesagt, übergroße Häuser seien »gut für die gestörte Familie«[49].) Aber ein einfaches Schrumpfen solcher Häuser ist auch nicht die Lösung –

stattdessen brauchen wir eine sorgfältig geplante Umnutzung, einen weiteren Wechsel von Quantität zu Qualität.

Wenn man sich in einer Dimension (zum Beispiel der Wohnfläche) Grenzen gesetzt hat, kann man andere optimieren, indem man überall Mehrzweckflächen und viel Funktionalität einbaut. Als wir in meiner Familie beschlossen, unser über 70 Jahre altes Haus auf Vordermann zu bringen, entschieden wie uns gegen den Weg, der bei den meisten Renovierungen in unserer Gegend eingeschlagen wird: eine Wand des Hauses niederreißen, um dort eine große Küche und einen Wohnraum für die Familie anzubauen. Wir hatten eine kleine Küche aus den 1920er-Jahren, die wir zwar vergrößern wollten, aber innerhalb der alten Grundfläche des Hauses, um Energie zu sparen. Außerdem war uns aufgefallen, dass sich viele Aktivitäten nach einer Renovierung in den neuen Anbau des Hauses verlagern, wodurch dann ein großer Teil des ursprünglichen Raums ungenutzt bleibt. In solchen Fällen ist die tatsächlich genutzte Wohnfläche kleiner als die neue Grundfläche, und die Bewohner bekommen zu wenig für das investierte Geld. Wir ließen uns von einem Architekten beraten und entschieden uns für einen Umbau, der den Grundriss der Räume verändern, einen kreisförmigen Flow erzeugen und den zur Verfügung stehenden Platz integrieren sollte. Bei der Planung kleinerer Häuser kommt dieses Prinzip der effizienten Raumnutzung zum Tragen. »Small is beautiful« kann auch ganz wörtlich gelten: Geld, das man einspart, indem man kleiner baut, kann man für hochwertigere Materialien, Dekoration oder Möbel verwenden. Eine 2008 durchgeführte Umfrage ergab, dass 60 Prozent der befragten potenziellen Eigenheimbesitzer lieber ein kleineres, besser ausgestattetes Haus haben wollten als umgekehrt.[50] In unserem Fall haben wir erreicht, dass wir unser Haus heute effizienter und besser nutzen können, und dass unsere Betriebskosten durch Dämmung und andere energiesparende Renovierungsmaßnahmen deutlich zurückgegangen sind – fürs Heizen brauchen wir nur noch halb so viel Energie wie früher.

Solarhäuser der neuesten Generation, die heute in Nord- und Teilen Mitteleuropas gebaut werden, sind erstaunlich energieeffizient, aber nur bis zu einer bestimmten Größe.[51] Sie setzen passive Solartechnologie ein, die Sonnenenergie und die Wärme und Energie nutzt, die von Haushaltsgeräten und den Bewohnern erzeugt wird. Sie brauchen so gut wie keine zusätzliche Heizung oder Kühlung, um rund ums Jahr angenehme Temperaturen zu halten. Sie sind wahre Wunderwerke cleverer Ingenieurskunst, mit perfekten Dichtungen und raffinierten Wärmetauschern, die mit der Wärme aus Abluft die hereinkommende Frischluft mit einem Wirkungsgrad von 90 Prozent anwärmen. Sie sind nicht teuer zu bauen, sehr wohnlich und haben, obwohl man sie völlig abdichten kann, viele Fenster, die sich öffnen und schließen lassen. Aber bis jetzt funktionieren sie nur, wenn die Wohnfläche pro Bewohner nicht mehr als ungefähr 50 Quadratmeter beträgt – wenn sie größer ist, reicht die Körperwärme der Bewohner nicht mehr aus, um das ganze Haus warm zu halten.

Kleinere Wohnräume werden immer beliebter.[52] An der vordersten Front dieser Bewegung findet man Lebenskünstler, die etwas verwirklichen wollen, was sie »Hightech-Nomadenleben« nennen – in winzigen Häusern, mit denen sie sogar umherwandern können, in Anlehnung an das Wanderleben der Roma. Zwar ist das wandernde Haus ein Kuriosum, aber der sich abzeichnende Trend zu Ökodörfern und Cohousing-Gemeinschaften löst das Platzproblem besonders effizient, weil dabei Flächen, die nur zeitweise benötigt werden, von mehr Menschen genutzt werden. Größere Cohousing-Gemeinschaften haben Gästezimmer, große Gemeinschaftsräume, Sportanlagen, manchmal sogar Medienräume, Schwimmbecken und andere Einrichtungen.[53] Durch das Zusammenlegen ihrer Ressourcen können die Mitglieder solcher Gemeinschaften die Vorteile eines großen Hauses nutzen, aber zu einem Bruchteil der normalerweise anfallenden Kosten.

Die »Sharing«-Lösung

Als 1998 mein Buch *The Overspent American* erschien, rief ein Satz darin beinahe empörte Reaktionen hervor, nämlich mein Vorschlag, dass Nachbarn teure Gebrauchsgegenstände, die sie nur hin und wieder benutzen, etwa Aufsitzmäher, gemeinschaftlich nutzen könnten. Zehn Jahre später sind es nicht nur Rasenmäher, die gemeinsam angeschafft und genutzt werden, sondern auch Traktoren und sogar ganz normale Fahrzeuge. Die »Sharing«-Wirtschaft kommt in Gang. Das bekannteste Beispiel ist Carsharing, das in den Vereinigten Staaten durch die Firma Zipcar eingeführt wurde, die in Ballungsräumen ihren Mitgliedern zeitweise ein Fahrzeug zur Verfügung stellt. Ihr Gründer Robin Chase hat inzwischen die Mitfahrgemeinschaft GoLoco ins Leben gerufen. Die Mitglieder von Freecycle.org verpflichten sich auf gegenseitiges Geben und Nehmen.[54] Über die Plattform IShareStuff.com können Mitglieder Dinge anbieten, die sie teilen wollen, und zu anderen Kontakt aufnehmen, die ebenfalls etwas anbieten. Diese Beispiele sind Erweiterungen zweier wichtiger Bewegungen, die globales Teilen fördern: der Informationsgemeinschaft und der Bewegung für eine verantwortliche Nutzung von Land, Wasser und Atmosphäre. Die Ziele, die Gruppen wie Share the World's Resources, Creative Commons und iCommons sich auf die Fahnen geschrieben haben, gelten auch für gewöhnliche Gebrauchsgegenstände. In zahlreichen europäischen Städten gibt es inzwischen Fahrradverleihsysteme, die allmählich auch in den Vereinigten Staaten Fuß fassen.

Das gemeinschaftliche Nutzen von Werkzeugen kann auf eine lange Geschichte zurückblicken – vor allem in Regionen mit niedrigen Einkommen. Dabei gehören die Werkzeuge einer Person, Firma, Stadt oder gemeinnützigen Organisation, werden jedoch der Allgemeinheit zur Verfügung gestellt. Eine andere Variante ist gemeinschaftliches Eigentum, das sich in Cohousing- und anderen Gemeinschaften immer größerer Beliebtheit erfreut. Dabei tun sich mehrere Haushalte zusammen, um nicht nur kleine Werkzeuge, sondern auch andere Gebrauchsgegenstände gemeinschaftlich anzuschaffen, zum Beispiel auch Autos. Gemeinschaftseigentum an Fahrzeugen wird in einigen Teilen Europas praktiziert, etwa in Skandinavien, wo die rechtlichen und logistischen Probleme von Versicherung, Schadenserfassung und Terminierung gelöst wurden.

Solche Beispiele decken diverse Eigentums- und Finanzierungsmodelle ab (öffentlich, privat, persönlich, kollektiv), aber ihnen allen liegt eine fundamentale Erkenntnis zugrunde: Unter bestimmten Umständen ist ein »Sharing«-Arrangement deutlich effizienter als der exklusive private Besitz. Gemeinschaftliche Nutzung erfordert durchweg weniger Materialeinsatz, spart dem Einzelnen Geld und fördert die Gemeinschaft. Ihre Vorteile sind am größten, wenn der Einzelne die betreffenden Gegenstände nicht ständig braucht, deren Anschaffungskosten hoch sind, sie durch Gebrauch nicht übermäßig abgenutzt oder individualisiert werden und wenn die Betriebs- und Abnutzungskosten dem einzelnen Nutzer zugeordnet werden können (wie zum Beispiel beim Auto über den Kilometerzähler). Andererseits erhöht Gemeinschaftseigentum das, was Ökonomen als »Transaktionskosten« bezeichnen – also die Zeit und den Aufwand, um Regeln auszuarbeiten, die Terminierung zu organisieren und das Ganze zu beaufsichtigen (obwohl solche Kosten durch das Internet drastisch reduziert worden sind). Wenn Geld billig ist, zählt die Natur nicht viel, und Zeit ist teuer, wie in der »Business as usual«-Wirtschaft, deren Anreize privates Eigentum begünstigen. Der Übergang zu Plenitude, die an Material spart, aber viel Zeit bietet, erhöht den Wert einer »Sharing«-Kultur.

Rekapitalisieren des Sozialen: Wirtschaften auf Gegenseitigkeit

Den Vorreitern, die sich leidenschaftlich für die »Sharing«-Wirtschaft engagieren, geht es dabei um mehr als ökologische Zielsetzungen. Teilen ist ein Weg, um in einer Gesellschaft, in der Bindungslosigkeit, Einsamkeit und Individualismus immer mehr um sich greifen, soziale Bindungen neu aufzubauen. Ein »bioneer« versteht, dass es in einer ökonomisch und ökologisch risikoreichen Welt eine notwendige Anpassung ist, Gemeinschaften neu aufzubauen, also das Soziale zu rekapitalisieren.

Inzwischen gibt es einen großen Bestand an Studien über den Zustand von sozialen Bindungen in den Industrienationen. Der französische Soziologe Pierre Bourdieu war einer der Ersten, der in den

1970er-Jahren den Begriff *soziales Kapital* verwendete, und Robert Putnam dokumentierte im Buch *Bowling Alone* (»Alleine kegeln«) dessen Niedergang in den Vereinigten Staaten in der Zeit seit dem Zweiten Weltkrieg. Darin stellte er fest, dass die Amerikaner sich nicht nur immer seltener Klubs und sozialen Organisationen anschließen, sondern dass sie außerdem einander immer weniger vertrauen, immer seltener in geselliger Runde zusammenkommen und sich immer mehr aus dem politischen Leben zurückziehen. Zwar ist umstritten, ob wir wirklich »allein kegeln« gehen und stattdessen Buchklubs gegründet haben, aber eine Veränderung der sozialen Bindungen ist gut belegt. Nachbarschaften haben einen großen Teil ihrer Bedeutung als soziale Einheit verloren, was sich darin zeigt, dass die Menschen viel seltener mit ihren Nachbarn interagieren oder sie vielleicht überhaupt nicht kennen. Es wird auch immer weniger Zeit mit Freunden verbracht, laut Putnam, der festgestellt hat, dass zwanglose Geselligkeit zwischen den 1970er-Jahren und der Jahrtausendwende um ein Drittel zurückgegangen ist, wobei der Rückgang in den 1990er-Jahren besonders stark ausgeprägt war.[55] Online-Gemeinschaften wachsen dagegen und füllen einen Teil der Lücke, aber sie können nicht alle Funktionen von persönlichen Interaktionen übernehmen.

Es gibt diverse Erklärungen dafür, wie wir hierhin geraten sind. Historiker verorten die Entwicklung im 18. und 19. Jahrhundert, als der Aufstieg der kapitalistischen Produktion die handwerklichen Gilden, die Solidarität in dörflichen Gemeinschaften und die Sitten und Gebräuche einer moralischen Wirtschaft zugrunde richtete. Diese Brüche mit der Vergangenheit waren in Europa noch schärfer ausgeprägt als in den Vereinigten Staaten, wo die Gemeinschaften schon immer schwächer gewesen waren, durch die höhere Mobilität der Menschen und ihren stärkeren Wunsch nach Individualismus. Eine andere Denkschule macht dafür die Konsumgesellschaft, ein Phänomen des 20. Jahrhunderts, verantwortlich und argumentiert, unsere Vorliebe für Dinge sei zu einem Ersatz für den Umgang miteinander geworden. Die meisten Konsumforscher sehen das jedoch anders und meinen vielmehr, dass Produkte die vorhandenen sozialen Bindungen verstärken würden. Solche Gruppierungen, die von Soziologen als »brand communities« (»Markengemeinschaften«) bezeichnet werden, bringen die Menschen durch eine gemeinsame Vorliebe zusammen, zum Beispiel für eine Motorradmarke, einen bestimmten Geländewagen oder ein Medienprodukt wie die Science-Fiction-Fernsehserie *Star Trek* (die im deutschsprachigen Fernsehen unter dem Titel *Raumschiff Enterprise* ausgestrahlt wurde), die eine legendäre Fankultur hervorgebracht hat.[56] Etwas prosaischere Erklärungen betonen eher die geografische Mobilität oder eine wachsende Tendenz zu mehr Zurückgezogenheit.

Eine weitere Erklärung lautet, dass der wirtschaftliche Nutzen von Gemeinschaften erodiert sei.[57] In der Vergangenheit wurde das Gemeinschaftsgefühl durch ständige Beziehungen wirtschaftlicher und gegenseitiger Abhängigkeiten, in sogenannten Reziprozitätsökonomien, immer wieder erneuert. Arbeitsleistungen und Güter flossen zwischen den Menschen hin und her. Die Einzelheiten variierten je nach Epoche und Art der Gemeinschaft, aber in beinahe allen Fällen wurden dabei unablässig die Ressourcen ausgetauscht. In ferner Vergangenheit tauschten die Menschen Saatgut, Kinderbetreuung, Transportleistungen, Heilmittel und hoch qualifizierte Leistungen wie Geburtshilfe untereinander. Sie halfen sich gegenseitig, die Ernte einzubringen. Auch in jüngerer Vergangenheit haben solche Transfers noch in erheblichem Umfang stattgefunden; die nicht berufstätigen Mütter der 1950er- und 1960er-Jahre halfen sich gegenseitig mit Kinderbetreuung und Transportleistungen aus.

Aber das Wirtschaftswachstum untergrub den Bedarf an gegenseitigen Abhängigkeiten innerhalb von Gemeinschaften. Wenn immer mehr Menschen es sich leisten können, für Dienstleistungen zu bezahlen, dann bitten sie weniger häufig andere um Gefälligkeiten. Je mehr Zeit eine Person mit ihrer beruflichen Arbeit zubringt, desto weniger Arbeitsleistung verschenkt sie an Freunde, Nachbarn und Verwandte. Es ist der Wohlstand selbst, der Gemeinschaften untergraben kann, indem er unsere gegenseitigen Abhängigkeiten schwächt. Das zeigt sich zum Beispiel in der Asymmetrie solcher Transfers zwischen Menschen verschiedener Einkommensgruppen. Bei Mitgliedern wohlhabenderer Gruppen sind Transfers von Arbeitsleistungen seltener zu beobachten (obwohl sie durchaus innerhalb von Familiennetzwerken Geld transferieren).[58] Abhängigkeit kann auch ihre Nachteile haben – sie kann einschränkend oder sogar lästig sein, obwohl sie zugleich die Vorzüge sozialer Bindungen und wirtschaftlicher Aktiva in Form von noch nicht in Anspruch genommenen Verpflichtungen bietet.

Und so sind wir zu einer anderen Art von Verbindung übergegangen, die auf gemeinsamen Interessen beruht. Die Menschen neigen immer mehr dazu, wegen Produkten oder Aktivitäten zusammenzukommen, die sie gut finden, etwa zu einem Sportereignis oder um sich handwerklich zu betätigen, zu einer Weinprobe oder zum gemeinsamen Fernsehen. Solche gezielt eingegangenen Beziehungen werden von Konsumforschern analysiert. Aber sie bilden eine schwächere und weniger beständige Form von Gemeinschaft, die mehr Fluktuation zeigt als geografische oder familiäre Gruppierungen. Es ist fraglich, ob solche losen Verbindungen uns durch längere Phasen wirtschaftlicher und ökologischer Schwierigkeiten bringen können, und zwar unter anderem, weil die wirtschaftlichen Beziehungen, die die Menschen aneinander binden, weniger gut entwickelt sind.

Nachhaltigkeitsaktivisten sind sich des Niedergangs von sozialen Bindungen schmerzlich bewusst. Um sie wieder aufzubauen, setzen sie sich dafür ein, dass wirtschaftliche Kontakte wieder stärker auf persönlichen Beziehungen aufbauen sollten. Die »Local food«-Bewegung (die sich dafür einsetzt, bevorzugt Produkte aus der näheren Umgebung zu nutzen) ist die bekannteste dieser Initiativen. In Ballungszentren gibt es immer mehr Gruppen, die Wochenmärkte, CSAs (»community-supported agriculture«) und Gemeinschaftsgärten organisieren. Die Vorreiter dieser Bewegung denken langfristig und sind motiviert durch die Notwendigkeit, dass wir uns von fossilen Treibstoffen unabhängig machen müssen. Die weltweite Bewegung der Transition Towns hilft kleinen Ortschaften, autonomer zu werden. Das Netzwerk Post Carbon Cities verfolgt ähnliche Ziele und ist von Spokane im US-Bundesstaat Washington über Nevada City bis hin zur Alachua County in Florida aktiv.[59] Es gibt auch private Initiativen: Vor einigen Jahren haben Menschen in den ländlichen

Regionen in Nordkalifornien sich zusammengetan, um ein »Off the grid«-Netzwerk von Farmen und Geschäften ins Leben zu rufen. Einer dieser Aktivisten ist Paul West, ein Einzelgänger aus einer konservativen Südstaatenfamilie, der bereits eine erfolgreiche Karriere als PR-Manager in der Modeszene von Manhattan hinter sich hat und eine zweite in einer Umweltorganisation. West kam zu der Überzeugung, dass wir auf dem Weg zu einer völlig anderen Form von Wirtschaft sind, und schloss sich 2007 mit anderen in Nordkalifornien zusammen, um sich an einer Diskussion zu beteiligen, bei der sie, wie er es ausdrückt, bereits »das Undenkbare denken«. Der Diskurs dreht sich um die zentrale Frage: »Was würdest du tun, wenn dein Geld nichts mehr wert wäre?« Die Wirtschaft steuere auf einen Crash zu, die Energieimporte würden immer unsicherer, und die Menschen müssten sich zusammentun, um Konzepte zu entwickeln für sehr andere Arten, ihr Leben zu führen. »Wir können nicht mehr isoliert in einer Familie oder auf einer Farm von acht Hektar leben. Wir müssen zusammenkommen und Ressourcen teilen«, erklärt West. Im Gegensatz zu den »neo-survivalists« der alten Schule sind viele Anhänger dieser Bewegung optimistisch. »Ich werde nicht durch Angst motiviert«, sagt West. Wir können »nachhaltig Ressourcen teilen – das ist berauschend«.

Man muss nicht an apokalyptische Visionen von »peak oil« glauben, um zu erkennen, dass es sich auch wirtschaftlich lohnt, stärker in zwischenmenschliche Gemeinschaften zu investieren. Die Ära der Bindungslosigkeit hat dazu geführt, dass wir sozial unterkapitalisiert sind. Wir brauchen mehr Sozialkapitel, weil es ökonomische und politische Vorteile mit sich bringt, zum Beispiel bessere Regierung und besseres ökonomisches Funktionieren.[60] Ohne starke Gemeinschaften werden wir weniger gut dafür gerüstet sein, widrige Umstände zu überstehen. Eine Studie des Soziologen Eric Klinenberg über die Hitzewelle in Chicago 1995 ergab, dass jene Menschen, die damals der Hitze zum Opfer fielen, eine wichtige Gemeinsamkeit hatten: Sie waren sozial isoliert.[61] Eine andere Studie hat gezeigt: Je enger die sozialen Bindungen eines Menschen sind, desto besser sind seine Chancen, in einer Krise Hilfe zu bekommen.[62] Eine Studie mit Überlebenden des Hurrikans Katrina ergab, dass diejenigen von ihnen, die vor der Katastrophe mehr soziale Unterstützung hatten, nach dem Trauma besser wieder auf die Beine kamen.[63]

Ökonomien auf Gegenseitigkeit sind ein sekundäres – wenn auch nicht finanzielles – Bankensystem. Menschen bauen ihre Zukunft auf, indem sie bei anderen Schulden machen. Sie bauen Forderungen auf in Form von nicht ausgeglichenen Transfers von Arbeit, Geld und Gütern, die sie einfordern können, wenn es notwendig wird. Historisch gesehen, haben kleine Gemeinschaften geholfen, solche interpersonalen Transaktionen zu regulieren, darüber Buch zu führen und Trittbrettfahrer zu sanktionieren. Denn letzten Endes ist Geld ja nur Papier (oder eine elektronische Forderung), und wenn Geld knapp ist oder sich das Finanzsystem in einer Krise befindet, sind es reale Ressourcen wie Zeit und natürliche Rohstoffe, die unsere Bedürfnisse tatsächlich erfüllen. Plenitude schafft die Möglichkeiten, solche reduzierten sozialen Ökonomien zu rekapitalisieren, weil sie die Menschen in die Lage versetzt, ihr Leben zurückzuerobern, sodass sie wieder in zwischenmenschliche Beziehungen, gemeinschaftlichen Wohlstand und gemeinsame Sicherheit investieren können.

KAPITEL 5

Die Plenitude-Ökonomie

Eine Politik, die das »Business as usual«-Wachstum fördert, gefährdet inzwischen das Überleben des Planeten. Es wird immer offensichtlicher, dass wir den Übergang von der grauen (oder schmutzigen) Wirtschaft zu einer grünen Alternative umsetzen müssen.

Das bedeutet konkret, dass wir einen wohlüberlegten und expandierenden umweltschonenden Sektor aufbauen müssen – mit den richtigen Mechanismen und Anreizen, um Menschen und Ressourcen anzuziehen. Wir können nicht einfach annehmen, dass das, was in der Industriewirtschaft funktioniert hat, auch im grünen Sektor effizient sein wird. Wenn wir ihn jedoch richtig managen, wird der Plenitude-Wandel den Menschen, die ihn praktizieren, nicht nur einen befriedigenderen und erfüllteren Lebensstil bieten, sondern auch beachtlichen und weitverbreiteten neuen Wohlstand. Er ist auf Effizienz, Innovation und Gerechtigkeit ausgelegt.

Die Plenitude-Prinzipien aus dem vorigen Kapitel sind die Bausteine, die den Wandel vorantreiben und die Voraussetzungen für eine robuste Nachhaltigkeit schaffen. Im Hinblick auf die Produktion sind es die abnehmenden Arbeitszeiten in der »Business as usual«-Wirtschaft, eine immer größer werdende Zahl von Selbstversorgern und Kleinbetrieben sowie die Wiederbelebung von sozialem Kapital.

Die kürzeren Arbeitszeiten dienen diversen Zielen. Je weniger Zeit im grauen Sektor gearbeitet wird, desto mehr Arbeitsleistung wird in die grüne Wirtschaft einfließen. Kürzere Arbeitszeiten in beiden Sektoren werden auch die Produktivität pro Arbeitsstunde steigen lassen und Existenzgrundlagen schaffen, weil die Gesamtanzahl der Arbeitsplätze zunehmen wird. Immer wieder in der Geschichte des Kapitalismus fanden arbeitslos gewordene Menschen durch verkürzte Arbeitszeiten neue Arbeit.

Das zweite Prinzip ist der Anreiz zur Selbstversorgung und zur Gründung von Kleinbetrieben. Diese Unternehmensgröße – lokal, regional und global vernetzt – sieht immer mehr nach dem effizienten Modell der Zukunft aus. Plenitude gibt dem Einzelnen die Zeit, Fertigkeiten zu erwerben und unternehmerisches Denken zu entwickeln. Dies ist ein Weg, der wenig Kapital erfordert, wodurch er für viele Menschen gangbar wird. Er baut auch soziales Kapital auf, das eine Voraussetzung für erfolgreiche Netzwerke und lokale Ökonomien ist. Aufseiten des Konsums schafft die Verbrauchernachfrage nach umweltfreundlichen Produkten und Dienstleistungen einen Markt für solche Kleinbetriebe.

Investitionen in soziales Kapital und starke wirtschaftliche Bindungen unter den Menschen bilden das dritte Prinzip und machen es möglich, die gemeinsam genutzte Umwelt durch kollektive Anstrengungen und gemeinschaftliches Eigentum erfolgreich zu managen. Durch das Regenerieren und Fördern von Ökosystemen entsteht Wohlstand, der gemeinschaftlich besessen und genutzt werden kann. Und natürlich wird nachhaltiges Wirtschaften auch konventionelle Lösungen erfordern, zum Beispiel einen spürbaren Preis für CO_2-Emissionen und eine ökologisch ehrliche Kostenrechnung.

Aber ich will mit einem Aspekt des Übergangs anfangen, der bis vor Kurzem in den Diskussionen über Nachhaltigkeit weitgehend ignoriert worden ist: die Rolle von Wissen und die ihr eigene Ökonomik. Um den Wandel zu umweltfreundlicher Produktion zu beschleunigen, muss ökologisches Know-how verbreitet werden. Wenn uns das nicht gelingt, werden wir eine wichtige Quelle von Wohlstand und eine Chance, den Planeten zu sanieren, verpassen.

Effizienz ist eine entscheidende Zutat für jede erfolgreiche Wirtschaft. Im weitesten Sinne bedeutet Effizienz, dass man ermittelt, welche Produktionsmittel ausreichend zur Verfügung stehen und welche nicht, und dann die Engpässe der limitierenden Faktoren beseitigt. Im Industriezeitalter waren Arbeit, Geld und physisches Kapital (zum Beispiel Maschinen) jeweils ein begrenzendes – oder knappes – Produktionsmittel. Dagegen wurde die Natur so behandelt, als wäre sie kostenlos, was bedeutete, dass man sie unbegrenzt verbrauchen konnte. Das führte zu rohstoffintensiven, umweltschädlichen Produktionsverfahren.

Heute wird die Gleichung umgekehrt. Wir haben ein weltweites Überangebot an Arbeitskraft. Wir wissen, wie wir durch das Finanzsystem Geld schöpfen können, und Maschinen können leicht reproduziert werden. Heute sind es gesunde Ökosysteme, die knapp geworden sind, und das ist es, worum sich der gesellschaftliche Diskurs um Nachhaltigkeit hauptsächlich dreht. Grüne Wissenschaftler und Ingenieure erforschen, wie die natürlichen Rohstoffe sparsam genutzt werden können. Ökonomen arbeiten daran, deren wirkliche Preise herauszufinden, indem sie die Natur richtig bewerten.

Je mehr wir darüber wissen, wie Ökosysteme funktionieren, desto besser können wir unsere Produktionsverfahren so anpassen, dass wir sie bewahren, anstatt sie zu schädigen. Zum ökologischen Wissen zählt zum Beispiel das Know-how, wie man umweltfreundliche Landwirtschaft betreibt, wie man die Energie von Wind, Sonne und Erdwärme nutzt, wie man ohne Giftstoffe und Schwermetalle Produkte herstellt und wie man einmal verwendete Materialien immer wieder von Neuem nutzen kann. Im Industriezeitalter hat der Mensch vieles von dem aus dem Blick verloren, was er früher einmal darüber wusste, wie man den Reichtum der Natur nutzen kann, ohne ihn dabei zu zerstören. Außerdem haben wir kaum Fortschritte gemacht, um neues ökologisches Fachwissen zu sammeln, im Vergleich zum Tempo der Fortschritte auf anderen Gebieten. Angesichts des Zustandes der Umwelt ist es inzwischen dringend geboten, solch ökologisches Wissen möglichst schnell zu entwickeln und zu verbreiten. Der beste Weg, das zu erreichen, ist, von proprietären Informationssystemen und -technologien wegzukommen und auf Open-Source-Mechanismen der Wissensverbreitung zu setzen. Wie bei anderen Aspekten von Plenitude ist dies ein Wandel, der bereits im Gange ist, weil er wirtschaftlich sinnvoll ist.

Man kann sich diese Entwicklung auch so vorstellen, dass wir auf dem Weg in eine Welt sind, in der ein großer Teil der Produktionskosten aus der vorab geleisteten Denkarbeit für umweltfreundliches Design bestehen wird. Der Gartenbauexperte Eric Fleisher, einer der Initiatoren der ökologischen Neugestaltung der ausgedehnten Rasenflächen und Gartenanlagen auf dem Campus der Harvard University, hat es sehr prägnant formuliert: »Dieses Projekt basiert nicht auf Produkten, sondern auf Wissen.«[1] Anstatt Düngemittel und Pestizide auszubringen, haben die Projektverantwortlichen sich über den Stickstoffzyklus und Organismen wie Pilze und Bakterien informiert, die Pflanzen nähren. Die Bäume gedeihen hervorragend, das Gras wächst üppig und sattgrün, und der Wasserverbrauch ist deutlich gesenkt worden.

Rasenpflege ist nur ein Beispiel. Um das Klima zu stabilisieren und die Ökosysteme zu regenerieren, wird es notwendig sein, flächendeckend auf neue Arten des Produzierens und Konsumierens mit minimalem Materialeinsatz umzustellen, schädliche Emissionen wie CO_2 zu reduzieren und ohne Giftstoffe auszukommen. Wie in Kapitel 3 beschrieben, arbeiten Konstrukteure, Architekten und technologische Visionäre daran, solche umweltfreundlichen Produktions-, Design- und Bauverfahren zu entwickeln. Aber wir stehen noch ganz am Anfang dieser Entwicklung. Die heutigen Hybridfahrzeuge, Windkraftanlagen und Ökobauernhöfe sind ein riesiger Fortschritt im Vergleich zu dem, was wir früher gemacht haben, aber sie werden in nicht allzu ferner Zukunft als primitiv gelten. Es wird an zahlreichen Prototypen und Pilotprojekten einer Vielfalt von vielversprechenden Technologien und Produkten gearbeitet. Einige davon werden Erfolg haben, andere werden Stationen auf dem Weg zu etwas Besserem sein, und wieder andere werden einfach nur interessante Ideen sein, die sich nicht durchsetzen konnten. All dieses neu entstehende Wissen muss um sich greifen wie ein Buschfeuer.

Die Wirtschaftswissenschaft hat sich aus dieser »Strategiediskussion« weitgehend herausgehalten und sich eher für politische Initiativen eingesetzt, durch die Anreize verlagert werden sollen.[2] Sie verfolgen die Strategie, die Macht von profitorientierten Unternehmen zu mobilisieren, indem sie über staatliche Regulierung die Preise natürlicher Ressourcen so festsetzt, als wären sie gewöhnliche Aktiva (Vermögenswerte), nach dem Motto: Ökologische Externalitäten internalisieren, und den Rest wird der Markt schon richten. Dadurch wird man Emissionen reduzieren können, aber lässt sich so auch ein geschlossenes (abfallfreies) Kreislaufsystem schaffen? Das ist eher unwahrscheinlich. Solange Emissionen nicht extrem hoch besteuert werden, kann diese Methode Umweltschäden nicht verhindern; sie bewirkt lediglich geringere Belastungen, indem sie Konsumenten und Produzenten zwingt, die Kosten zu tragen. Sie kann auch negative Anreize schaffen, umweltschädliche Produktion in ärmere Länder zu verlagern.[3] Wir brauchen einen besseren Plan, bei dem das Entstehen und Verbreiten von ökologischem Wissen nicht zu kurz kommen. Wir müssen nicht nur die Mittel für Forschung und Entwicklung bereitstellen (der übliche Ansatz), sondern auch darüber nachdenken, wie Innovationen verbreitet werden. Wir haben es mit einem planetarischen Notfall zu tun: Die Kosten und das Tempo des Verbreitens von Wissen könnten buchstäblich das Schicksal der Menschheit und vieler anderer Arten bestimmen.

An dieser Stelle kommt die Ökonomie von Wissen – oder von Information – ins Spiel.[4] Die Voraussetzungen für die effiziente Produktion und Verbreitung von Wissen und das Eigentum daran sind völlig andere als jene für private Güter. Bei privaten Gütern besagt die Standardregel für Effizienz, dass ihr Marktpreis genauso hoch sein sollte wie ihre Grenzkosten – das sind die Herstellungskosten der zuletzt produzierten Partie. Bei Informationen sind die Grenzkosten für die Herstellung zusätzlicher Kopien einer Blaupause, eines Programms oder Handbuchs vernachlässigbar oder gleich null. Daher ist es ineffizient, den Zugang zu Informationen einzuschränken, sie proprietär (urheberrechtlich geschützt) zu machen, sie nur über den Markt zu verbreiten oder auf irgendeine andere Weise einen Preis dafür festzusetzen, der die Duplizierungskosten übersteigt. Eine neue Erkenntnis kann das Wissen des Menschen und die globale Produktionskapazität nur vergrößern, aber nie verkleinern. Daher muss sie ein Nettozugewinn an Wohlstand sein. Die Implikationen dieses Standpunktes sind ganz offensichtlich weitreichend.[5]

Dennoch ist es gang und gäbe, den Zugang zu Wissen durch Urheberrechte, Patente und Handelsmarken einzuschränken. Warum lassen Gesetze und Politik diese Ineffizienz zu? Eine Antwort ist, dass Profitstreben – und nicht Effizienz – die Politik antreibt. Unternehmen und Einzelne profitieren von exklusiven Informationen und haben die politische Macht besessen, Patentschutz- und andere Gesetze in die Wege zu leiten, die ihnen diese Profite sichern, ungeachtet der Schäden, die eine solche Politik verursachen kann. Die Anhänger von Exklusivität haben auch Argumente gegen die Standardbegründung vorgebracht: Sie meinen, dass ohne Zugangsbeschränkungen Unternehmen und Einzelpersonen kein – oder weniger – neues Wissen erzeugen würden, worunter die Wirtschaft auf lange Sicht leiden würde. Das Argument ist, dass es mehr Anreize für Forschung und Innovationen schafft, wenn man Informationen proprietär hält, also nicht frei zugänglich macht. Dieser Standpunkt hat in der jüngeren Vergangenheit dominiert, und Urheberrechte und Patente sind auf längere Geltungszeiten und mehr Gegenstände ausgedehnt worden.[6]

Aber Exklusion ist auch umstritten, und die Gründe dafür liegen auf der Hand. Es ist gesellschaftlich ineffizient, die Verbreitung von Know-how einzuschränken. Außerdem gilt das Argument mit der Innovation – das als »dynamische Effizienz« bezeichnet wird – auch umgekehrt. Freier Zugang zu den Entdeckungen von gestern beflügelt die Innovationen von morgen, da sie auf früher gewonnenen Erkenntnissen aufbauen. Dieses Phänomen ist als »Auf den Schultern von Riesen«-Effekt bekannt.[7] Wenn man neu hinzukommende Marktteilnehmer daran hindert, sich auf diese Schultern zu stellen, erschwert man Innovationen. Außerdem entsteht dadurch die Gefahr, dass private Unternehmen neue Entdeckungen aufkaufen und dann in der Schublade verschwinden lassen, um ihr laufendes Geschäft nicht zu gefährden. Es steht zu viel auf dem Spiel, um dringende öffentliche Bedürfnisse den Interessen privater Unternehmen zu überlassen – sie stimmen nicht immer überein. Kritiker von Exklusion weisen darauf hin, dass der Mensch nicht nur aus finanziellen, sondern auch aus diversen anderen Gründen Innovationen hervorbringt und dass es stets weniger kostspielige Wege gebe, Forschung und Entwicklung zu fördern, als lebensrettende Wirkstoffe, wertvolles Wissen und kostensenkende Software wegzuschließen.

Wenn es um Software geht, erübrigt sich die Kontroverse zum großen Teil schon jetzt durch die geübte Praxis. Der kometenhafte Aufstieg von Open-Source-Plattformen – zum Beispiel das Betriebssystem Linux, der Webserver Apache, die Mozilla-Stiftung mit ihrem Webbrowser Firefox und E-Mail-Programm Thunderbird sowie die Online-Enzyklopädie Wikipedia – untergräbt die Argumente für kostspieliges und ausschließendes Wissen. Je mehr die Aktivitäten sich in das »Open-access«- und Kooperationsmodell verlagern, desto stärker werden die Argumente für freien Zugang zu Wissen. Millionenfach arbeiten Einzelne zusammen und stellen ihre Beiträge kostenlos anderen zur Verfügung. Yochai Benkler, Harvard-Professor und Autor des einflussreichen Buches *The Wealth of Networks* (»Der Reichtum von Netzwerken«), ist der Meinung, dass Teilen und Tauschen innerhalb der Gesellschaft in weiten Bereichen der Wirtschaft immer häufiger geworden ist – zum Beispiel in den Sektoren Informationstechnologie, Kultur, Bildung, Rechenleistung und Kommunikation.[8]

Die Erwünschtheit von freiem Zugang zu Wissen ist ein Aspekt, in dem sich die Ökonomie des Wissens von derjenigen gewöhnlicher privater Güter unterscheidet. Die Analysten der sogenannten »knowledge commons« (»Wissensallmende«, »Wissensgemeingut« oder »frei zugängliches Wissen«) kennen auch andere, zum Beispiel die Motive der Beteiligten. Viele Menschen codieren Software, schreiben Buchkritiken oder posten Videos auf YouTube, weil ihnen diese Arbeit Freude macht, weil sie Anerkennung von Gleichgesinnten suchen oder etwas zum Gemeinwohl beitragen wollen – und nicht etwa, weil sie eine finanzielle Belohnung erwarten. In seiner Onlinevariante ist diese Form der Zusammenarbeit als »peer production« bezeichnet worden, aber etwas allgemeiner bezeichnet man sie als »nonmarket«, »commons« oder »social production« (»Produktion außerhalb des Marktes«, »gemeinschaftliche« oder »soziale Produktion«).[9] Einer der Gründe für dieses Phänomen ist, dass viele Menschen ihre arbeitsfreie Zeit in solche Projekte einbringen, in kleinen oder größeren Portionen.

Der Übergang zu einer wissensintensiven Wirtschaft wirkt sich auf die ideale Struktur von Unternehmen und deren Beziehungen untereinander aus. Das Entstehen des Internet mit seinen völlig anderen wirtschaftlichen Gepflogenheiten könnte die Vorherrschaft von großen Konzernen, die Know-how besitzen und den Zugang dazu einschränken, einen schweren Schlag versetzen. Dezentralisierte und verteilte Produktion wird immer effizienter – dabei arbeiten Einzelpersonen und kleine Gruppen über freiwillig gebildete Netzwerke zusammen anstatt über die Befehls- und Kontrollstrukturen, wie wir sie aus großen Konzernen kennen.[10] So sind Linux, Wikipedia und eine immer weiter zunehmende Zahl von außergewöhnlichen Produkten entwickelt worden. Immer mehr »Technorati« glauben an die Durchführbarkeit eines alternativen Produktionsmodells; Benkler sagt dazu: »Die vernetzte Umgebung macht es möglich, Produktion auf eine neue Art zu organisieren: radikal dezentralisiert, kooperativ und nichtproprietär, auf der Grundlage des Teilens von Ressourcen und Outputs unter räumlich weit verteilten, lokal verbundenen Menschen, die zusammenarbeiten, ohne dabei die Signale von Märkten oder die Kommentare von Managern zu brauchen.«[11]

Wenn ich richtigliege mit der Annahme, dass Wissen die knappe Ressource im Übergang zur Nachhaltigkeit ist, dann ist dies ein limitierender Faktor für das Wachstum des sauberen Sektors. Wird diese Knappheit überwunden, indem man grünes Know-how möglichst unbehindert zirkulieren lässt, erzeugt das Wohlstand und ist sozial effizient. Ein kollektiv gemanagter Open-Source-Prozess macht es möglich, dass neues Wissen sich rapide unter den vernetzten Menschen und kleinen Gruppen verbreiten kann, die motiviert sind, Werte zu schaffen und den Planeten zu retten. Innovatoren können aus Erlösen für maßgeschneiderte Anwendungen und Supportleistungen sowie aus öffentlichen Mitteln und gemeinnützigen Spenden bezahlt werden (zum Beispiel im Rahmen leistungsorientierter Wettbewerbe, eines beliebten Modells). Hybride Strukturen, die auf Teilen und Kooperation aufbauen, werden immer attraktiver und leichter finanzierbar werden. Zusätzlicher Wert wird aus einer Verteilung von Arbeits- und Freizeit entstehen, die den Menschen genug freie Zeit lässt, um sich zu beteiligen. Dies ist nicht nur eine Wohlfühlgeschichte, sondern die Beschreibung eines real existierenden, wachsenden und ökonomisch intelligenten Sektors der Wirtschaft.

Eine quirlige Wissensallmende bietet auch die Möglichkeit, sich weiterzubilden. Im Beispiel mit den Harvard-Gartenanlagen hat die Universität die eingesetzten Verfahren online veröffentlicht, sodass jeder sie nutzen kann. Vernetzte Menschen und Betriebe verbreiten das Wissen und erweitern es um das, was sie herausfinden, wenn sie die betreffenden Methoden an die lokalen Bedingungen anpassen. Permakulturfans und andere Enthusiasten verbreiten ihre Verfahren in der freien Zeit, die sie zurückgewonnen haben, indem sie das Plenitude-Modell umsetzen. Es ist eine Parallelwirtschaft neben dem gewinnorientierten Markt. Sie wächst mit diesem Markt, beschleunigt den Übergang und verändert das, was in »Business as usual«-Unternehmen vor sich geht – immerhin hat IBM Linux eingeführt.

Plenitude-Anhänger haben bereits begonnen, diese Ideen umzusetzen. Factor *e* Farm ist eine Gruppe, die sich zum Ziel gesetzt hat, das »weltweit erste sich selbst reproduzierende, Open-Source, dezentralisierte, angepasste Hightech nutzende (›high-appropriate-tech‹), resiliente Permakultur-Ökodorf« zu bauen.[12] (Der Buchstabe *e* bezieht sich auf die Eulersche Zahl, eine transzendente mathematische Konstante; außerdem ist er ein lautmalerisches Spiel mit dem Wort »factory«: im Englischen werden »factor e« und »factory« auf die gleiche Weise ausgesprochen – A. d. Ü.) Die Factor *e* Farm hat ihr Hauptquartier auf einem umgewandelten Sojabohnenfeld außerhalb von Kansas City und verknüpft Innovationen in Produktionsverfahren für kleine Stückzahlen mit wissensintensiver Landwirtschaft. Die Gruppe setzt ein Fab Lab ein, um etwas zu bauen, was sie als »Global Village Construction Set« (»Globalen Dorfbausatz«) bezeichnet – eine schrittweise Anleitung, um eine autarke, vollständig nachhaltige Gemeinschaft zu reproduzieren, bei minimalem Kapitaleinsatz. Mithilfe der Fab-Lab-Technologie können die Maschinen sich aus Altmetallen und Kunststoffabfällen selbst reproduzieren, wodurch die Anschaffung kostspieliger Fertigungsanlagen überflüssig wird. Die Gruppe hat bereits Maschinen wie den Liberator 2 entwickelt und gebaut, der Ziegelsteine aus verdichteter Erde herstellt, aus denen Häuser gebaut werden, und den Life Trac, einen dampfgetriebenen Vielzwecktraktor.[13] Beide Maschinen können sehr kostengünstig gebaut werden und dürfen unentgeltlich von anderen nachgebaut werden. Die Aktivisten hoffen, diese Innovationen bald auf den Markt bringen zu können, und arbeiten schon an etlichen anderen Hightech-Erfindungen mit geringem Materialeinsatz, zum Beispiel an einem Brütautomaten, an Hochbeetgärten und an einem Mikromähdrescher, der mähen, dreschen und die Spreu von den Körnern trennen kann. Die Grundmodelle dieser Maschinen sind sehr flexibel konfigurierbar, wodurch die Gruppe diverse andere Erfindungen daraus ableiten kann. Die Beteiligten vor Ort und anderswo arbeiten ehrenamtlich und nach dem Open-Source-Prozess an diesen Projekten. Das Projekt ist eine Kombination aus Hightech-Innovation, Selbstversorgung und Verbreitung von technologischem Know-how. Marcin Jakubowski, der Gründer der Factor *e* Farm, verwendet den Begriff *Neo-Kommerzialisierung*, um das Geschäftsmodell zu beschreiben: »Das bedeutet, dass wir ein Produkt nicht nur ›kommerzialisieren‹ – das heißt, es anderen zu einem konkurrenzfähigen Preis zum Kauf anbieten – können, sondern auch anderen helfen wollen, das Unternehmen selbst zu reproduzieren. Wir sind nicht nur am eigentlichen Produzieren interessiert, sondern auch am Reproduzieren durch andere, weil das gut für die Welt ist.«[14]

Derartige Projekte sind interessant, weil sie sich auf Ideen konzentrieren, die bewirken können, dass der alternative Sektor rapide expandiert. Erstens stützen sie sich auf Open-Source-Pläne, um neuartige Maschinen und Techniken zu entwickeln, und auf einen Mechanismus zur uneingeschränkten Verbreitung dieser Innovationen, sobald deren Entwicklung abgeschlossen ist. Zweitens ist der Kapitalbedarf für solche Innovationen sehr niedrig. Die ursprüngliche Fab-Lab-Technologie ist relativ preiswert, und die Produktion erfolgt mit billigen oder kostenlosen Materialien wie Altmetallen, Kunststoffabfällen und Erde. Der Open-Source-3-D-Drucker RepRap kann nicht nur Gegenstände herstellen, sondern sich auch fast komplett selbst duplizieren, und das zu minimalen Kosten.[15] Ein niedriger Kapitalbedarf ist entscheidend, weil die Finanzierung solcher Projekte in vielen Fällen schwierig ist, vor allem wenn es um unerprobte Technologien geht. Der Umstand, dass solche Innovationen billig sind, macht sie realisierbar für Kleinbetriebe, Arbeitslose und Kommunen mit niedrigem Einkommen und geeignet für die Verbreitung im globalen Süden. In Anbetracht der Probleme im zentralisierten Finanzsystem, die in den letzten Jahren zu beobachten waren, sind Lösungen, die nicht von bedeutenden Geldbeträgen von großen Finanzinstitutionen oder vom Staat abhängen, ganz offensichtlich attraktiv. Und schließlich stützt sich dieser Ansatz auf kleine, dezentralisierte Gruppen, die übers Internet kommunizieren. Die Größenordnung ist eine der großen Fragen in Bezug auf ein Wirtschaftssystem, die wir ebenfalls ansprechen müssen.

»Small is beautiful« – aber ist es auch effizient?

Das 20. Jahrhundert war fraglos die Ära des großen Maßstabs. Die Massenproduktion wurde zuerst für Autos eingeführt und dann auf die gesamte Fertigungsindustrie ausgedehnt. Die Unternehmen installierten spezialisierte Einzweckmaschinen, die Unmengen an billigen Produkten auswerfen konnten. Im Laufe der Jahrzehnte liefen die Fließbänder immer schneller, und die Unternehmen wuchsen immer mehr. Landwirtschaftliche Betriebe, Minen, Einzelhandels- und andere Dienstleistungsunternehmen wurden ebenfalls immer größer. Schließlich verlagerte sich die Produktion in riesige Fabrikkomplexe in Asien.

Wenn Mainstream-Ökonomen sich mit Fragen der Größenordnung beschäftigten, neigten sie dazu, Größenzuwächse von Produktionsanlagen und Unternehmen als Symptome überlegener Effizienz zu interpretieren, als das, was als »Skaleneffekte« oder »positive Größeneffekte« bezeichnet wird. Dabei wurden Umweltbelastungen typischerweise ignoriert, zum Beispiel die Emissionen, die Transporte über weite Entfernungen verursachen. Wenn man sich überhaupt einmal Sorgen machte, dann über zu starke Machtkonzentrationen in Märkten und Politik, deren Folge unter anderem das »Too big to fail«-Dilemma ist, welches dazu geführt hat, dass verantwortungslos agierende Finanzinstitutionen und in Bedrängnis geratene Automobilhersteller mit Steuermitteln gerettet werden mussten.

Seit den späten 1970er-Jahren warfen nachlassende Produktivitätszuwächse und sinkende Konzerngewinnmargen die Frage auf, ob das Massenproduktionsmodell womöglich seine Nützlichkeit überlebt hatte.[16] Michael Piore und Charles Sabel, politische Ökonomen vom MIT, begannen, Produktionsverfahren im kleinen Maßstab zu untersuchen, darunter auch eine Gruppe von fortschrittlichen und designintensiven Fertigungsfirmen in der italienischen Region Emilia Romagna, die beeindruckende Ergebnisse erzielten.[17] Eine Ursache ihres Erfolges waren computerisierte Vielzweckmaschinen, die die extrem teuren spezialisierten Fertigungsanlagen aus der Ära der Massenproduktion überflüssig machten. Diese Maschinen machten es möglich, flexibler auf die Nachfrage im Markt zu reagieren als die konventionellen Industriegiganten, und daher wurde dieses Modell als »flexible Produktion« (statt Massenproduktion) bezeichnet. Um gewisse Nachteile ihrer geringen Größe auszugleichen, vernetzten sich diese Firmen, um Aufgaben wie Fortbildung der Mitarbeiter, Forschung und Entwicklung sowie Marketing gemeinsam zu bewerkstelligen. Piore und Sabel erwarteten eine industrielle Zukunft für diese kleinen, aber vernetzten produzierenden Einheiten. Wie sie es vorhergesehen hatten, waren Start-ups und kleine Firmen, die Cluster in geografischer Nähe zueinander bildeten, bemerkenswert erfolgreich in der Informationstechnologie, in der Biomedizin und in anderen Geschäftsfeldern.

So kann es gut sein, dass die Ära des »Größer ist besser« schließlich an ihr Ende gelangt ist. Zweifellos ist die Annahme, dass Größe automatisch gut ist, heute schwieriger zu vertreten als vor 50 Jahren. Es gibt eine wachsende Gefolgschaft für das Kleine, darunter auch die Anhänger des Netzwerkmodells, einer Hybridform, die den simplen Gegensatz zwischen Groß und Klein überbrückt.

Die wissenschaftliche Literatur über die Thematik »Größe und wirtschaftliche Leistung« ist widersprüchlich.[18] Die Ergebnisse entsprechender Studien sind in vielen Fällen branchenspezifisch und variieren je nach untersuchtem Zeitraum, Land und gemessener Variable. Es ist für Wissenschaftler heute schwierig, mit dem Tempo der technologischen Entwicklung Schritt zu halten, seit Software und Vielzweckfertigungsmaschinen die Produktion im kleinen Maßstab revolutioniert haben. Immerhin wissen wir, dass kleine Betriebe führend sind, wenn es um Innovationen und die Schaffung von Arbeitsplätzen geht. In der Zeit nach dem Ausbruch der Finanzkrise wurden zwei Drittel aller neuen Arbeitsplätze von Firmen mit weniger als 500 Beschäftigten geschaffen. Und rezessionsbedingte Kündigungen finden weit häufiger in großen als in kleinen Unternehmen statt.[19]

Diese geschichtliche Entwicklung lässt erwarten, dass die kleinen und mittleren Firmen mit ihrer Agilität, Dynamik und unternehmerischen Entschlossenheit den entstehenden grünen Sektor beflügeln werden. Die steigenden Energiekosten werden mehr lokale und regionale Ökonomien begünstigen, die aus kleineren Betrieben bestehen. Die exportorientierte, von fossilen Treibstoffen abhängige Globalisierung der vergangenen Jahrzehnte war von künstlich billig gehaltenen Transporten über weite Entfernungen abhängig, und das wird wahrscheinlich nicht mehr lange so weitergehen. Die Krise von 2008 und ihre Nachwehen haben auch die Risiken aufgezeigt, die Zentralisierung mit sich bringt. Im Crash wurde offensichtlich, welch einen enormen Schaden am Ganzen einige wenige Institutionen anrichten konnten. Falls es tatsächlich so ist, dass es durch klimatische, ökologische und marktbedingte Schwankungen zu erhöhter Instabilität kommen wird, sollte Dezentralisierung zu mehr Resilienz und Eindämmung widriger Ereignisse führen. Die Erkenntnis von Biologen, dass vielfältigere Systeme widerstandsfähiger und anpassungsfähiger sind, gilt auch für Wirtschaftssysteme, da Vielfalt durch lokale Anpassung gefördert wird.

Das Gegenargument ist, dass große Unternehmen rasch agieren können. Als der Walmart-Konzern beschloss, seinen ökologischen Fußabdruck zu verkleinern, konnte er die Praktiken seiner Lieferanten sehr schnell beeinflussen. Dies ist vielleicht das zwingendste Argument für Größe. Wenn die großen Akteure beschließen, Berge zu versetzen, bringen sie enorme Ressourcen an den Verhandlungstisch. Umgekehrt kann diese Macht aber auch eingesetzt werden, um Fortschritt zu blockieren, wie wir es bei ExxonMobil und anderen Großunternehmen in Bezug auf Klimaveränderung gesehen haben.

Wie auch immer das Schicksal der großen Konzerne letztlich aussehen mag, das Plenitude-Modell hat enormes Potenzial. Die Menschen, die es umsetzen, gewinnen die Freiheit, neue Produktionsverfahren in die Wege zu leiten, sei es als Einzelne oder in Gruppen, vor allem in Bereichen wie Energie, Nahrung, Software, Wissen und umweltfreundliche Fertigung. Nach und nach können diese Akteure zu einem ansehnlichen Sektor von umweltfreundlichen Unternehmen werden, die die Basis lebhafter lokaler Gemeinschaften bilden und vielen Menschen eine Existenzgrundlage bieten. Eine solche Vision von neu belebten lokalen Ökonomien in einem dichten Netzwerk von kleinen und mittleren Unternehmen ist das Fundament einer bahnbrechenden Nachhaltigkeitsphilosophie.[20]

Werden die Großkonzerne solche konkurrierenden Emporkömmlinge übernehmen, neutralisieren oder sogar vernichten? Auf diese Frage gibt es keine einfache Antwort. Wenn »klein« effizienter ist, was es meiner Überzeugung nach sein kann, dann hat es damit einen Vorteil, obwohl immer die Gefahr von Übernahmen besteht. Das politisch-ökonomische Umfeld spielt auch eine Rolle. Die Giganten werden wegen ihrer enormen politischen Macht bevorzugt behandelt, wodurch sie wiederum in den Genuss von staatlichen Subventionen kommen. Es wird entscheidend sein, solche Zuflüsse abzustellen und die Politik auf die Förderung und den Schutz von kleinen Unternehmen auszurichten. Je besser sich der kleine Sektor organisieren kann, um eine faire – oder gar bevorzugte – Behandlung wirkungsvoll einzufordern, desto sicherer wird seine Zukunft sein.

Falls es sich unrealistisch anhört, dass eine wirtschaftliche Revolution von Einzelnen und ihren Aktivitäten im kleinen Maßstab ausgehen könnte, sollte man bedenken, dass die erste industrielle Revolution in Großbritannien genau so ihre Anfänge nahm. Was sich später zu dynamischen Unternehmen in der Herstellung von Textilien, Keramik, Schuhen und anderen Fertigwaren entwickelte, begann mit Einzelpersonen, die im kleinen Maßstab handwerklich arbeiteten, in Werkstätten und in Heimarbeit. An solche mit Unternehmergeist, einer Strategie und etwas Glück – etwa Josiah Wedgwood – erinnert man sich noch heute.

Natürliche Ressourcen und Gemeinschaftseigentum

Während die nationalen und globalen Ökonomien versuchen, sich aus der Krise herauszuarbeiten, sind sie mit der Frage konfrontiert, wo Ersatz für verschwindende Jobs und Unternehmen herkommen soll. In den wohlhabenden Ländern kreisen derartige Überlegungen zum großen Teil um alternative Energien, Dienstleistungen, Software und Hightech. Aber es gibt eine andere Quelle von Jobs und Werten, auf die wir uns bei unseren Planungen zuallererst konzentrieren sollten: das Sanieren von natürlichen Ressourcen. Die Natur liefert Input für jede Form von Produktion, und es verursacht Kosten, sie zu schädigen. Weniger fruchtbare Böden erbringen weniger Nahrungsmittel. Wann immer Industriebrachen und Gewässer von Giftstoffen saniert werden, abgeholzte Wälder wiederaufgeforstet, erschöpfte Wasservorräte wieder aufgefüllt und die Artenvielfalt geschützt wird, erzeugt das Wohlstand. Umweltbedingte Erkrankungen wie Asthma und Krebs oder Kinder, die mit Fehlbildungen zur Welt gekommen sind, verursachen erhebliche medizinische Behandlungskosten. Falls nicht die Klimaveränderung außer Kontrolle gerät und Ökosysteme verwüstet, ist Sanieren eine kluge Strategie. In der kommenden wirtschaftlichen Ära müssen wir darauf hinarbeiten, die Kapazität der Erde wiederherzustellen, den Menschen und andere Lebensformen zu beherbergen.

Ökologisches Regenerieren bietet auch eine Lösung für ein anderes wirtschaftliches Problem, das eines der drängendsten ist, mit denen wir konfrontiert sind: extreme Ungleichheit und Armut. Über die Hälfte der Weltbevölkerung lebt von weniger als 2,50 Dollar pro Kopf und Tag.[21] Je wärmer das Klima wird, desto größer wird dieser Anteil werden, aufgrund sinkender Ernteerträge, weiter voranschreitender Überfischung der Fischbestände, Verlust von Küstengebieten, Wasserknappheit und höherer Energiepreise. Selbst in den Vereinigten Staaten, einem der reichsten Länder der Welt, hat ein großer Teil der Bevölkerung keinerlei Vermögenswerte. Im Jahr 2004 hatten 30 Prozent der Haushalte ein Nettovermögen von unter 12.000 Dollar. Den unteren 90 Prozent gehörten nur 29 Prozent des Gesamtnettovermögens, im Vergleich zu den 34 Prozent, die im Besitz des obersten Hundertstels der Bevölkerung sind.[22] (Das Finanzvermögen ist sogar noch ungleichmäßiger verteilt.) Im Abschwung hat sich das Bild noch weiter eingetrübt, da Millionen von Menschen aus der Mittelklasse hinausgedrängt wurden, die Armut immer schneller um sich greift und den Haushalten jede vernünftige Existenzgrundlage entzogen wird. Das öffentliche Interesse war weitgehend auf die Einkommen fixiert, aber die langfristige Ertragskraft, die finanzielle Stabilität und das Wohlbefinden der Menschen hängen von ihrem Zugang zu Vermögenswerten ab.

Bei einigen der wichtigsten umweltökonomischen Studien der vergangenen Jahre wurde untersucht, wie sich das Sanieren von natürlichen Ressourcen auswirkt.[23] Pionierarbeit auf diesem Gebiet haben Wissenschaftler wie der Ökonom James Boyce von der University of Massachusetts, der indische Umweltaktivist Anil Agarwal, seine Kollegin Sunita Narain und andere geleistet. Sie haben festgestellt, dass Einkommen und Wohlbefinden der Menschen zunehmen, wenn geschädigte Böden, Gewässer und Ökosysteme saniert und von den Menschen, die auf ihnen oder in ihrer Nähe leben, neu genutzt werden. Zahlreiche Fallstudien aus aller Welt haben gezeigt, dass man, wenn man ungenutzte städtische Flächen für Kleinbetriebe zur Verfügung stellt, eine marktfähige Nutzpflanze auf einem brachliegenden Feld anbaut, ein Wassersammelsystem installiert, um Ernteerträge zu steigern, oder abgeholzte Wälder wiederaufforstet, viele Menschen aus ihrer Armut befreien, Gemeinschaften stärken und die Erde heilen kann.

Die wirtschaftliche Potenz dieser Strategie liegt unter anderem darin, dass sie herrenlose oder ökologisch belastete Flächen in gemeinschaftlich verwaltetes, Erträge produzierendes Land verwandelt.[24] In verarmten Stammesgebieten in Indien haben unter Wasserknappheit leidende Regionen sich fürs Wasserscheiden-Management und Sammeln von Regenwasser zusammengetan und begonnen, das verfügbare Wasser gerecht zu verteilen.[25] Das hat wiederum zu höheren Ernteerträgen geführt, zum vermehrten Anbau und Ernten von Gras, das verkauft werden kann, und zu der Möglichkeit, Nutztiere besser halten zu können. (Einige Dörfer konnten ihre Tierhaltung von Ziegen auf lukrativere, Milch gebende Wasserbüffel umstellen.). In anderen Fällen wurde wertloses staatliches Land an arme Dorfbewohner übertragen. Auf Flächen, die vorher einer Mondlandschaft glichen, wachsen heute wieder Bäume.

Auf diesem Gebiet hat die in Boston ansässige Dudley-Street-Nachbarschaftsinitiative Pionierarbeit geleistet. Ihr wurden von der Stadtverwaltung Grundstücke überschrieben, die enteignet worden waren oder ungenutzt brachlagen, und dieses Land wurde genutzt, um ein heruntergekommenes Wohnviertel neu zu beleben. Die Initiative begann ihre Arbeit mit einem intensiven kommunalen Planungsverfahren, und inzwischen hat sie es geschafft, über die Hälfte der brachliegenden Grundstücke neuen Nutzungen zuzuführen – zum Beispiel für Wohnungen, Gemeinschaftszentren, Parks, Spielplätze, Schulen, ein Treibhaus und einen Obstgarten sowie eine Allmende (gemeinschaftlich genutzte Fläche). Für die Verwaltung der Grundstücke haben sie eine kommunale Treuhandgesellschaft gegründet und erfüllen sich ihren Traum von einer lebhaften Dorfgemeinschaft mitten in der Stadt.

Diese Fallstudien zeigen, dass durch ökologische Sanierung Vermögenswerte geschaffen werden können, die stetige Erträge einbringen, die entweder der Gemeinschaft oder Einzelnen zugutekommen. Wenn man den Mitgliedern der Gemeinschaft verlässliche Rechte an dem Land einräumt, damit sie dort etwas anbauen können, schafft man das Potenzial, Nahrungsmittel und Erträge zu erzeugen. Andere Zutaten für den Erfolg solcher Projekte bestehen darin, die ungenutzte Zeit von Arbeitslosen und Unterbeschäftigten zu mobilisieren, Interessenten über transparente und demokratische Verfahren Möglichkeiten zu eröffnen, sich zu beteiligen, und einen gesetzlich und politisch geregelten Rahmen zu schaffen, der dafür sorgt, dass der Nutzen den Beteiligten zugutekommt, anstatt von privaten Interessen oder staatlichen Stellen vereinnahmt zu werden. In solchen Fällen sind nicht nur doppelte, sondern sogar dreifache Dividenden zu verzeichnen: Die Beteiligten werden aus ihrer Armut erlöst, es wird natürliches Kapital aufgebaut, und entrechtete Bevölkerungsgruppen erhalten eine politische Stimme. Die wissenschaftliche Literatur über natürliche Ressourcen weist auch auf eine neue Art von ökologischem Besitz hin, die geschaffen werden kann: Anteile an der im Gemeinschaftseigentum stehenden Atmosphäre. Wenn Luftverschmutzer konsequent für ihre Emissionen bezahlen müssten und die Bürger in den Genuss dieser Erträge kämen, entspräche das der Schaffung eines neuen ökologischen Vermögenswertes, nämlich dem Anspruch auf die Atmosphäre. Der von Peter Barnes vorgelegte Vorschlag eines Sky Trust sieht vor, dass die Erträge, die von Treibhausgasemittenten erhoben werden, wieder an die Bürger ausgeschüttet werden, auf Pro-Kopf-Basis, wie beim Alaska Permanent Fund.[26]

Verbesserungen an natürlichem Kapital erbringen jahrzehnte- oder gar jahrhundertelang Renditen, die verwendet werden können, um Gemeinschaften zu unterstützen. Umwelthistoriker haben herausgefunden, dass in früheren Zeiten von Menschen getätigte Investitionen in Ökosysteme – die manchmal irrtümlicherweise für »natürlich« gehalten werden – langfristige Vorteile erbracht haben. In Südamerika mischten urzeitliche Bauern Kohlereste unter die Erde und schufen so die extrem satten und fruchtbaren dunklen Böden

(»terra preta«), die vermutlich zehn Prozent der Fläche des Amazonasbeckens bedecken. Wertvolle Bauminseln in der westafrikanischen Savanne wurden früher für Reste von bewaldeten Gebieten gehalten, aber inzwischen wissen wir, dass sie im 19. Jahrhundert von Menschenhand im Grasland angelegt wurden, um Wasser zu speichern, Schatten zu spenden und Holz zu liefern.[27] Zu vergleichbaren heutigen Investitionen zählen zum Beispiel das Regenerieren der Prärie in Nebraska, die Sanierung des Hudson River und das Entfernen von Staudämmen im Nordwesten der Vereinigten Staaten unweit der Pazifikküste. Die Umstellung von Monokulturen auf diversifizierten Anbau baut ein lokales Nahrungssystem neu auf und bietet Farmern und Kleinbetrieben, die damit zu tun haben, eine Existenzgrundlage. Durch Diversifizieren der Fruchtfolge wird der Boden verbessert, und es können traditionelle Sorten (»heirloom varieties«) erhalten werden, die auf dem Markt hohe Preise erzielen. Durch Umnutzung alter Fabriken oder Mühlen entstehen Wohnungen, Läden, Restaurants und Büros, die der regionalen Wirtschaft nützen.

Projekte mit natürlichen Ressourcen haben bisher überwiegend in einkommensschwachen Kommunen stattgefunden. Aber diese Strategie ist auch in anderen Umfeldern relevant – sie kann eingesetzt werden, um in diverse produktive ökologische Ressourcen zu investieren, und zwar auch in solche, die nicht stark geschädigt sind. Plenitude ist der Schlüssel zu diesem Prozess. Studien über das Management von natürlichen Ressourcen zeigen, dass soziales Kapital eine Voraussetzung für den Erfolg ist.[28] Wenn sie ihr Leben nach den Plenitude-Prinzipien führen, können die Menschen sich freie Zeit zurückerobern und dadurch ihre sozialen Verbindungen neu beleben, Gemeinschaft aufbauen und gemeinsam daran arbeiten, in lokale und regionale Ökosysteme zu investieren. Nachhaltigkeitsgruppen, die auf lokaler und regionaler Ebene operieren, sind schon jetzt Bestandteil der vernetzten Anstrengungen, die Entwicklung der Wirtschaft zu beeinflussen und sich für gemeinschaftliche Investitionen einzusetzen, die Erträge für alle erbringen.

Ein am Gemeinwohl orientierter Ansatz weicht von den üblichen Diskussionen über Ungleichheit ab, in denen es hauptsächlich um

Einkommen geht statt um Ressourcen und um Umverteilung statt Expansion von Wohlstand. Nachträgliche Besteuerung, die marktbedingte Fehlentwicklungen zu korrigieren versucht, war bisher der dominierende Ansatz, um Ungleichheiten zu beseitigen, aber er hat an Beliebtheit eingebüßt, seit seine Nachteile zutage getreten sind. Die neoliberale Ideologie hat bei vielen Menschen das Vorurteil erzeugt, die vom Markt herbeigeführten Ergebnisse seien nur natürlich oder gar gerecht, und sie hat die Bevorzugungen, Subventionen und Verzerrungen verschleiert, die den heutigen Regeln und Strukturen des Marktes zugrunde liegen. Interventionen, die von vornherein bei der Verteilung von Ressourcen mehr Gleichheit schaffen oder fehlerhafte Regeln umstrukturieren, sind besser geeignet, um gerechtere Marktergebnisse herbeizuführen, die weniger rückwirkendes Herumflicken notwendig machen.

Diese Beispiele werfen auch Fragen darüber auf, wie Gemeinschaftseigentum am besten gehalten und verwaltet werden sollte. Die Geschichte liefert Beispiele von durchdachten Hybrid-Eigentumsregelungen, etwa solchen, die Elemente von sowohl privat als auch kollektiv gehaltenem Eigentum einbeziehen und uns über vereinfachende Debatten um Privateigentum vs. Staatseigentum hinausführen. Der Wirtschaftshistoriker Prasannan Parthasarathi vom Boston College hat beschrieben, wie im südlichen Indien des 18. Jahrhunderts landwirtschaftliche Kommunen die Risiken und Erträge einer jeden Saison untereinander aufteilten, wie in einem System von Gemeinschaftseigentum, das aber auch persönliche und übertragbare Ansprüche auf zukünftige Ernten kannte.[29] Ähnliche Arrangements sind auch in Kooperativen, Partnerschaften und anderen heutigen wirtschaftlichen Unternehmungen zu finden. Das Schöne an solchen Systemen ist, dass sie, wenn sie klein genug sind, Anreize für Produktivität und die nachhaltige Nutzung von Ressourcen schaffen.

Projekte zur Regeneration natürlicher Ressourcen können auch der Wissensökonomie zugutekommen. Ein aktives Open-Source-Verfahren kann zu deutlichen Verbesserungen des ökologischen Wissens führen. Neue Formen der Qualifizierung entwickeln sich schon jetzt. Kommunale Initiativen für Umweltgerechtigkeit wie die Sustainable South Bronx, Green for All und Green Worker Cooperatives haben begonnen, Menschen aus einkommensschwachen Familien und aus Minderheiten zu zeigen, wie man einen Fluss saniert, ein Dach begrünt, ein Haus dämmt, gefährliche Abfälle entsorgt und Ähnliches mehr. Im Rahmen eines von der National Science Foundation finanzierten »GreenFab«-Gemeinschaftsprojekts, das von der Gruppe Sustainable South Bronx in Zusammenarbeit mit der New York University umgesetzt wird, werden Schüler aus einkommensschwachen Familien und aus Minderheiten über Fab-Lab-Technologie und ihre Anwendungen für nachhaltiges Wirtschaften unterrichtet.[30]

Solche Initiativen werden in den Märkten immer mehr Druck erzeugen, die Einkommen gerechter zu verteilen, da die Höhe des Einkommens zum großen Teil von der Qualifikation des Betreffenden abhängt. Je mehr solche neuen Kenntnisse und Fertigkeiten verbreitet werden, desto weniger verzerrt wird die Verteilung von Einkommen sein. Verbesserte Qualifikation durch ökologisches Wissen wird dazu beitragen, das Zunehmen der Ungleichheiten zu stoppen, die den Arbeitsmarkt der vergangenen Jahrzehnte geprägt haben, und die Notwendigkeit reduzieren, die extremen, durch Marktmechanismen erzeugten Ungleichheiten durch Umverteilungsmaßnahmen zu korrigieren.

Es hat sich mittlerweile ein informelles Bildungsnetzwerk entwickelt, um Permakultur, Forst- und Holzwirtschaft sowie biodynamische Landwirtschaft zu fördern und alternative Bauverfahren, Solar- und Windenergie, Biotreibstoffe und andere Möglichkeiten, eine Existenzgrundlage aufzubauen und Grundbedürfnisse zu erfüllen.[31] Solche Kenntnisse werden oft in kurzen Lehrgängen und Workshops vermittelt, in praxisorientierten Kursen sowie Lernarbeitsgemeinschaften, die unter der Regie einer wachsenden Zahl von Instituten angeboten werden. Erfahrene Praktiker geben weiter, was sie gelernt haben. Kenntnisse und Fertigkeiten werden auch durch Bücher, Videos und Open-Source-Informationen im Internet weitervermittelt. Es findet viel »learning by doing« statt, darunter auch Bestrebungen, bereits vorhandene Fertigkeiten zu verbessern. Einige der vor Kurzem gegründeten Institute haben begonnen, Abschlüsse anzubieten. Der Zugang zu diesen neu entstehenden Qualifikationen ist noch relativ frei, was unbedingt beibehalten werden sollte.

Die Wichtigkeit solcher neuen Formen von Qualifizierung ist kaum zu überschätzen. Sie werden es möglich machen, dass hochproduktive Selbstversorgung immer weiter um sich greift, und sie werden die Entwicklung neuartiger Einkommensquellen vorantreiben, die sich zu erfolgreichen Kleinbetrieben entwickeln. Ein flächendeckender Zugang zu derartigen Fertigkeiten ist auch das Fundament einer gerechteren Verteilung von Eigentum und Einkommen und dadurch indirekt auch von politischer und gesellschaftlicher Macht.

Jobs und Zeit: Die Notwendigkeit kürzerer Arbeitszeiten

Im Verlauf der Krise haben die Unternehmen in den Vereinigten Staaten mit schwindelerregendem Tempo Mitarbeiter entlassen. Bis Oktober 2009 waren bereits acht Millionen Arbeitsplätze vernichtet worden, und jeder sechste Arbeitnehmer war arbeitslos oder unterbeschäftigt.[32] Es wird dauern, bis die Zahlen vor der Krise (wenn überhaupt) wieder erreicht werden, daran werden auch staatliche Konjunkturprogramme nichts ändern. Langfristig wirksame Trends wie eine schwache Verbrauchernachfrage, ständige technologische Veränderung, Outsourcing und globaler Wettbewerb wirken einer Erholung entgegen.

Selbst in normalen Zeiten muss die Wirtschaft ständig Arbeitnehmer neu beschäftigen, deren Jobs durch technologische Fortschritte verloren gingen. Wenn die Produktivität steigt, kann ein gegebenes Produktionsvolumen mit weniger Beschäftigten erreicht werden. Ein klassisches Beispiel ist die Landwirtschaft der Industrienationen, in der heute nur noch ein bis zwei Prozent der Beschäftigten arbeiten.

In der Fertigungsindustrie sieht es ähnlich aus: Die gestiegene Produktivität hat die Zahl der Arbeitsstunden, die zur Herstellung eines Autos, Fernsehers oder Computers benötigt werden, drastisch reduziert. Die Automobilhersteller haben – ungeachtet ihrer Misserfolge – die Zahl der Arbeitsplätze rapide abgebaut. In den vergangenen Jahren konnten auch die Unternehmen im Dienstleistungssektor moderne Technologie einsetzen, um rapide Produktivitätssteigerungen zu erreichen, sei es im Bereich Kundendienst, Datenmanagement oder Kalkulation. Seit dem Jahr 1973 hat sich die Produktivität der gesamten US-Wirtschaft (mit Ausnahme der Landwirtschaft) nahezu verdoppelt.[33]

Und heute stehen zwei technologische Revolutionen vor der Tür: die weiter anhaltende Vernichtung von Arbeitsplätzen durch vermehrten Einsatz von Informationstechnologie und die Anfänge der Umstellung auf Ökoeffizienz. In den veralteten Energiesektoren und in anderen versagenden Industrien und Unternehmen werden Arbeitsplätze verloren gehen. Wohin werden all diese Menschen gehen, und wie sollen sie eine Anstellung finden?

Seit mindestens 150 Jahren hat die Marktwirtschaft das Wachstum genutzt, um die Arbeitsplätze, die sie durch technologische Veränderung und industriellen Niedergang abbaut, durch neue zu ersetzen. Entlassene Landarbeiter fanden Jobs in den Autofabriken. Arbeitslose Automobilarbeiter fanden Anstellungen in Krankenhäusern und Bildungseinrichtungen. Neue Unternehmen, Produkte und Branchen entstehen und beschäftigen einen Teil der Arbeitslosen. Existierende Firmen wachsen, indem sie ihre gescheiterten Konkurrenten übernehmen. Vor über einem halben Jahrhundert war es unter den Ökonomen umstritten, ob es möglich sein würde, für jeden einen Arbeitsplatz bereitzustellen, der einen brauchte. Aber im Laufe der Zeit hat der Markt eine bemerkenswerte Kapazität an den Tag gelegt, die arbeitslos gewordenen Menschen wieder in Lohn und Brot zu bringen.[34]

Das funktioniert heute nicht mehr so wie früher. Da wir an die Grenzen des Planeten stoßen, ist es töricht zu glauben, wir könnten durch »Business as usual« das Problem der Arbeitslosigkeit lösen, sei es auf nationaler oder globaler Ebene. Außerdem bedeutet die Globalisierung der Wirtschaft auch, dass neue Beschäftigung womöglich nicht dort entstehen wird, wo Arbeitslose leben. Das gilt vor allem für Länder, in denen die Löhne hoch sind. Das bedeutet, dass mehr zusätzliche Wirtschaftsleistung als früher notwendig ist, um einen neuen Arbeitsplatz zu schaffen, wodurch Wirtschaftswachstum als Motor des Arbeitsmarktes an Effizienz verliert.

Also müssen wir Produktivitätssteigerungen anders nutzen und die Zahl der Arbeitsstunden reduzieren, die jeder Job mit sich bringt. Auf diese Weise können die Unternehmen Neuerungen einführen, ohne Personal entlassen zu müssen, rückläufige Verkäufe werden abgefedert, und es entstehen neue Arbeitsplätze, wenn die Nachfrage zunimmt. Es mag sich exotisch anhören, die Zahl der Arbeitsstunden pro Job reduzieren zu wollen, aber genau das ist es, was als Reaktion auf die technologischen Veränderungen im 19. und 20. Jahrhundert geschah. Die in den Vereinigten Staaten pro Jahr geleisteten Arbeitsstunden begannen ab etwa 1870 – als es fast 3000 waren – abzunehmen. Bis 1929 war die Jahresarbeitszeit um mehr als 600 Stunden auf 2342 Stunden zurückgegangen. Im Jahr 1973 lag sie bei 1887 Stunden, immerhin 1077 Stunden weniger als ein Jahrhundert zuvor.[35] Das entspricht einer Halbtagsstelle bei einer 40-Stunden-Woche. (Vierzig Arbeitsstunden pro Woche entsprechen 2080 Stunden Jahresarbeitszeit, aufs gesamte Jahr gerechnet.) Wenn die Arbeitszeiten nicht zurückgegangen wären, hätte die strukturelle Arbeitslosigkeit schon vor der Weltwirtschaftskrise in den 1930er-Jahren zugenommen.

In anderen wohlhabenden Ländern war die Entwicklung ähnlich. Zwischen 1870 und 1973 war in Großbritannien ein Rückgang von 1065 Arbeitsstunden pro Jahr zu verzeichnen, in Frankreich waren es 922 Stunden, in Deutschland 1071, in den Niederlanden 1141 und in Japan 779.

Durch rückläufige Arbeitszeiten in Verbindung mit Produktivitätszuwächsen kamen breite Schichten der Bevölkerung in den Genuss des neu geschaffenen Wohlstands, was auch zum Entstehen der Mittelklasse beitrug. Die strapaziösen Arbeitszeiten des 19. Jahrhunderts ruinierten die Gesundheit der Menschen und hinderten sie daran, das zu erreichen, was wir heute unter Lebensqualität verstehen. Über weite Strecken des Industriezeitalters war es nicht nur das Wachstum der Wirtschaft, das für die Neubeschäftigung überflüssig gewordener Arbeitskräfte verantwortlich war – immer kürzere Arbeitszeiten spielten eine ungefähr ebenso wichtige Rolle für die Beschäftigungssituation.

Abbildung 5.1:
Historische Entwicklung der Arbeitszeiten, 1870–1973

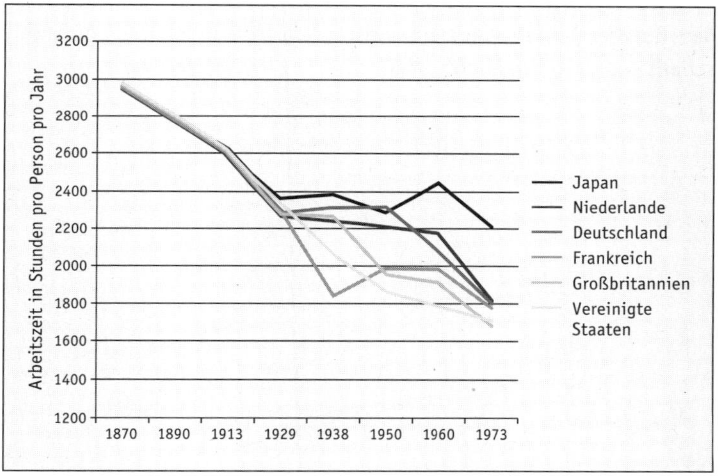

Quelle: Maddison (1987), »Table A-9: Hours Worked Per Person Per Year«, S. 686

Ungeachtet dieses geschichtlichen Hintergrunds sind viele Ökonomen fast ausschließlich auf Wachstum als Motor zur Schaffung von Arbeitsplätzen fixiert. Dass Arbeitszeiten auch reduziert werden können, wird in der Regel ignoriert – oder es wird abgelehnt, weil es die Wettbewerbsfähigkeit beeinträchtigen könnte oder von den Arbeitnehmern nicht gewünscht werde. (Nach dem konventionellen Modell hätten die Menschen, falls sie denn kürzere Arbeitszeiten wollten, diese schon längst bekommen, weil davon ausgegangen wird, dass die Märkte »perfekt« operieren.)[36] Die Frage der Wettbewerbsfähigkeit ist wichtig, aber es sind die Kosten pro Arbeitsstunde, auf die es ankommt, oder vielmehr die Lohnstückkosten – und nicht etwa die Gesamtzahl der Arbeitsstunden, die jede Person arbeitet. Einige der effizientesten und wettbewerbsfähigsten Fertigungsindustrien der Welt, zum Beispiel in Deutschland, den Niederlanden und in Schweden, haben kurze Arbeitszeiten, aber eine hohe Produktivität pro geleisteter Arbeitsstunde.[37] Tatsächlich können lange Arbeitszeiten sogar ein Zeichen von Ineffizienz sein. Typischerweise führt das Verkürzen von Arbeitszeiten zu höherer Produktivität pro Arbeitsstunde, da die Arbeit konzentrierter und intelligenter erledigt wird.[38] Das bedeutet, dass kürzere Arbeitszeiten eine Lösung sind, die nicht nur Wohlstand schafft, sondern ihn auch verteilt.

Abbildung 5.2:
Neuere Entwicklung der Arbeitszeiten, 1973–2007

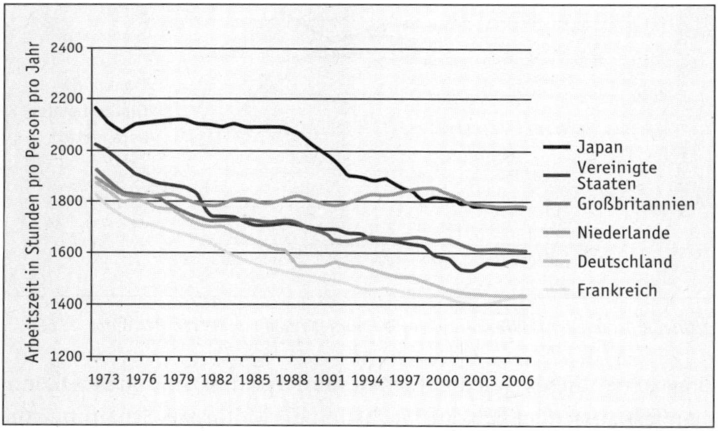

Quelle: Groningen Total Economy Database (2008), »Annual Hours Worked«

In den 1970er-Jahren kamen die Vereinigten Staaten von ihrem historisch vorgezeichneten Pfad ab, im Gegensatz zu anderen wohlhabenden Ländern: Frankreich, Deutschland und die Niederlande etwa haben von 1973 bis 2007 ihre durchschnittliche Jahresarbeitszeit um etwa 400 Stunden reduziert.[39] (Genau sind es jeweils 453, 437 und 389 Stunden.) In Großbritannien waren es 306 Stunden und in Japan 381. In den Vereinigten Staaten ging die Jahresarbeitszeit zwischen 1973 und 2000 kaum zurück – nämlich um lediglich 32 Stunden. Erst die Krisen des 21. Jahrhunderts erbrachten einen Rückgang um weitere 78 Stunden – das ergibt insgesamt ein Minus von 110 Stunden seit 1973. (Diese Zahlen sind niedriger als die aus anderen Quellen, zum Beispiel den Daten über die privaten Haushalte, die ich im vorigen Kapitel genannt habe.[40] Die Letzteren berücksichtigen auch Arbeitnehmer, die in mehreren Jobs arbeiten, sowie Selbstständige, weshalb hier die durchschnittliche Jahresarbeitszeit seit 1973 um 204 Stunden zugenommen hat.)

In den Vereinigten Staaten ist der Rückgang der Arbeitszeiten aus mehreren Gründen zum Stillstand gekommen – etwa wegen dramatisch zunehmender Gesundheitsvorsorgekosten (die einen Anreiz schaffen, möglichst wenige Mitarbeiter bei möglichst langen Arbeitszeiten zu beschäftigen), zunehmender Ungleichheit, erhöhten Anforderungen der Arbeitgeber und einer Erosion der Kaufkraft stundenweise beschäftigter Arbeitskräfte.

Diese Vorgeschichte macht die Aufgabe, zu einer langfristig lebensfähigen Wirtschaft zu gelangen, deutlich schwieriger, auch wenn die Faktenlage klar ist: Die heute verfügbare Arbeit ist auf zu wenige Arbeitsplätze konzentriert. Wenn wir alle in Arbeit bringen wollen, muss die durchschnittliche Arbeitszeit pro Arbeitsplatz sinken – und schon werden (bei unverändertem Produktionsvolumen) mehr Mitarbeiter gebraucht.

Der andere Grund, warum wir wieder Kurs nehmen müssen auf kürzere Arbeitszeiten, ergibt sich aus ökologischen Erwägungen.[41] Mit der Wiederbelebung der Wirtschaft wird wieder die Produktivität wachsen – also die Fähigkeit, ein gegebenes Volumen an Output mit weniger Input herzustellen. Ein Teil davon wird die Ressourcenproduktivität betreffen, die durch Umsteigen auf umweltfreundliche Technologien erreicht wird. Aber auch die Produktivität von Arbeit wird zunehmen, vor allem in den frühen Phasen der wirtschaftlichen Erholung. Wenn die dadurch frei gewordenen Stunden genutzt werden, um mehr Output zu erzeugen, wird dies zu weiteren ökologischen Belastungen führen.

Jenseits des Wachstumsdogmas

In den vergangenen drei Jahrzehnten hat der Druck, Wirtschaftswachstum zu erzeugen, immer weiter zugenommen, und zwar durch eine Entwicklung, die gelegentlich als »Finanzialisierung« der Wirtschaft bezeichnet worden ist. Damit sind der wachsende Einflussbereich und die zunehmende Macht der Wall Street und anderer Akteure der Finanzwirtschaft gemeint (und der gleichzeitige Rückgang der Bedeutung von Unternehmen aus anderen Sektoren).[42] Wenn eine Firma Geld leiht, sich also stärker verschuldet, muss sie höhere Gewinne erzielen, weil sie diese nicht nur einsetzen muss, um ihre Produktivität zu steigern, sondern auch, um ihre Verbindlichkeiten zurückzuzahlen. Mit steigender Finanzialisierung wuchs der Druck, kurzfristige Ergebnisse und höhere Gewinne zu liefern. Inzwischen wird weithin eingeräumt, wie schädlich das für die Wirtschaft war, weil es die Fähigkeit der Unternehmen untergrub, auf lange Sicht zu investieren. Das durch die Finanzwirtschaft erzwungene, schnelle Wachstum war eine destruktive Kraft, die zahlreiche vormals gesunde Unternehmen ausgezehrt und in den Bankrott getrieben hat.

Die voranschreitende Finanzialisierung wirft übergeordnete wirtschaftspolitische Fragen auf. Daten über den Zustand der Ökosysteme des Planeten und die Arithmetik der Gleichung $I = P \times A \times T$, die ich in Kapitel 3 beschrieben habe, lassen vermuten, dass es schwierig oder gar unmöglich sein wird, eine zukunftsfähige, nachhaltige Politik mit den heutigen Wachstumsambitionen zu vereinbaren. Zu stark ist der Glaube, dass eine Marktwirtschaft – also eine kapitalistisch organisierte Wirtschaft – stets wachsen müsse. Schauen wir uns allerdings die Zusammenhänge etwas genauer an, steht das Wachstumsdogma auf weniger festem Boden, als viele denken. Tatsächlich gibt es innerhalb der ökonomischen Theorie nur wenig Gründe, warum Wachstum unverzichtbar ist. Die Kennzahl, die verwendet wird, um festzustellen, wann Wachstum stattfindet und wann nicht (nämlich das Bruttoinlandsprodukt), gilt ohnehin schon seit Langem als zweifelhafter Indikator. Es ist an der Zeit, den einstmals sakrosankten Zusammenhang zwischen Einkommen und Wohlbefinden in Zweifel zu ziehen und den Diskurs auf die Frage zu lenken, was wachsen und was schrumpfen muss.

Um das Wachstumsdogma zu sezieren, können wir damit anfangen, zwischen privaten Haushalten, Unternehmen und Wirtschaft insgesamt zu unterscheiden. Haushalte – oder einzelne Menschen – sind der einfachste Fall. In ihrer abstraktesten Form konzentriert sich die Mainstream-Wirtschaftstheorie auf die Idee, dass der Mensch sein Wohlbefinden maximiert, und zwar durch Tauschen mit anderen. Die einflussreichen Arbeiten von Gary Becker und der Chicago School postulieren, dass diese Sicht des menschlichen Verhaltens auf alles angewendet werden könne.[43] Der Mensch könne frei entscheiden, was ihm am wichtigsten sei: die Natur zu schützen, Kinder großzuziehen oder eine entspannte Arbeitsumgebung zu haben. Steigende Einkommen sind keineswegs ein notwendiger Bestandteil dieses Modells, sie werden darin nicht einmal impliziert. Gerade das sich immer weiter verbreitende Downshifting – also freiwilliges Aufgeben von Geld für mehr Zeit – macht deutlich, dass keineswegs jeder Mensch danach strebt, sein Einkommen zu maximieren.

Obwohl häufig die »menschliche Natur« ins Feld geführt wird, um Habgier zu erklären, kann die evolutionspsychologische Literatur, die diesen Standpunkt stützt, nicht wirklich überzeugen.[44] Es gibt starke Belege dafür, dass der Mensch – wie andere Spezies auch – mit seinen Artgenossen um sozialen Status konkurriert. Aber die Statusmerkmale variieren nach Zeit und Lokalität, und menschliche Gesellschaften zeigen große Unterschiede in ihrer Neigung, um Konsumprodukte und Einkommen zu konkurrieren. So scheint zum Beispiel die Intensität des konsumorientierten Konkurrenzverhaltens je nach Einkommensverteilung – die schwerlich eine evolutionäre Variable ist – zu variieren.[45] Jahrzehntelange Forschungsarbeit hat gezeigt, dass in einer Reihe von Ländern das materialistische Streben nachgelassen hat.[46] Je deutlicher sich zeigt, dass das Modell von maximalem Wachstum in eine ökologische Katastrophe führt, mit desto mehr Berechtigung könnte man argumentieren, dass Einfachheit zu einem evolutionär überlegenen Merkmal geworden ist.

Wie jedoch wirkt das Wachstumsdogma auf Unternehmen? Was steckt wirklich hinter dem mantrahaft wiederholten »grow or die«? Nach dem Standardmodell, das von konkurrenzorientierten Märkten ausgeht, sind für den Erfolg von Unternehmen deren Produktivität und ihre Lohnstückkosten ausschlaggebend – effiziente Firmen überleben und florieren, ineffiziente gehen unter. Natürlich besteht ein Zusammenhang zwischen Effizienz und Größe, aber er ist nicht linear. Manche Firmen sind zu klein, um von den niedrigeren Lohnstückkosten – oder Skaleneffekten, die sich im Falle von Wachstum einstellen würden – profitieren zu können. Andere Unternehmen wiederum werden zu groß und bürokratisch, um noch handhabbar zu sein. Größe kann auch zu einer Marktmacht führen, die Konsumenten benachteiligt.

Es mag schwierig sein, sich ein Unternehmen vorzustellen, das floriert, ohne zu wachsen, aber man denke zum Beispiel an die Umstände eines kleinen Familienbetriebs. Jedes Jahr hat er Kosten und Erlöse, und die Differenz aus beiden ist der Gewinn (oder der Verlust). Die Eigentümer können ihre Gewinne nutzen, um ihre Maschinen- oder Softwareausstattung zu erweitern oder ihre Kosten anderweitig zu senken. Aber sie stehen nicht unter dem Druck, wachsen zu müssen. Wenn der Betrieb einen auskömmlichen Lebensunterhalt abwirft, kann er jahrelang in der gleichen Größe operieren. Produktivitätsverbesserungen sind der Schlüssel zum Erfolg, nicht die Größe des Betriebes an sich. Diese Logik gilt für viele Arten von Unternehmen. Das Argument, Wachstum sei notwendig, um den jeweiligen Marktanteil zu halten, ist nicht überzeugend. Wenn man die Marktmacht beiseitelässt, ist ein Wettbewerber erfolgreich, wenn er zum selben Preis bessere Qualität anbietet. Um mit der Konkurrenz Schritt zu halten, muss er seine Gewinne reinvestieren, um seine Betriebsführung zu optimieren und die Kosten zu senken. Nach und nach ist die Konkurrenzfähigkeit hauptsächlich eine Frage von Produktivitätsverbesserungen und von Effizienz. Sobald ein Unternehmen groß genug ist, um Skaleneffekte zu erzielen, verschwindet der Zwang zu wachsen. Falls ich mit der Annahme richtigliege, dass die optimale Betriebsgröße zurückgeht, würde die Wirtschaft von einer größeren Zahl kleinerer Firmen profitieren. Viele Firmen haben seit Jahren oder gar Jahrzehnten bei mehr oder weniger unveränderter Größe profitabel und erfolgreich operiert.

Es gibt auch einen recht umfangreichen Sektor von Unternehmen, die aufgrund ihrer Besitzstruktur nicht dem Zwang unterliegen, Gewinne machen zu müssen. Der politische Ökonom Gar Alperovitz von der University of Maryland hat Unternehmen, Kooperativen und Kreditgenossenschaften untersucht, die sich in Belegschaftsbesitz befinden, und festgestellt, dass es in den Vereinigten Staaten im Jahr 2003 über 48.000 Kooperativen, 11.000 Firmen mit Belegschaftsaktienplänen, beinahe 4000 kommunale Entwicklungsgesellschaften und zahllose von Bundesstaaten, Gemeinden und gemeinnützigen Organisationen gehaltene und betriebene Wirtschaftsunternehmen gab.[47]

Es ist kein Zufall, dass solche Körperschaften in geringerem Maße von der Wall Street und den großen Banken abhängig sind. Finanzialisierung macht ein höheres Wachstum der Wirtschaft notwendig, denn nur so können sowohl Banker als auch Aktionäre bezahlt werden. Aber statt eine vom Finanzsektor dominierte Wirtschaft als naturgegeben hinzunehmen, täten wir gut daran, uns darauf zu besinnen, dass diese Entwicklung relativ neu ist (nach 1980) und dass sie einer der Hauptgründe für den Niedergang weiter Teile der produzierenden Industrie gewesen ist. Wir tun gut daran, zu einer Welt zurückkehren, in der Investitionen und das Wachstum von Unternehmen aus erzielten Gewinnen bezahlt werden.

Die »Slow money«-Bewegung hat die Gefahren eines übertriebenen Gefühls der Dringlichkeit von Wachstum erkannt. Woody Tasch, ein Risikokapitalgeber und Unternehmer, ist der Gründer dieser Bewegung.[48] Er meint, wir müssten unser hektisches Finanzsystem »zurück auf den Boden« bringen, um Geld wieder mit Land, nachhaltigen Nahrungssystemen und lokalen Firmen zu verknüpfen. In einer »Slow money«-Gesellschaft investieren die Menschen dort, wo sie leben, langfristig und auf eine Art und Weise, welche Böden, Gemeinschaften und das Gemeinwohl der Menschen bereichert. Die Anhänger der »Slow money«-Bewegung investieren in Werte und fühlen sich der wachsenden Zahl von Konsumenten verbunden, die nach alternativen Produkten suchen und auch bereit sind, dafür etwas mehr zu zahlen – etwa für Produkte, die aus fairem Handel, organischem oder lokalem Anbau stammen und nicht unter ausbeuterischen Bedingungen hergestellt wurden.[49]

Werden die Sparer wirklich Renditen akzeptieren, die niedriger sind als diejenigen, die sie von großen Konzernen bekommen können? Der sozial verantwortlich agierende Investmentsektor liefert auf diese Frage eine bejahende Antwort aus der realen Welt. (Außerdem kann sozial verantwortliches Investieren unter Umständen ohnehin profitabler sein statt weniger profitabel.) Aber es gibt noch einen Grund, warum ein Übergang zu langsameren Amortisationen stattfinden könnte. Heute, da Keynes wieder in Mode kommt, werden wir uns vielleicht darauf besinnen, dass er nicht nur an Defizitfinanzierung glaubte, sondern auch erkannt hat, dass Investoren emotionale Wesen sind, deren Renditeerwartungen sozial anpassungsfähig sind. Keynes ging davon aus, dass die Märkte früher oder später zu geringeren Wachstumsraten zurückkehren würden und dass die Investoren unter solchen Umständen ihre Renditeerwartungen zurückschrauben würden.[50] Es gibt keine magische – oder »natürliche« – Rendite, die gezahlt werden muss.[51]

Das heißt letztlich, dass manche Unternehmen in einer Marktwirtschaft expandieren, andere dagegen nicht. Wenn wir zu einer Produktion im kleineren Maßstab übergehen, wird es weniger Druck geben, Wachstum um seiner selbst willen anzustreben. Wenn wir zu einem weniger zentralisierten Finanzsystem übergehen, wird auch der Zwang zu wachsen – vor allem auf riskante Weise – verschwinden. Und wenn wir zu einem »Slow money«-System übergehen, können wir die Macht des Finanzsektors mobilisieren, um unsere Nahrungssysteme, lokalen Ökonomien und Gemeinschaften zu regenerieren. Dann werden wir *intelligent* wachsen. Es werden diejenigen Dinge expandieren, die uns wirklich Nutzen bringen, und wir werden uns allmählich aus destruktiven Aktivitäten zurückziehen.

Und schließlich stellt sich die Frage, ob wir wirklich brauchen, was die Ökonomen »aggregate growth« (»gesamtwirtschaftliches Wachstum«) nennen und was normalerweise als Expansion des Bruttoinlandsprodukts definiert wird. Das BIP selbst ist eine erheblich verzerrte Kenngröße; darüber besteht seit Jahrzehnten Einigkeit, und das wurde in einer wichtigen, von den Ökonomen und Nobelpreisträgern Joseph Stiglitz und Amartya Sen Ende 2009 vorgelegten Studie erneut betont.[52] Das BIP erfasst nur vermarktete Aktivitäten. Es berücksichtigt keine Reduzierungen der Bestände an natürlichem Kapital. Es ignoriert Veränderungen der Menge an freier Zeit, die den Menschen zur Verfügung steht. Wenn die Gesundheit einer Bevölkerung durch Luftverschmutzung beeinträchtigt wird, behandelt das BIP die Therapiekosten als Zuwachs, unterlässt es jedoch, einen entsprechenden negativen Gegenposten für den schlechter werdenden Gesundheitszustand zu erfassen. Das BIP ist eine zusehends veraltende Kenngröße, weshalb Alternativen wie der Human Development Index, die Genuine Saving Estimates der Weltbank, der Genuine Progress Indicator und der ökologische Fußabdruck entwickelt wurden. Falls wir tatsächlich ein gesamtwirtschaftliches Wachstum brauchen, dann muss es auf wesentlich sinnvollere Weise gemessen werden.

Unabhängig von der Erfassungsmethode gibt es zwei Gründe, warum gesamtwirtschaftliches Wachstum wichtig sein könnte. Der erste ist, dass es Arbeitsplätze schaffen kann, um arbeitslos gewordene Menschen wieder zu integrieren und genügend Jobs für wachsende Bevölkerungen bereitzustellen. Der zweite ist, dass es den Lebensstandard anheben kann.[53] Die ökonomische Logik erfordert kein Gesamtwachstum, um ein jedes dieser Ziele zu erreichen. Eine wachsende Zahl von Menschen kann auch durch kürzere Arbeitszeiten in Lohn und Brot gebracht werden. Und es sind Produktivitätszuwächse, die den Lebensstandard verbessern, und nicht etwa die Größe der Wirtschaft insgesamt. Das mag auf den ersten Blick abwegig klingen, aber man muss bedenken, dass Produktivität ein Maß dafür ist, wie viel in einer Arbeitsstunde produziert werden kann. In erster Näherung kann die Größe der Wirtschaft abgeschätzt werden, indem man diese Zahl mit den insgesamt geleisteten Arbeitsstunden multipliziert. Wenn die Wirtschaft größer wird, ergibt das nicht unbedingt

Wohlstand; Produktivitätssteigerungen haben diesen Effekt hingegen schon. Dies ist eine der grundlegenden Erkenntnisse aus ökonomischen Überlegungen, die seltsamerweise fast völlig aus dem Blickfeld verschwunden ist, während Ökonomen, Politiker und die breite Öffentlichkeit sich in den »Wachstumsfetisch« der Ära nach dem Zweiten Weltkrieg haben hineinziehen lassen. Durch Produktivitätssteigerungen bedingte Verbesserungen des Wohlbefindens können auf verschiedene Weise erreicht werden: durch ein Mehr an Zeit für Muße, durch einen veränderten Produktmix, durch Einsparen natürlicher Ressourcen.[54] Wenn wir das gesamtwirtschaftliche Wachstum in ökologischen Begriffen statt in Geldbeträgen definieren, ist die Korrelation zwischen Wachstum und Lebensstandard sogar noch schwächer und kann sogar negativ sein.

Aber können wir das wirtschaftliche Wachstum ohne Schmerzen verlangsamen, ohne negativen Einfluss auf Beschäftigungsquote und Einkommen? Dies ist eine Frage, mit der sich immer mehr Umweltschützer und sogar einige Ökonomen zu beschäftigen beginnen. Im Jahr 2008 fand in Paris unter der Schirmherrschaft der European Society for Ecological Economics die erste internationale DeGrowth Conference statt.[55] Der Umweltökonom Peter Victor verwendete ein konventionelles Modell der Wirtschaft Kanadas, um herauszufinden, ob eine geplante Reduzierung des Wachstums durchführbar sei.[56] Er fand etwas heraus, was wir bereits wissen: Wird das Wachstum einfach eingestellt, führt das zu einer Katastrophe, da Arbeitslosigkeit und Armut rapide zunehmen und das Pro-Kopf-Einkommen sinkt. Das ist nicht allzu weit von dem entfernt, was 2008 in den Vereinigten Staaten und in anderen Ländern geschah. Aber mit einem bescheidenen Umfang an politischen Maßnahmen kann man einen solchen Prozess gezielt steuern. Wenn die Arbeitszeiten verkürzt werden, geht die Arbeitslosigkeit zurück, und die Freizeit nimmt zu. Sogar die Armut kann verringert werden, wenn die Regierung einen Teil der Einkommen an die Armen transferiert. Vielleicht am erstaunlichsten ist die Bestätigung des Umstands, über den ich oben geschrieben habe: Das Pro-Kopf-Einkommen kann steigen, ohne dass die Wirtschaft insgesamt wachsen müsste, und zwar durch höhere Investitionen. Dadurch steigen wiederum die Produktivität und das Wohlbefinden. Wie effizient wir produzieren, bestimmt unseren Wohlstand und nicht etwa, wie viel wir produzieren. Victor spielte auch Szenarien durch, bei denen CO_2-Emissionen besteuert wurden, und zeigte, dass die Emissionen selbst dann sinken können, wenn die Wirtschaft ein steigendes BIP pro Kopf, sinkende Arbeitslosigkeit und Armut sowie sinkende Staatsverschuldung produziert.

Was Victors Modell nicht berücksichtigt, ist eine Abkehr von den umweltschädlichen Energieträgern und unserem industrialisierten Nahrungssystem. Die Ergebnisse wären dann wohl noch eindeutiger, da umweltschonende Technologien und Konsumgewohnheiten zusätzliche Möglichkeiten eröffnen, Wohlbefinden ohne schnelles Wachstum zu erreichen. Eine umweltfreundliche Wirtschaft ergibt mehr Beschäftigung pro BIP-Einheit. Eine kürzlich durchgeführte Studie hat gezeigt, dass Investitionen in alternative Energien pro ausgegebenem Dollar zu über dreimal mehr Beschäftigung führen als im kapitalintensiven Sektor der fossilen Energieträger.[57] Ähnliches gilt für eine Landwirtschaft, die im kleinen Maßstab betrieben wird und/oder nach biologischen Kriterien produziert, sowie für lokal agierende, arbeitsintensive Firmen.

Dies ist eine wichtige Diskussion, aber die Auseinandersetzung über eine »steady-state economy« oder gar »degrowth« (»Wachstumsrücknahme«) verstellt den Blick auf einen wichtigen Aspekt des Übergangs zur Nachhaltigkeit. Der Kern des Problems ist der Übergang vom schmutzigen zum sauberen Sektor. Die Art und Weise, wie sich dieser Wandel vollziehen wird, ist abhängig vom Ausgangszustand. Momentan ist die »Business as usual«-Wirtschaft so dominant, dass sich das gesamtwirtschaftliche Wachstum insgesamt destruktiv auswirkt. Wenn sich das Größenverhältnis der beiden Sektoren aber nach und nach verschiebt, *könnte* es dazu kommen, dass Wachstum sich in der Summe positiv auf die Umwelt auswirkt. Aber davon sind wir noch weit entfernt.

Vorerst drängt die globale Perspektive die der Nationalstaaten in den Hintergrund. Die wohlhabenden Länder, vor allem die Vereinigten Staaten, haben die moralische Pflicht, das »Business as usual«-

Wachstum aufzugeben. Ihre kumulierten CO_2-Emissionen haben ein Problem herbeigeführt, welches das Potenzial hat, den Planeten zu destabilisieren.

Zwischen 1750 und 2006 waren die USA für 28 Prozent der globalen CO_2-Emissionen verantwortlich.[58] Keine andere Nation hat vergleichbare Umweltbelastungen verursacht – weder Großbritannien (6 Prozent) noch Japan (4 Prozent), Russland (8 Prozent), Deutschland (7 Prozent) oder sogar das gesamte restliche Europa (18 Prozent). China ist (wenn auch mit stark steigender Tendenz) nur für knapp 10 Prozent der Emissionen verantwortlich. Die Menschen in den armen Ländern haben einen moralischen Anspruch auf das, was vom ökologischen Spielraum des Planeten bleibt, um ihre Lebensstandards zu verbessern und Armut zu bekämpfen.[59] Falls es dadurch notwendig werden sollte, das Wachstum im Globalen Norden zu verlangsamen, während wir fossile Energieträger und destruktive Produktionsverfahren auslaufen lassen, dann ist das der einzig gerechte Weg in die Zukunft. Das mag hart erscheinen oder unerreichbar – aber Plenitude legt nahe, dass es keineswegs schmerzhaft sein muss, das Richtige zu tun. Letztlich kann es sogar erfreulich sein.

Plenitude und Wohlbefinden

In Debatten über Nachhaltigkeit hört man häufig, es sei die eine oder andere Form von Sparsamkeit oder gar Verzicht notwendig, um den Planeten zu heilen. Substitutionsökonomen warnen, dass die Einkommen sinken werden und die Arbeitslosigkeit steigen wird. Umweltschützer werden oft als »Verzichtprediger« dargestellt, die verdienstvollen Menschen und Völkern das gute Leben nicht gönnen wollen. (In diesem Vorwurf steckt ein Körnchen Wahrheit – es gibt einige, die Opfer von den wohlhabenden Ländern fordern.)[60]

Demgegenüber hört man auch häufig, Umweltschutz würde gar nicht mehr kosten; es wäre letztendlich viel teurer, der Umwelt weiter zu schaden. In Bezug auf die Klimaveränderung haben wir erfahren, dass das Ergreifen energischer Gegenmaßnahmen nicht nur die

Emissionen reduzieren, sondern auch zu höheren Einkommen führen würde (verglichen jeweils mit einer Situation, in der nichts geschähe). Die täglich gesammelten Daten über Ökosysteme deuten auf eine ähnliche Schlussfolgerung hin. Naturkapital erbringt vielfältigen Nutzen, der von der gewöhnlichen Buchhaltung ignoriert wird.

Aber es gibt noch ein anderes Problem mit der Opferperspektive: Sie hinkt den Erkenntnissen der Sozialwissenschaften hinterher, etwa der Erkenntnis darüber, wie Einkommen und die Verwendung von Zeit sich auf das Wohlbefinden auswirken. Den wohlhabenden Menschen in den reichen Ländern ist ein höheres Einkommen weniger wichtig, als gemeinhin angenommen wird. Substitutionsökonomen machen den Fehler, den Wert von zusätzlichem Einkommen zu überschätzen – ebenso wie die Menschen selbst. Entsprechend zeigt die Literatur über die Verwendung von Zeit, dass es vor allem die Momente außerhalb des Marktes sind, die uns Erfüllung schenken. Die Idee hinter Plenitude ist, uns von einer Kombination aus Anreizen und Zwängen, die kaum noch Wohlbefinden erzeugen (Wachstum, Arbeiten und Konsumieren, die Umwelt ausbeuten), zu emanzipieren, mit dem Ziel, einen anderen, bewussteren, entschleunigten Lebensstil zu erreichen.

Der Bestand an Forschungsergebnissen über den Zusammenhang von Einkommen und Lebenszufriedenheit ist inzwischen sehr umfangreich und nährt erhebliche Zweifel an der simplen Annahme, ein höheres Einkommen sei gleichbedeutend mit mehr Wohlbefinden (zumindest solange nicht ein bestimmtes Einkommensniveau erreicht ist).[61] Arme Menschen und arme Länder ziehen durchaus Nutzen aus mehr Konsum – aber dann werden die Dinge kompliziert. In zahlreichen wohlhabenden Ländern, darunter die USA, Großbritannien und Japan, war seit Jahrzehnten keine Zunahme des Wohlbefindens mehr zu verzeichnen, obwohl die Einkommen in dieser Zeit deutlich gestiegen sind. Umfragedaten zeigen an, dass Chinas massives Wachstum an materiellem Wohlstand nicht etwa zu mehr, sondern zu weniger Zufriedenheit in der Bevölkerung geführt hat.[62]

Der britische Ökonom Richard Layard hat herausgefunden, dass der Zufriedenheits-Score (»happiness score«) eines Landes nicht mehr weiter steigt, wenn die Menschen ein durchschnittliches Pro-Kopf-Einkommen von 26.000 Dollar erreicht haben.[63] Auch der Ökonom Richard Easterlin, der diese Debatte in den 1970er-Jahren anstieß, hat festgestellt, dass der »Score« innerhalb einer Gruppe von Personen, die ungefähr zur gleichen Zeit geboren wurden, kaum noch auf Einkommenssteigerungen reagiert.[64]

Es gibt eine Reihe von Erklärungen für diese zunächst nicht plausibel erscheinenden Ergebnisse.[65] Die erste davon ist, dass Menschen sich an höhere Einkommen anpassen, indem ihre Erwartungen steigen. Was letztes Jahr noch Luxus war, wird in diesem Jahr zur Notwendigkeit. Mehrere Studien haben ergeben, dass etwa 35 bis 60 Prozent einer Einkommensverbesserung diesem Anpassungseffekt zum Opfer fallen.[66] Das bedeutet: Wenn das Einkommen um 10.000 Dollar steigt, werden davon bald 3500 bis 6000 Dollar für »notwendig« erachtet – und nicht mehr als Beitrag zu einer Verbesserung des Wohlbefindens empfunden.

Eine zweite Erklärung ist Statusdenken.[67] Je wichtiger einer Person ihr gesellschaftlicher Status ist, desto weniger kann mehr Konsum zusätzliches Wohlbefinden erzeugen. Eine in den USA durchgeführte Studie ergab, dass die Zufriedenheit einer Person abnimmt (und zwar ganz erheblich), wenn das Einkommen ihrer Nachbarn steigt.[68] Der bekannte »Tretmühleneffekt« tritt ein, wenn eine Person versucht, ihr Einkommen zu steigern, indem sie mehr arbeitet, aber feststellen muss, dass sie nicht vorankommt, weil die anderen in ihrem Umfeld das Gleiche tun.

Warum lernen wir nichts aus diesen Erkenntnissen und steigen aus der Tretmühle aus? Nun, das kommt durchaus vor. Downshifter haben begriffen, dass Geld nicht glücklich macht, aber die Mehrheit glaubt immer noch, dass dem so ist. Das Vorhandensein dieses »projection bias« (»Projektionstendenz«) führt dazu, dass die Menschen Einkommen und Konsum in Bezug auf ihre Zufriedenheit überbewerten.[69] Die Menschen *glauben*, mehr Geld würde sie glücklicher machen, auch wenn das in den meisten Fällen nicht so ist.

Viele Menschen müssen längere Arbeitszeiten in Kauf nehmen, wenn sie mehr Geld verdienen wollen. Es mehren sich die Belege, dass längere Arbeitszeiten mit weniger Zufriedenheit assoziiert sind. In einem allgemeineren Sinne besteht ein enger Zusammenhang zwischen der Art und Weise, wie ein Mensch seine Zeit verbringt, und seinem Wohlbefinden. In einer Reihe von Studien haben die Psychologen Tim Kasser und Kennon Sheldon herausgefunden, dass zwischen Zeitwohlstand und Wohlbefinden eine positive Korrelation besteht, unabhängig vom Einflussfaktor Einkommen.[70] Viele ihrer Studien ergaben, dass verfügbare Zeit wichtiger ist als materielle Güter. Kasser und Kirk Brown fanden heraus, dass zwischen der Länge der Arbeitszeit und der Lebenszufriedenheit eine negative Korrelation besteht.[71] Der Nobelpreisträger Daniel Kahneman und sein Kollege Alan Krueger von der Princeton University haben drei Aktivitäten identifiziert, die am häufigsten schlechte Laune verursachen: die abendliche Pendelfahrt von der Arbeitsstelle nach Hause, die Arbeit selbst und die morgendliche Pendelfahrt zur Arbeit hin.[72] Eine Studie in Ländern der Europäischen Union ergab, dass die Zufriedenheit umso niedriger ist, je länger die Arbeitszeiten sind.[73] Die Ergebnisse einer groß angelegten deutschen Umfrage zeigten ebenfalls eine negative Korrelation zwischen der Länge der Arbeitszeit und der Zufriedenheit des Betreffenden.[74] Ein weiteres bemerkenswertes Ergebnis ist, dass Einkommen statusrelevant ist, Freizeit dagegen nicht.[75] Die Nutzen von längeren Urlaubszeiten und kürzeren Arbeitszeiten sind dauerhaft – sie bleiben auch dann bestehen, wenn andere Menschen im Umfeld des Betreffenden ebenfalls mehr freie Zeit hinzugewinnen.

Wenn es also stimmt, dass Einkommen und lange Arbeitszeiten das Wohlbefinden kaum steigern können, warum streben wir dann danach? Oder anders gefragt: Welche Wege führen zu mehr Lebenszufriedenheit? Hier gibt es keine Überraschungen: indem man mehr Zeit mit der Familie und mit Freunden verbringt, mehr Zeit in intimen Beziehungen, mehr Zeit mit angenehmen Dingen wie essen und Sport treiben.[76]

Auch die Natur ist eine Quelle des Wohlbefindens. Umweltpsychologen und andere haben festgestellt, dass es dem Menschen in vielerlei Hinsicht nützt, seine Zeit im Freien zu verbringen.[77] Park-

und Gartenanlagen helfen dem Menschen, sich zu entspannen und zu erholen; wenn man sich in der Nähe von Pflanzen und im Grünen aufhält, baut man Stress ab und fördert seine emotionale Ausgeglichenheit. Wenn man sich in der freien Natur aufhält, kann das den Blutdruck senken und die Gesundheit der Muskulatur verbessern. Patienten genesen schneller in einer Umgebung voller Pflanzen, Blumen und Bäume. Die Produktivität und das Wohlbefinden von Arbeitskräften werden durch natürliches Licht und Zugang zum Freien gesteigert. Wohnkomplexe mit großzügigeren Grünanlagen bringen den Bewohnern vielfältigen Nutzen.

Angesichts der Entwicklung der vergangenen Jahrzehnte kommen immer mehr Menschen zu dem Schluss, dass dieselben Marktkräfte, welche die Wirtschaft antreiben, auch die Ursache von Umweltzerstörung, Zeitknappheit, dem Niedergang von Gemeinschaften und dem Zusammenbruch von sozialen Bindungen sind. Kennzahlen, die breiter angelegt sind als das BIP, erzählen eine ähnliche Geschichte. Der »Happy Planet Index« der New Economics Foundation integriert den ökologischen Fußabdruck, Messungen der Lebenszufriedenheit und die Lebenserwartung zu einer einzigen Kennzahl, die darüber Auskunft gibt, wie effizient ein Land natürliche Ressourcen einsetzt, um bei seinen Bürgern »glückliche Lebensjahre« herbeizuführen.* Spitzenreiter ist Costa Rica, wo der Anteil der erneuerbaren Energien im Energiemix 99 Prozent beträgt, die Menschen eine Lebenserwartung von 78,5 Jahren haben und der durchschnittliche Zufriedenheits-Score bei 8,5 von 10 liegt. (Costa Rica hat außerdem unter den Schwellenländern eine der niedrigsten Armutsraten, es forstet seine Wälder wieder auf und hat 1949 seine Armee abgeschafft.) Dagegen landen die Vereinigten Staaten auf einem jämmerlich ineffizienten 114. Platz, und zwar hauptsächlich, weil ihr ökologischer Fußabdruck im Vergleich zu den »Happy life year«-Ergebnissen – die im Bereich des Durchschnitts der wohlhabenden Länder liegen – sehr groß ist.[78]

* Laut HPI sind die Menschen in Costa Rica die glücklichsten Menschen der Welt, vor Vietnam und Kolumbien. Bei der letzten Erfassung (2012) lag Norwegen auf Rang 29, Deutschland auf Rang 46 und die USA auf Rang 105.

Plenitude zielt darauf hin, diese Ineffizienz zu überwinden. Wir werden nicht nur die Frage beantworten, ob es uns in quantitativem Sinne besser oder schlechter geht – die Frage, um die es in den genannten Studien geht –, sondern auch – und vielleicht noch wichtiger – entdecken, dass wir andere Menschen geworden sind. Wir werden unsere Lebensführung in Einklang mit dem gebracht haben, was den meisten von uns am wichtigsten ist: Gesundheit und Wohlbefinden zu fördern – für die Menschen, andere Lebewesen und den gesamten Planeten.

Plenitude auf dem Vormarsch

Viele der Elemente von Plenitude beginnen Gestalt anzunehmen. Die Wirtschafts- und Finanzkrise hat (zumindest kurzfristig) als Katalysator für eine ohnehin schon wachsende Nachhaltigkeitsbewegung gewirkt. In vielen Städten und Vororten gärtnern Menschen selbst. Viele Familien legen einen eigenen Gemüsegarten an, und Gemeinschaftsgärten entstehen. In zahlreichen Großstädten florieren Initiativen, die gesunde und ökologisch erzeugte Nahrung für die Stadtbewohner anbauen. Initiativen und Organisationen entstehen und befördern ein Umdenken im Bezug auf die Ernährungsgewohnheiten der Menschen in der Region. Wochenmärkte, Community Supported Agriculture, »Slow Food«-Gruppen, Gärten auf Schulgeländen und ähnliche Initiativen sind auf dem Vormarsch. Solche Aktivitäten sind immer häufiger zu beobachten, vom einfachen Gemüseanbau bis hin zu urbaner Landwirtschaft (»urban homesteading«).[79] Viele Menschen ziehen Pilze, züchten Bienen und halten Nutztiere. In Städten, die private Hühnerhaltung verbieten, ist ein »Hühner-Underground« entstanden, und inzwischen werden landauf, landab Hühner im Garten hinter dem Haus gehalten.[80] Nutztierhaltung auf dem eigenen Grundstück ist so beliebt geworden, dass in einigen Gegenden sogar mobile Schlachtereien gegründet wurden – Lkws, die durch die Nachbarschaften fahren, um die Tiere vor Ort zu schlachten. Im Bereich Energie ist eine ähnliche Entwicklung zu beobachten. Viele Menschen installieren Solarpaneele und alternative Kochstellen, die mit Maisstrünken und Holzpellets befeuert werden. Sie ersetzen den Strom aus dem öffentlichen Netz durch Energie aus alternativen Energiequellen. Manche Haushalte koppeln sich ganz vom Stromnetz ab und nutzen Windkraft und Erdwärme. Sie dämmen ihre Wohnungen, leben auf geringerer Wohnfläche und konstruieren intelligente Häuser, die mit kostenloser Energie aus Wind und Sonne geheizt (oder gekühlt) werden – Minikraftwerke, welche die Notwendigkeit fossiler Energieträger widerlegen.

Es entstehen immer mehr lokale Netzwerke, um die Probleme der Wirtschaft, Energieversorgung und Umwelt zu lösen. Die »Transition Town«-Bewegung, die in Totnes, England, ihren Ausgang nahm, hat sich schnell auf andere Länder ausgedehnt.[81] Sie hat viele Gemeinsamkeiten mit Plenitude. Sie ist optimistisch, selbstgenügsam und zuversichtlich, dass es einen Weg in die Zukunft gibt, der besser für die Menschheit und die Erde ist. Sie setzt sich ein für Weiterbildung, Ernährungssicherung, erneuerbare Energien und den Aufbau sozialer Bindungen auf kommunaler Ebene. Sie ist eine dezentralisierte Bewegung ohne übergeordneten Plan – abgesehen von dem Prozess, den sie Gemeinschaften empfiehlt, die sich der Herausforderung stellen wollen.

Überall fassen neue Lebensweisen Fuß, in der Familie, aber auch in Nachbarschaften oder größeren sozialen Gruppen.[82] Diese Zentren oder Ökodörfer leisten Pionierarbeit, um auf umweltschonende Weise Nahrung zu erzeugen, Regenwasser zu sammeln, Energie zu erzeugen, den Körper zu heilen, Produkte zu fertigen und demokratische und kooperative Methoden für das Zusammenleben von Menschen zu entwickeln. Viele davon sind Zentren, in denen hauptsächlich Wissen vermittelt wird, in anderen wird gemeinsam gelebt und gelernt. Interessierten Menschen wird gezeigt, wie sie umweltschonend und erfüllt leben können, sie erhalten Kenntnisse über Solarbauweise, Permakultur, das Anlegen von Waldgärten, das Sammeln und Aufbereiten von Regenwasser und vieles mehr. In Colorado bildet das Earth Restoration Corps Lehrer aus, die das traditionelle Wissen der eingeborenen Völker weitergeben. Eine Gruppe in Philadelphia, die mit der Business Alliance for Local Living Economies zusammenarbeitet, setzt sich dafür ein, die Gründung von nachhaltig wirtschaftenden Kleinbetrieben zu fördern, Stadtgrundstücke zu sanieren und Hunderte von neuen Arbeitsplätzen zu schaffen.

Das Center for Alternative Technologies in Wales unterrichtet in Verfahren zur umweltschonenden Holzbearbeitung und vermittelt Kenntnisse, wie man Windkraftanlagen, Solarwassererhitzer und sogar ganze Wohnhäuser selbst baut. Ökogemeinschaften in Italien und Deutschland lehren Konfliktbewältigungsstrategien, geben handwerkliche Kenntnisse weiter und informieren über umweltfreundliche Technologien für den Alltag.

Ähnliche Initiativen gibt es in Australien, in vielen Länder Lateinamerikas und in Schwarzafrika. Vandana Shivas »Bija Vidyapeeth«-Zentrum (»Erdenbürger«-Zentrum) stellt im Norden Indiens durch Kurse, in denen indische und ausländische Nachhaltigkeitsexperten unterrichten, eine innovative, kommunal betriebene Biofarm mit den Einwohnern der umliegenden Dörfer auf die Beine. Ebenfalls in Indien beherbergt die Ökostadt Auroville Menschen aus aller Welt, die sich über Bauverfahren, das Kultivieren von Heilpflanzen, alternative Technologien und ähnliche Themen fortbilden wollen. Das Schumacher College in Devon, England, wo ich viel Zeit verbracht habe, bietet den Teilnehmern vegetarische Mahlzeiten an, unterrichtet in den neuesten umweltschonenden Verfahren und bietet Kurse zu Meditation sowie Tiefenökologie und Holismus (»Ganzheitslehre«) an. Das Global Ecovillage Network, zu dem viele dieser Beispiele gehören, verbindet 13.000 sehr unterschiedliche Gemeinschaften in aller Welt.[83] Sie haben sich zum Ziel gesetzt, nicht nur Nachhaltigkeit, sondern »sustainability plus« zu praktizieren, zu vermitteln und zu verbreiten – eine Lebensweise, die der Erde mehr zurückgibt, als sie von ihr nimmt.

Wenn wir den Blick in die Zukunft richten, ist so manche beängstigende Entwicklung erkennbar. Für die Abwendung des Klimawandels bleibt noch ein schmales Zeitfenster, aber die Interessenverbände der Industrien, die mit Kohle, Öl und anderen fossilen Treibstoffen ihr Geld verdienen, haben raffinierte Werbe- und Lobbykampagnen gestartet, die den politischen Willen untergraben, zu Lösungen zu kommen. In den USA bleibt der Senat ein gewaltiges Hindernis auf dem Weg zu mehr Klimaschutz. Die Rezession der Jahre 2008/09 führte zu einem beispiellosen Mittelzufluss in Programme zur Förderung alternativer Energien und umweltschonender Arbeitsplätze. Aber ihre Nachwirkungen, etwa in Form von Arbeitslosigkeit, haben den politischen Spielraum für eine Verteuerung von Energie aus fossilen Energieträgern – die notwendig ist, um niedrigere Treibhausgasemissionen zu erreichen – verringert. Progressive Lösungen bleiben durch die Lobbyarbeit mächtiger Interessenverbände nach wie vor zumeist in der Schublade. Die Umweltpolitik ist noch nicht aus der Sackgasse unheilvoller Substitutionen herausgekommen.

Aber es gibt auch Entwicklungen, die Hoffnung machen. Die Erde hat begonnen, sich auf so unmissverständliche Weise mitzuteilen, dass immer mehr Menschen ihre Botschaft verstehen. Sie reagieren darauf, indem sie pflanzen, anbauen, sparen, teilen, recyceln, fertigen und sich um ihre Mitmenschen kümmern. Sie übernehmen Verantwortung auf ihre ganz persönliche Art und Weise und werben in Begriffen von Nachhaltigkeit für ihren neuen Lebensstil. Immer mehr von uns werden in ihrem lokalen Umfeld aktiv, erwirken CO_2-Verpflichtungen von Bürgermeistern und Landesregierungen und zeigen ihren Mitbürgern, wie man Gemüse anbaut und haltbar macht. Klimaaktivismus und ziviler Ungehorsam gegen den weiteren Ausbau von Kohlekraftwerken greifen um sich. Einige Meilen entfernt von meinem Haus in Newton, Massachusetts, weigern sich Studenten, in Wohnheimen, Wohnungen und Häusern zu leben, die mit umweltschädlicher Energie versorgt werden, und zelten stattdessen draußen auf dem Boston Common. Sie fordern, dass der Bundesstaat sich verpflichten möge, bis 2020 die Energieversorgung zu 100 Prozent auf erneuerbare Energien umzustellen.

In aller Welt hat Plenitude – oder wie immer man dieses Modell nennen will – Millionen von Anhängern gewonnen, die sich dafür einsetzen, die Wirtschaft des 21. Jahrhunderts so zu gestalten, dass die Erde wieder heilen kann. Sie haben erkannt, dass Plenitude eine kluge Strategie ist – was sie auch sein muss, wenn sie funktionieren soll. Sie ist abgestimmt auf die massiven Verlagerungen, die sich derzeit in der globalen Wirtschaft vollziehen, auf die schwindende Macht des »Business as usual«-Modells und das wachsende Potenzial von Produktionsverfahren und Konsumgewohnheiten, die auf Kleinheit, Zeitwohlstand und geringe Umweltbelastungen orientiert sind.

Aber Plenitude floriert nicht nur, weil sie fiskalisch intelligent ist. Plenitude gewinnt auch deswegen immer mehr Anhänger, weil sie unsere gebrochenen Lebensläufe reparieren, unsere Seelen heilen und uns wirklich reich machen kann – auf eine Art und Weise, die kaum etwas mit Geld und Konsum zu tun hat. Und im Laufe dieses Prozesses baut sie ganz allmählich, Schritt für Schritt, eine bessere Art auf, als Mensch sein Leben zu führen.[84] Sie verspricht, im Laufe dieses Prozesses die Freigiebigkeit und Schönheit unseres Planeten und aller seiner Bewohner wiederherzustellen – und mit weniger sollten wir uns auch nicht zufriedengeben.

Danksagung

Mein erster Vorstoß auf das Gebiet der Ökologie begann in den späten 1980er-Jahren am World Institute for Development Economics Research der Universität der Vereinten Nationen im Rahmen eines Projekts, dessen zentrale Frage lautete, wie die Makroökonomie sich verändern müsste, wenn wir die von der Umwelt gesetzten Grenzen ernst nähmen. Es erwies sich als Herausforderung, diese Frage zu beantworten. Tariq Banuri und Stephen Marglin waren beide maßgeblich an diesem Projekt beteiligt, und beide haben viele Jahre lang mein Denken beeinflusst. Andrew Glyn, der schmerzlich vermisst wird, übernahm die Führung des Abschlusskongresses und gab den Begleitband heraus, der unter dem Titel *The North, The South and the Environment* veröffentlicht wurde.

Einige Jahre später, Mitte der 1990er-Jahre, hatte ich das Glück, in den Gründungsvorstand des Center for a New American Dream eingeladen zu werden, einer gemeinnützigen Organisation mit dem Ziel, amerikanische Lebensstile gesellschaftlich und ökologisch nachhaltig zu gestalten. Durch diese Arbeit habe ich einige wichtige Denker unserer Zeit auf dem Gebiet der Nachhaltigkeit kennengelernt und mich zum ersten Mal mit ihrer Bewegung beschäftigt. Eine Reihe von Gesprächen, die ich im Laufe der frühen Jahre des Centers führte, waren besonders prägend für mich, und den Mitgliedern dieser ursprünglichen Gruppe möchte ich ganz besonders danken: der verstorbenen Donella (Dana) Meadows, Betsy Taylor, Robert Engelman, Alan Durning, Vicky Robin und Paul Gorman und auch den anderen frühen Vorstandsmitgliedern Peter Forbes, Liz Barratt-Brown, Dick Roy, Jacqueline Hamilton und Alan Atkisson. Im Laufe der Jahre sind wundervolle neue Kollegen in den Vorstand und die Belegschaft des Centers gekommen, und ich bin den jetzigen und ehemaligen Vorstandskollegen Eleanor Sterling, Wendy Philleo, Chris Jordan, Michael Totten, Alicia Gomez, Julie Gorte, Alan Balch, Daesha Ramachandran, Gay Nicholson und Jeffrey Baer sowie den aktuellen und ehemaligen Center-Mitarbeitern Sean Sheehan, Dave und Monique Tilford, Franca Brilliant, Lisa Wise, Eric Brown, Chris O'Brien und Bob Ferris sehr dankbar.

Ich hatte auch das Privileg, am Schumacher College zu lehren, einem weltweit renommierten Zentrum weiter Teile des alternativen Denkens, das ich in diesem Buch vorgestellt habe. Ich habe sehr viel gelernt von Satish Kumar, Stephan Harding, Vandana Shiva und Brian Goodwin, der leider vor Kurzem verstorben ist. Außerdem möchte ich Roy Cherian danken – für ein spezielles Meeting zu dieser Thematik, zu dem die innovativsten Denker zu ökonomischen Alternativen im November 2007 zusammenkamen, um zu versuchen, eine neue Vision zu entwickeln. (Etliche Mitglieder dieser Gruppe sagten übrigens den Finanzcrash im darauffolgenden Jahr voraus.)

Mehrere Menschen hatten besonderen Einfluss auf mein Denken über diese Themen, durch ihre Schriften und ihre Freundschaft. Ich danke Gus Speth, Stephen Marglin und Bill McKibben. Dass ich Frithjof Bergmann enorm viel zu verdanken habe, wird in Kapitel 4 deutlich. Paul Hawkens Arbeit war mir eine besondere Quelle der Inspiration. Und mein größter Dank geht an Betsy Taylor, die mich in ihre Welt einlud und mich an verschiedenen Arten von Weisheit teilhaben ließ, so zum Beispiel auch, wie man am besten über diese Probleme kommuniziert, zu einer Zeit, als das noch kaum jemand herausgefunden hatte.

Etwas direkter schulde ich denjenigen Dank, die mir bei der Arbeit an diesem Buch geholfen haben. Den Ökonomen Frank Ackerman vom Stockholm Environment Institute, Gerald Epstein von der University of Massachusetts und Lawrence Goulder von der Stanford University bin ich besonders dankbar. Sie haben große Teile des Manuskripts gelesen und mir ausführliche und äußerst nützliche Hinweise dazu gegeben. Abgesehen davon, dass sie es erheblich verbessert haben, sind sie nicht für das Endergebnis verantwortlich. S. Krishnan Dasaratha hat das Manuskript gelesen und kommentiert. Prasannan Parthasarathi hat zahlreiche Entwürfe gelesen und mir mit der historischen Literatur geholfen. David Kotz, Gerald Epstein, Edward Wolff und vor allem Stephan Lutter vom SERI danke ich für diverse Materialien und Daten. Robert Costanza und Paul West waren netterweise bereit, sich für dieses Buch interviewen zu lassen, und ich danke ihnen für ihre Hilfsbereitschaft.

Den Anstoß zu den Recherchen in Kapitel 2 gab eine Einladung von Bill McKibben, der mir vorschlug, am Middlebury College einen Vortrag zu halten. Ich war dort an jenem Abend, als die Vereinigten Staaten in den Irak einmarschierten, was den Anlass für meine erste Arbeit über die Rolle von billigen Rohstoffen und Produkten in der Konsumgesellschaft gab. Auf dieses Thema ging ich dann in einer programmatischen Rede beim Jahrestreffen 2003 der US Society for Ecological Economics ausführlicher ein. Darüber hinaus habe ich Teile dieses Buches in unterschiedlichen Stadien an verschiedenen Universitäten präsentiert, zum Beispiel an der Harvard University, New York University, Oxford University, University of Manchester, University of Minnesota, University of Massachusetts in Amherst, Drexel University, Villanova University, am Fashion Institute of Technology, an der Universität Linz, am Institute for Social Ecology, am Pocantico Conference Center of the Rockefeller Brothers Fund und am Boston College, sowie auf mehreren Kongressen, etwa den Jahrestreffen der American Sociological Association und der Eastern Sociology Association sowie der Consumer Culture Theory Conference. Ich bin dankbar für die Gespräche und den Input vieler Kollegen an diesen Universitäten und Veranstaltungen, nämlich Douglas Holt, Craig Thompson, Randy Hodgson, Dalton Conley, Nancy Folbre, Jim Boyce, Deepak Bhargava und Marina Fischer-Kowalski sowie etlichen anderen.

Auch einigen Kollegen am Boston College, an dem ich seit 2001 unterrichte, schulde ich Dank. Das College of Arts and Sciences hat mir zwei Sabbatsemester gewährt, um dieses Buch zu schreiben, obwohl mir nur eines zugestanden hätte. Etliche Kollegen im Fachbereich Soziologie sind mir eine ständige Quelle von intellektuellen Diskursen und Kollegialität gewesen. Ich bin meinen Doktoranden und vor allem Anders Hayden dankbar, dessen Arbeit mich viel gelehrt hat über die Frage von Wirtschaftswachstum im Kontext der Debatten um Klimaveränderung. Mehrere Studenten haben mich bei den Recherchen zu diesem Buch unterstützt und mir über mehrere Jahre geholfen, die entsprechenden Materialien und Daten zusammenzutragen – zu ihnen zählen Christa Martens, Amanda Buescher, Margaret Ford und Dominic Kim. Die größte Hilfe war jedoch Margaret Willis, die eine fantastische Rechercheassistentin ist und monatelang an diesem Buch gearbeitet hat. Ich bin ihr äußerst dankbar für ihre hervorragende Arbeit.

Meine Kinder Krishna und Sulakshana waren – wie immer – begeistert über dieses Projekt. Ich hoffe, dass wir schnell genug handeln können, um ihre Zukunft zu sichern. Ich möchte auch meiner Familie danken – James, Jonathan, David und Sharon und vor allem M. S. und Indira Partharasathi sowie Bernard und Louise Lown für ihre Liebe und Unterstützung.

Vor 25 Jahren hatte ich mit Prasannan Parthasarathi ein Gespräch über ökologische Grenzen und globale Verteilung, das mein Leben verändert hat. Als neue Assistenzprofessorin an der wirtschaftlichen Fakultät der Harvard University vertrat ich damals eine Meinung, die typisch ist für diese Disziplin und darauf hinausläuft, dass die globale Armut durchaus behoben werden könne, aber nicht etwa dadurch, dass die US-Amerikaner die natürlichen Ressourcen des Planeten gerechter mit dem Rest der Welt teilen, sondern vielmehr durch technologische Veränderung, die es allen Menschen ermöglichen würde, so zu leben wie wir. Er brachte mich zu der Einsicht, wie falsch und verbohrt diese Sicht der Dinge ist. Dieses Gespräch erwies sich als mein erster Schritt auf dem Weg zu einer fundamentaleren Kritik der Wirtschaftswissenschaften und schließlich zu diesem Buch. Dafür danke ich dir, Prasannan, und für deine zahlreichen Beiträge zu diesem Buch und all die anderen Arten, wie du mein Denken und Sein verändert hast.

Quellen

Abdallah, Saamah, Sam Thompson, Juliet Michaelson, Nic Marks und Nicola Steuer, *The un-happy planet index 2.0: Why good lives don't have to cost the earth*, London 2009: New Economics Foundation.

Abernathy, Frederick H., John T. Dunlop, Janice H. Hammond und David Weil, *A stitch in time: Lean retailing and the transformation; Lessons from the apparel and textile industries*, New York 1999: Oxford University Press.

Ackerman, Frank, »The unbearable lightness of regulatory costs«, *Fordham Urban Law Journal* 33 (4) (Mai 2006), S. 1071–1096.

Ackerman, Frank, Stephen J. DeCanio, Richard B. Howarth und Kristen Sheeran, »Limitations of integrated assessment models of climate change«, in: *Climatic Change* 95 (2.4.2009), S. 297–315.

Ackerman, Frank, und Ian J. Finlayson, »The economics of inaction on climate change: A sensitivity analysis«, in: *Climate Policy*, Juni 2006, S. 509–526.

Ackerman, Frank, und Lisa Heinzerling, *Priceless: On knowing the price of everything and the value of nothing*, New York 2004: The New Press.

Ackerman, Frank, Elizabeth A. Stanton und Ramon Bueno, »Fat tails, exponents, and extreme uncertainty: Simulating catastrophe in DICE«, in: *Ecological Economics*.

Ackerman, Frank, Elizabeth A. Stanton, Stephen J. DeCanio, Eban Goodstein, Richard B. Howarth, Richard B. Norgaard, Catherine S. Norman und Kristen Sheeran, *The economics of 350: The benefits and costs of climate stabilization*, Economics for Equity and the Environment Network, 2009.

Adena, Willem, und Maxime Ladaique, *Net social expenditure 2005 edition: More comprehensive measures of social support*, Paris 2005: OECD.

Agarwal, Anil, und Sunita Narain, *Redressing ecological poverty through participatory democracy: Case studies from India*, PERI Working Paper Series #36, Amherst, Mass. 2000: Political Economy Research Institute.

Aguiar, Mark, und Erik Hurst, »Measuring trends in leisure: The allocation of time over five decades«, in: *The Quarterly Journal of Economics* 122:3:2007, S. 969–1006.

Alesina, Alberto, Edward Glaeser und Bruce Sacerdote, *Work and leisure in the US and Europe: Why so different?* NBER Working Paper 11278. Cambridge, Mass. 2005: National Bureau of Economic Research.

Alperovitz, Gar, *America beyond capitalism: Reclaiming our wealth, our liberty, and our democracy*, Hoboken, NJ 2005: Wiley.

American Apparel & Footwear Association Trends: *An annual statistical analysis of the U.S. apparel & footwear industries, annual 2008 edition.*

Arrow, Kenneth, Bert Bolin, Robert Costanza, Partha Dasgupta, Carl Folke, C. S. Holling, Bengt-Owe Jansson et al., »Economic growth, carrying capacity, and the environment«, in: *Science* 268 (28.4.1995), S. 520–521.

Arrow, Kenneth, Partha Dasgupta, Lawrence Goulder, Gretchen Daily, Paul Ehrlich, Geoffrey Heal, Simon Levin et al., »Are we consuming too much?«, in: *Journal of Economic Perspectives* 18 (3) 2004, S. 147–172.

Artazcoz, L., I. Cortès, V. Escribà-Agüir, L. Cascant und R. Villegas, »Understanding the relationship of long working hours with health status and health-related behaviours«, in: *Journal of Epidemiology and Community Health* 63 (7) 2009, S. 521–527.

Askari, Hossein, und Noureddine Krichene, *Inflationary trends in world commodities markets: 2003–2007*, Occasional Paper Series, Center for the Study of Globalization, The George Washington University.

Associated Press, »Government to give GMAC $7.5B in new aid«, National Public Radio, 2009.

Ayres, Robert U., »Limits to the growth paradigm«, in: *Ecological Economics* 19 (2) (November 1996), S. 117–134.

Ayres, Robert U., »Cowboys, cornucopians, and long-run sustainability«, in: *Ecological Economics* 8 (3) (Dezember 1993), S. 189–207.

Bagliani, Marco, Giangiacomo Bravo und Silvana Dalmazzone, »A consumption-based approach to environmental Kuznets curves using ecological footprint indicator«, in: *Ecological Economics* 65, S. 650–661.

Barlow, Maude, *Blue gold: The fight to stop the corporate theft of the world's water*, New York 2002: New Press [deutsche Ausgabe: *Blaues Gold – das globale Geschäft mit dem Wasser*, München 2003: Kunstmann].

Barnes, Peter, *Who owns the sky? Our common assets and the future of capitalism*, Washington, DC 2001: Island Press.

Bates, Bryson C., Zbigniew W. Kundzewicz, Shaohong Wu und Jean P. Palutikof, *Climate change and water: Technical paper of the intergovernmental panel on climate change*, Geneva 2008: IPCC Secretariat.

Battisti, David S., und Rosamond L. Naylor, »Historical warnings of future food insecurity with unprecedented seasonal heat«, in: *Science* 323 (9.1.2009), S. 240–244.

Baudrillard, Jean, *Selected writings*, Mark Poster (Hg.), Stanford, Calif. 2001: Stanford University Press.

Bauwens, Michel, »The political economy of peer production«, Ctheory, 2005 [Online-Datenbank].

Becker, Gary, *The economic approach to human behavior*, Chicago 1978: Chicago University Press [deutsche Ausgabe: *Der ökonomische Ansatz zur Erklärung menschlichen Verhaltens*, Tübingen 1982: Mohr].

Becker, Gary, »A theory of the allocation of time«, in: *Economic Journal* 75 (1965), S. 493–517.

Beckerman, Wilfred, »Economists, scientists, and environmental catastrophe«, in: *Oxford Economic Papers* 24 (3) 1972, S. 327–344.

Beddoe, Rachael, Robert Costanza, Joshua Farley, Eric Garza, Jennifer Kent, Ida Kubiszewski, Luz Martinez et al., »Overcoming systemic roadblocks to sustainability: The evolutionary redesign of worldviews, institutions, and technologies«, in: *PNAS* 106 (8) (24.2. 2009), S. 2483–2489.

Bender, Kristen, »Small is better: Big houses are out and downsizing is in«, Independent Media Institute, 2009 [Online-Datenbank].

Benkler, Yochai, *The wealth of networks: How social production transforms markets and freedom*, New Haven, Conn. 2006: Yale University Press.

Benyus, Janine M., *Biomimicry: Innovation inspired by nature*, New York 2002: Harper Perennial.

Bergmann, Frithjof, »Ecology and New Work: Excess consumption and the job system«, in: *The consumer society reader*, Juliet B. Schor und Douglas B. (Hg.), New York 2000: The New Press, S. 488–502.

BerkShares, Inc., »Local currency for the Berkshire region«, BerkShares, Inc., 2009 [Online-Datenbank].

Block, Ben, »U.S. city dwellers flock to raising chickens«, Worldwatch Institute, 2008.

Bowles, Samuel, und Herbert Gintis, »The evolution of strong reciprocity: Cooperation in heterogeneous populations«, in: *Theoretical Population Biology* 65 (1) 2004, S. 17–28.

Bowles, Samuel, und Yongjin Park, »Emulation, inequality and work hours: Was Thorsten Veblen right?«, in: *The Economic Journal* 115 (2005), S. 397–413.

Boyce, James K., und Manuel Pastor, *Building natural assets: New strategies for poverty reduction and environmental protection*, Amherst, Mass. 2001: Political Economy Research Institute, www.peri.umass.edu/fileadmin/pdf/research_brief/RR3.pdf, abgerufen Januar 2016.

Boyce, James K., und Barry G. Shelley (Hg.), *Natural assets: Democratizing environmental ownership*, Washington, DC 2003: Island Press.

Brady, Diane, und Christopher Palmeri. 2007. The pet economy. *BusinessWeek*, August 6, www.bloomberg.com/bw/stories/2007-08-05/the-pet-economy, abgerufen Januar 2016.

Brenner, Y. S., Hartmut Kaelble und Mark Thomas, *Income distribution in historical perspective*, New York 1991: Cambridge University Press.

Brookes, L. G., »Energy policy, the energy price fallacy and the role of nuclear energy in the UK«, in: *Energy Policy* 6 (2) 1978, S. 94–106.

Brown, Kirk Warren, und Tim Kasser, »Are psychological and ecological well-being compatible? The role of values, mindfulness, and lifestyle«, in: *Social Indicators Research* 74 (2005), S. 349–368.

Burgoon, Brian, und Phineas Baxandall, »Three worlds of working time: Policy and politics in work-time patterns of industrialized countries«, in: *Politics and Society* 32 (Dezember 2004), S. 439–473.

Business Alliance for Local Living Economies (BALLE), »The Business Alliance for Local Living Economies: 20,000 entrepreneurs building the new economy«.

Caballero, Ricardo J., und Adam B. Jaffe, »How high are the giants' shoulders: An empirical assessment of knowledge spillovers and creative destruction in a model of economic growth«, in: *NBER Macroeconomics Annual* 8 (1993), S. 15–74.

Cavanagh, John, und Jerry Mander, *Alternatives to economic globalization: A better world is possible*, San Francisco 2004: Berrett-Koehler.

Caviglia-Harris, Jill L., Dustin Chambers und James R. Kahn, »Taking the ›U‹ of Kuznets: A comprehensive analysis of the EKC and environmental degradation«, in: *Ecological Economics* 68 (4) 2009, S. 1149–1159.

Central Intelligence Agency, 2009, *The world factbook*, www.cia.gov/library/publications/download/download-2009/, abgerufen Januar 2016.

Chen, Shaohua, und Martin Ravallion, *The developing world is poorer than we thought, but no less successful in the fight against poverty*, Policy Research Working Paper 4703, World Bank 2008.

Christakis, Nicholas S., und John H. Fowler, »The spread of obesity in a large social network over 32 years«, in: *New England Journal of Medicine* 357 (2007), S. 370–379.

Ciais, Ph., M. Reichstein, N. Viovy, A. Granier, J. Ogee, V. Allard, M. Aubinet et al., »Europe-wide reduction in primary productivity caused by the heat and drought in 2003«, *Nature* 437 (22.9.2005), S. 529–533.

Clark, Andrew, und Andrew Oswald, »Satisfaction and comparison income«, in: *Journal of Public Economics* 61 (3) 1996, S. 359–381.

Climate Adaptation Science and Policy Initiative, *Evidence of accelerated climate change*. The University of Melbourne for the Climate Institute 2007.

Cohen, Patricia, 2009, »Ivory tower unswayed by crashing economy«, in: *The New York Times*, www.nytimes.com/2009/03/05/books/05deba.html?_r=0, abgerufen Januar 2016.

Cohousing Association of the United States, *Cohousing directory*, 2008, www.cohousing.org/directory.

Conference Board, The, und Groningen Growth and Development Centre, 2008. Total economy database, www.conference-board.org/data/economydatabase/.

Conley, Dalton, »America is #… 15?«, in: *The Nation*, 4.3.2009, www.thenation.com/article/america-15/, abgerufen Januar 2016.

Connolly, John, und Andrea Prothero, »Green consumerism: Life politics, risks and contradictions«, in: *Journal of Consumer Culture* 8 (1) 2008, S. 117–145.

Context-Based Research Group and Carton Donofrio Partners, Inc., *Grounding the American dream: A cultural study on the future of consumerism in a changing economy*, 2008.

Copenhagen Conference on Climate Change: Global Risks, Challenges & Decisions. 2009. 6 Key messages from the congress, www.theenergycollective.com/climaticoanalysis/30020/copenhagen-climate-congress-6-key-messages, abgerufen Januar 2016.

Costanza, Robert, Ralph D'Arge, Rudolf De Groot, Stephen Farber, Monica Grasso, Bruce Hannon, Karin Limburg et al., »The value of the world's ecosystem services and natural capital«, in: *Nature* 387 (15.5.1997), S. 253–260.

Costanza, Robert, L. J. Graumlich und W. Steffen (Hg.), *Sustainability or collapse? An integrated history and future of people on earth*, Dahlem Workshop Report Cambridge, Mass. 2007: MIT Press.

Coyne, Kelly, und Erik Knutzen, *The urban homestead: Your guide to sufficient living in the heart of the city*, Port Townsend, Wash. 2008: Process Publishers.

Crawford, Matthew B., »The case for working with your hands«, in: *The New York Times Magazine*, 21.5.2009.

Daily, Gretchen C., *Nature's services: Societal dependence on natural ecosystems*, Washington, DC 1997: Island Press.

Daily, Gretchen C., Tore Soderqvist, Sara Aniyar, Kenneth Arrow, Partha Dasgupta, Paul R. Ehrlich, Carl Folke et al., »The value of nature and the nature of value«, in: *Science* 289 (5478) (21.7.2000), S. 395–396.

Daly, Herman E., »Economics in a full world«, in: *Scientific American* 293 (3) (September 2005), S. 100–107.

Daly, Herman E., *Beyond growth: The economics of sustainable development*. Boston 1996: Beacon Press [deutsche Ausgabe: *Wirtschaft jenseits von Wachstum – die Volkswirtschaftslehre nachhaltiger Entwicklung*, Salzburg 1999: Pustet].

Daly, Herman E., *Steady-state economics: The economics of biophysical equilibrium and moral growth*. San Francisco 1977: W. H. Freeman.

Dasgupta, Partha, »A measured approach«, in: *Scientific American* 293 (3) (September 2005), S. 106.

Dauvergne, Peter, *The shadows of consumption: Consequences for the global environment*, Cambridge, Mass. 2008: MIT Press.

DeCanio, Stephen J., »Descriptive or conceptual models? Contributions of economics to the climate policy debate«, in: *International Environmental Agreements* 5 (2005), S. 415–427.

De Graaf, John, David Wann und Thomas Naylor, *Affluenza: The all-consuming epidemic*, San Francisco 2001: Berrett-Koehler [deutsche Ausgabe: *Affluenza – Zeitkrankheit Konsum*, München 2002: Riemann].

Dell, Melissa, Benjamin F. Jones und Benjamin A. Olken, *Climate shocks and economic growth: Evidence from the last half century*, Working Paper 14132. Cambridge, Mass. 2008: National Bureau of Economic Research.

DeLong, J. B. 1998. Estimating world GDP, one million B.C. –present, http://delong.typepad.com/print/20061012_LRWGDP.pdf, abgerufen Januar 2016.

Devetter, F. X., und S. Rousseau, *Working hours and sustainable development*, 2009. Unveröffentlicht; das Manuskript wurde der Autorin privat zur Verfügung gestellt.

Dewan, Shaila, »A slowdown that may slow us down«, in: The New York Times, 1.3.2009, www.nytimes.com/2009/03/01/weekinreview/01dewan.html, abgerufen Januar 2016.

Diamond, Jared, *Collapse: How societies choose to fail or succeed*, New York 2005: Viking Penguin [deutsche Ausgabe: *Kollaps – warum Gesellschaften überleben oder untergehen*, Frankfurt a. M. 2005: S. Fischer].

Diaz, Robert J., und Rutger Rosenberg, »Spreading dead zones and consequences for marine ecosystems«, in: *Science* 321 (5891) (15.8.2008), S. 926–929.

Di Tella, Rafael, und Robert Macculloch, »Some uses of happiness data in economics«, in: *Journal of Economic Perspectives* 20 (1) 2006, S. 25–46.

Dwyer, Rachel E., »Expanding homes and increasing inequalities: U.S. housing development and the residential segregation of the affluent«, in: *Social Problems* 54 (1) 2007, S. 23–46.

Easterlin, Richard A., *Diminishing marginal utility of income: A caveat*. University of Southern California Law School, Law and Economics Working Paper Series No. 5, 2004.

Easterlin, Richard A., »Explaining happiness«, in: *PNAS* 100 (19) 2003, S. 11176–11186.

Economic report of the president, Washington, DC 2009: United States Government Printing Office.

Edenhofer, Ottmar, Kai Lessmann, Claudia Kemfert, Michael Grubb und Jonathan Kohler, »Induced technological change: Exploring its implications for the economics of atmospheric stabilization; Synthesis report from the innovation modeling comparison project«, in: *The Energy Journal*, Endogenous Technological Change and the Economics of Atmospheric Stabilisation Special Issue 2006, S. 57–107.

Ehrlich, Paul R., und John P. Holdren, »Impact of population growth«, in: *Science* 171 (3977) (26. 3. 1971), S. 1212–1217.

Elpel, Thomas J., »Sustainable living skills«, www.hollowtop.com/cls_html/cls.html, abgerufen Januar 2016.

Environmental Protection Agency, *Inventory of US greenhouse gas emissions and sinks: 1990–2007*, EPA 430-R-09-004, Washington, DC 2009: Environmental Protection Agency.

Environmental Protection Agency, *Municipal solid waste in the United States: Facts and figures*, Washington, DC 2008: U.S. Environmental Protection Agency.

Environmental Protection Agency Office of Solid Waste, *Electronics waste management in the United States*, EPA 530-R-08-009, Washington, DC 2008: Environmental Protection Agency.

Epstein, Gerald A., *Financialization and the world economy*, Cheltenham, Großbritannien: 2006: Edward Elgar.

Epstein, Gerald A., und Juliet B. Schor, »Corporate profitability as a determinant of restrictive monetary policy: Estimates for the postwar United States«, in: *The political economy of American monetary policy*, Thomas Mayer (Hg.), New York 1990: Cambridge University Press.

Ewen, Stuart, *All consuming images: The politics of style in contemporary culture*, New York 1988: Basic Books.

Ewing, B., S. Goldfinger, Mathis Wackernagel, M. Stechbart, Rizk, A. Reed und Justin Kitzes, *The ecological footprint atlas 2008*, Oakland 2008: Global Footprint Network.

Factor e farm: Site projects, & Factor e farm weblog, 2009. Open Source Ecology, http://opensourceecology.org/wiki/Factor_e_Farm, abgerufen Januar 2016.

Featherstone, Mike, *Consumer culture and postmodernism*, 2. Aufl., London 2007: Sage.

Federal Reserve Statistical Release, *Flow of funds accounts of the United States*, 2009.

Ferla, Ruth, »Look who's shopping Goodwill«, in: *The New York Times*, 10. 6. 2009.

Fernandez, Bob, »Cast-off clothing fuels a surge in thrift business«, in: *The Philadelphia Inquirer*, 20. 12. 2004.

Fiala, Nathan, »The greenhouse hamburger«, in: *Scientific American* (Februar 2009), S. 72–75.

Fischer, Claude S., »The 2004 finding of shrunken social networks: An artifact?«, in: *American Sociological Review* 74 (August 2009), S. 657–669.

Fischer-Kowalski, Marina, und Helmut Haberl (Hg.), *Socioecological transitions and global change: Trajectories of social metabolism and land use*, Northampton, Mass. 2007: Edward Elgar.

Fletcher, June, »The dysfunctional family house«, in: *The Wall Street Journal*, 26.3.2004.

Foley, Duncan K., *The economic fundamentals of global warming*. Vorbereitet für den Workshop on the Economics of Global Warming, Schwartz Center for Economic Policy Analysis, 2007.

Food and Agriculture Organization of the United Nations, »1.02 billion people hungry: One sixth of humanity undernourished – more than ever before«, FAO United Nations, 2009.

Foray, Dominique, *The economics of knowledge*, Cambridge, Mass. 2006: MIT Press.

Frank, Robert, *Choosing the right pond*, New York 1985: Oxford University Press.

Frankel, Jeffrey A., und Andrew K. Rose, »Is trade good or bad for the environment? Sorting out the causality«, in: *The Review of Economics and Statistics* (Oktober 2005), S. 85–91.

Frey, Bruno S., und Alois Stutzer, »What can economists learn from happiness research?«, in: *Journal of Economic Literature* 40 (2) 2002, S. 402–435.

Friedman, Benjamin M., *The moral consequences of economic growth*, New York 2005: Alfred A. Knopf.

Friedman, Thomas L., »Mother Nature's Dow«, in: *The New York Times*, 29.3.2009, www.nytimes.com/2009/03/29/opinion/29friedman.html, abgerufen Januar 2016.

Friedman, Thomas L., *Hot, flat and crowded: Why we need a green revolution and how it can renew America*, New York 2008: Farrar, Straus and Giroux [deutsche Ausgabe: *Was zu tun ist – eine Agenda für das 21. Jahrhundert*, Frankfurt a. M. 2009: Suhrkamp].

Furchgott, Roy, »App of the week: Rating your shopping basket's conscience«, in: *The New York Times*, Gadgetwise Blog, 7.4.2009.

Galbraith, Kate, »Dark days for green energy«, in: *The New York Times*, 3.2.2009, www.nytimes.com/2009/02/04/business/04windsolar.html, abgerufen Januar 2016.

Galinsky, Ellen, James T. Bond, Stacy S. Kim, Lois Backon, Erin Brownfield und Kelly Sakai, *Overwork in America: When the way we work becomes too much*. Executive Summary. New York 2004: Families and Work Institute.

Gallagher, Kevin, »Bursting the carbon bubble«, in: *The Guardian*, 5.5.2009, www.theguardian.com/commentisfree/cifamerica/2009/may/04/economy-green-shoots-environment-climate-change, abgerufen Januar 2016.

Gallagher, Kevin, *Free trade and the environment: Mexico, NAFTA, and beyond*, Stanford, Calif. 2004: Stanford University Press.

Gershenfeld, Neil, *Fab: The coming revolution on your desktop; From personal computers to personal fabrication*, New York 2005: Basic Books.

Gershuny, Jonathan, *Changing times: Work and leisure in post-industrial society*, New York 2000: Oxford University Press.

Ghertner, D. Asher, und Matthias Fripp, »Trading away damage: Quantifying environmental leakage through consumption-based, life-cycle analysis«, in: *Ecological Economics* 63 (2007), S. 563–577.

Global Carbon Project, *Carbon budget and trends 2007*, 2008.

Global Ecovillage Network. 2009, http://gen.ecovillage.org.

Global Footprint Network, *Ecological footprint and biocapacity, 2005*, National Footprint Accounts, 2008.

Global Footprint Network, *The ecological footprint atlas 2009*, 2009.

Global Humanitarian Forum, *Human impact report: Climate change – anatomy of a silent crisis*, 2009.

Golden, Lonnie, und Barbara Wiens-Tuers, »Overtime and wellbeing at home«, in: *Review of Social Economy* 66 (1) 2008, S. 25–49.

Goodstein, Eban, *The trade-off myth: Fact and fiction about jobs and the environment*, Washington, DC 1999: Island Press.

Goss, Kristen A., »Volunteering and the long civic generation«, in: *Nonprofit and Voluntary Sector Quarterly* 28 (1999), S. 378–415.

Gottdiener, Mark (Hg.), *New forms of consumption: Consumers, culture, and commodification*, Lanham, Md. 2000: Rowman and Littlefield.

Gould, Kenneth A., David N. Pellow und Allan Schnaiberg, *The treadmill of production: Injustice and unsustainability in the global economy*, Boulder, Colo. 2008: Paradigm.

Goulder, Lawrence H. (Hg.), *Environmental policy making in economies with prior tax distortions*, Cheltenham, Großbritannien 2002: Edward Elgar.

Goulder, Lawrence H., und Donald Kennedy, »Interpreting and estimating the value of ecosystem services«, in: *The theory and practice of ecosystem service valuation in conservation*, Gretchen C. Daily, Peter Kareiva, Taylor Ricketts, Heather Tallis und Steven Polasky (Hg.), New York: Oxford University Press.

Goulder, Lawrence H., und William A. Pizer, »The economics of climate change«, in: *New Palgrave dictionary of economics*, 2. Aufl., Steven N. Durlauf und Lawrence E. Blume (Hg.). Basingstoke, 2008: Palgrave Macmillan.

GreenFab: *Sustainable design through engineering and technology*. NSF ITest: Education, Employment & Community Programs, 2009.

Grossman, Gene, und Alan Krueger, »Economic growth and the environment«, in: *Quarterly Journal of Economics* 110 (2) (Mai 1995), S. 353–377.

Grossman, Gene, und Alan Krueger, »Environmental impacts of a North American free trade agreement«, in: *The U.S.-Mexico free trade agreement*, Peter Garber (Hg.), Cambridge, Mass. 1993: MIT Press.

Halweil, Brian, Lisa Mastny, Erik Assadourian, Christopher Flavin, Hilary French, Gary Gardner, Danielle Nierenberg et al., *State of the world 2004: Special report – the consumer society*, New York 2004: W. W. Norton.

Hamilton, Kirk, Giovanni Ruta, Katharine Bolt, Anil Markandya, Suzette Pedroso, Patricia Silva, M. Saeed Ordoubadi, Glenn-Marie Lange und Liaila Tajibaeva, *Where is the wealth of nations?*, Washington, DC 2006: World Bank.

Hansen, James, »Twenty years later: Tipping points near on global warming«, in: *The Guardian*, 23.6.2008, www.huffingtonpost.com/dr-james-hansen/twenty-years-later-tippin_b_108766.html, abgerufen Januar 2016.

Hansen, James, Makiko Sato, Kharecha Pushker, David Beerling, Robert Berner, Valerie Masson-Delmotte, Mark Pagani, Maureen Raymo, L. Royer und James

C. Zachos, »Target atmospheric CO_2: Where should humanity aim?«, in: *Open Atmospheric Sciences Journal* 2 (2008), S. 217–231.

Harper, Krista, und S. Ravi Rajan, *International environmental justice: Building the natural assets of the world's poor*, Amherst, Mass. 2004: Political Economy Research Institute.

Harvey, Fiona, »Recession results in steep fall in emissions«, in: *Financial Times*, 20. 9. 2009, www.ft.com/intl/cms/s/0/a0f0331c-a611-11de-8c92-00144feabdc0.html#axzz3yvND8O9z.

Hawken, Paul, *Blessed unrest: How the largest social movement in history is restoring grace, justice, and beauty to the world*, New York 2007: Viking Press [deutsche Ausgabe: *Wir sind der Wandel. Warum die Rettung der Erde bereits voll im Gang ist – und kaum einer es bemerkt*, Emmendingen 2010: Nietsch].

Hawken, Paul, »Natural capitalism«, in: *Mother Jones* (1. 3. 1997).

Hawken, Paul, Amory Lovins und L. Hunter Lovins, *Natural capitalism: Creating the next industrial revolution*, Boston 2000: Little, Brown and Co. [deutsche Ausgabe: *Öko-Kapitalismus – die industrielle Revolution des 21. Jahrhunderts. Wohlstand im Einklang mit der Natur*, München 2000: Riemann].

Hawks, John, Eric T. Wang, Gregory M. Cochran, Henry C. Harpending und Robert K. Moyzis, »Recent acceleration of human adaptive evolution«, in: *PNAS* 104 (52) (26. 12. 2007), S. 20753–20758.

Hayden, Anders, »France's 35-hour week: Attack on business? Win-win reform or betrayal of disadvantaged workers?«, in: *Politics and Society* 34 (2006), S. 502–542.

Hayden, Anders, »From growth to sufficiency? A political-economic analysis of climate change responses in the UK and Canada«, Dissertation, Boston College, Department of Sociology.

Hayden, Anders, *Sharing the work, sparing the planet: Work time reduction, consumption and the environment*, London 2000: Zed Press.

Hayden, Anders, und John M. Shandra, »Hours of work and the ecological footprint of nations: An exploratory analysis«, in: *The International Journal of Justice and Sustainability* 14 (2009), S. 575–600.

Heal, Geoffrey, »Climate economics: A meta-review and some suggestions for future research«, in: *Review of Environmental Economics and Policy* 3 (1) (2009), S. 4–21.

Healthcare in Malaysia, Wikipedia, 2009 [Online-Datenbank].

Helfand, Jessica, Akbar Sadeghi und David Talan, »Employment dynamics: Small and large firms over the business cycle«, in: *Monthly Labor Review* (März 2007).

Hertwich, Edgar G., »Consumption and the rebound effect«, in: *Journal of Industrial Ecology* 9 (1–2) (2005), S. 85–98.

Hertwich, Edgar G., und Glen P. Peters, »Carbon footprint nations: A global, trade-linked analysis«, in: *Environmental Science & Technology* (15. 6. 2009), http://pubs.acs.org/doi/pdfplus/10.1021/es803496a, abgerufen Januar 2016.

Hess, Charlotte, und Elinor Ostrom, *Understanding knowledge as a commons: From theory to practice*. Cambridge, Mass. 2006: MIT Press.

Hoekstra, A. Y., und A. K. Chapagain, »Water footprints of nations: Water use by people as a function of their consumption pattern«, in: *Water Resources Management* 21 (2007), S. 35–48.

Holm, Stig-Olof, und Göran Englund, »Increased ecoefficiency and gross rebound effect: Evidence from USA and six European countries 1960–2002«, in: *Ecological Economics* 68 (3) (2009), S. 879–887.

Hunnicutt, Benjamin Kline, *Work without end: Abandoning shorter hours for the right to work*, Philadelphia 1988: Temple University Press.

Hurlbert, Jeanne S., Valerie A. Haines und John J. Beggs, »Core networks and tie activation: What kinds of routine networks allocate resources in nonroutine situations?«, in: *American Sociological Review* 65 (4) (2000), S. 598–618.

HybridCars.com. Hybrid battery toxicity, 2006.

ICF International, *Climate impact of the economic stimulus package: Preliminary findings*, 2009, www.greenpeace.org/usa/wp-content/uploads/legacy/Global/usa/planet3/PDFs/ghg-impact-of-the-economic-sti.pdf, abgerufen Januar 2016.

Inglehart, Ronald, *Modernization and postmodernization: Cultural, economic, and political change in 43 societies*, Princeton, NJ 1997: Princeton University Press [deutsche Ausgabe: *Modernisierung und Postmodernisierung – kultureller, wirtschaftlicher und politischer Wandel in 43 Gesellschaften*, Frankfurt a. M. 1998: Campus].

Inglehart, Ronald, *Culture shift in advanced industrial society*, Princeton, NJ 1989: Princeton University Press.

Intergovernmental Panel on Climate Change, *Special report on emissions scenarios*, Genf, Schweiz 2001: IPCC Secretariat.

International Monetary Fund, Indices of primary commodity prices 1999–2009, 2009, www.imf.org/external/np/res/commod/table1a.pdf, abgerufen Januar 2016.

International Union for Conservation of Nature and Natural Resources, *Wildlife in a changing world: An analysis of the 2008 IUCN red list of threatened species*, 2009.

Jackson, Jeremy B. C., »Ecological extinction and evolution in the brave ocean«, in: *PNAS* 105 (12. 8. 2008), S. 11458–11465.

Jacobs, Jerry A., und Kathleen Gerson, *The time divide: Work, family gender inequality*, Cambridge, Mass. 2005: Harvard University Press.

Jakubowski, Marcin. 2009. »RepRap: The end of Walmart«, Open Source Ecology, http://opensourceecology.org/reprap-the-end-of-walmart/, abgerufen Januar 2016.

Jakubowski, Marcin, Neocommercialization, 2008, P2P Foundation, http://p2pfoundation.net/Neocommercialization, abgerufen Januar 2016.

Jalas, Mikko, »A time use perspective on the materials intensity of consumption«, in: *Ecological Economics* 41 (2002), S. 109–123.

Jenkins, Henry, *Textual poachers: Television fans and participatory culture*, New York 1992: Routledge.

Johnston, Denise, Chris Soderquist und Donella H. Meadows, *The shrimp commodity system*, Hartland Four Corners, Vt. 2000: Sustainability Institute.

Jones, Timothy W., *Using contemporary archaeology and applied anthropology to understand food loss in the American food system*, 2004, Community Composting Network, www.ce.cmu.edu/~gdrg/readings/2006/12/19/Jones_UsingContemporaryArchaeologyAndAppliedAnthropologyToUnderstandFoodLossInAmericanFoodSystem.pdf, abgerufen Januar 2016.

Jowit, Juliette, und Patrick Wintour, »Cost of tackling global climate change has doubled, warns Stern«, in: *The Guardian*, 26. 6. 2008, www.theguardian.com/

environment/2008/jun/26/climatechange.scienceofclimatechange, abgerufen Januar 2016.

Kahneman, Daniel, Ed Diener und Norbert Schwarz (Hg.), *Well being: The foundation of hedonic psychology*, New York 1999: Russell Sage.

Kahneman, Daniel, und Alan B. Krueger, »Developments in the measurement of subjective well-being«, in: *Journal of Economic Perspectives* 20 (1) (2006), S. 3–24.

Kahneman, Daniel, Alan B. Krueger, David A. Schkade, Norbert Schwarz und Arthur A. Stone, »Would you be happier if you were richer? A focusing illusion«, in: *Science* 312 (30) (2006), S. 1776–1780.

Kahneman, Daniel, und Amos Tversky, *Choices, values and frames*, New York 2000: Cambridge University Press.

Kasser, Tim, und Kirk W. Brown, »On time, happiness, and ecological footprints«, in: *Take back your time: Fighting overwork and time poverty in America*, John De Graaf (Hg.), San Francisco 2003: Berrett-Koehler, S. 107–112.

Kasser, Tim, und Kennon M. Sheldon, »Time affluence as a path towards personal happiness and ethical business practices: Empirical evidence from four studies«, in: *Journal of Business Ethics* 84 (2) (2009), S. 243–255.

Keim, Brandon, »Humans evolving more rapidly than ever, say scientists«, in: *Wired Science*, 10. 12. 2007, www.wired.com/2007/12/humans-evolving/, abgerufen Januar 2016.

Kellert, Stephen R., *Building for life: Designing and understanding the human-nature connection*, Washington, DC 2005: Island Press.

Keynes, John Maynard, *The general theory of employment, interest, and money*, London 1936: Macmillan [deutsche Ausgabe: *Allgemeine Theorie der Beschäftigung, des Zinses und des Geldes*, München und Leipzig 1936: Duncker & Humblot].

Khazzoom, J. D., »Economic implications of mandated efficiency in standards for household appliances«, in: *Energy Journal* 1 (4) (1980), S. 21–40.

Kintisch, Eli, »Projections of climate change go from bad worse, scientists report«, in: *Science* 323 (20. 3. 2009), S. 1546–1547.

Kitzes, Justin, Alessandro Galli, Marco Bagliani, John Barrett, Gorm Dige, Sharon Ede, Karlheinz Erb et al., »A research agenda for improving national ecological footprint accounts«, in: *Ecological Economics* 68 (7) (15. 5. 2009), S. 1991–2007.

Kleppa, Elizabeth, Bjarte Sanne und Grethe Tell, »Working overtime is associated with anxiety and depression«, in: *Journal of Occupational and Environmental Medicine* 50 (6) (2008), S. 658–666.

Klinenberg, Eric, *Heat wave: A social autopsy of disaster in Chicago*, Chicago 2003: University of Chicago.

Kolbert, Elizabeth, »The sixth extinction?«, in: *The New Yorker*, 25. 5. 2009, www.newyorker.com/magazine/2009/05/25/the-sixth-extinction, abgerufen Januar 2016.

Koplow, Doug, *Subsidies in the US energy sector: Magnitude, causes and options for reform*, OECD, Subsidies and Sustainable Development: Political Economy Aspects, 2007.

Koplow, Doug, und John C. Dernbach, »Federal fossil fuel subsidies and greenhouse gas emissions: A case study of increasing transparency for fiscal policy«, in: *Annual Review of Energy and Environment* 26 (2001), S. 361–389.

Kremer, Michael, »Population growth and technological change: One million B.C. to 1990«, in: *The Quarterly Journal of Economics* 108 (3) (August 1993), S. 681–716.

Krieger, Lisa M., »Joyful, noisy Maker Faire returns for fourth boisterous year of invention«, in: *The Oakland Tribune*, 30. 5. 2009, www.siliconvalley.com/news/ci_12486820, abgerufen Januar 2016.

Kuhn, Peter, und Fernando Lozano, »The expanding workweek? Understanding trends in long work hours among U.S. men, 1979–2006«, in: *Journal of Labor Economics* 26 (2) (2008), S. 311–343.

Kurutz, Steven, »The next little thing?«, in: *The New York Times*, 10. 9. 2008, www.nytimes.com/2008/09/11/garden/11tiny.html, abgerufen Januar 2016.

Lancaster, Kelvin, »A new approach to consumer theory«, in: *Journal of Political Economy* 74 (2) 1966, S. 132–157.

Lappé, Frances Moore, und Anna Lappé, *Hope's edge: The next diet for a small planet*, New York 2002: Jeremy P. Tarcher/Putnam.

Lash, Scott, und John Urry, *Economies of signs and space*, London 1994: Sage.

Lawrence, Ben, *Recycled consumerism: An exploratory study of a community of giving*, 2008. Unveröffentlicht, Boston University.

Layard, Richard, *Happiness: Lessons from a new science*, London 2005: Penguin Press [deutsche Ausgabe: *Die glückliche Gesellschaft – Kurswechsel für Politik und Wirtschaft*, Frankfurt a. M. 2005: Campus].

Lee, Michelle, *Fashion victim: Our love-hate relationship with dressing, shopping, and the cost of style*, New York 2003: Broadway Books.

Leete-Guy, Laura, und Juliet B. Schor, *The great American squeeze: Trends in work and leisure, 1969–1989*, Washington, DC 1992: Economic Policy Institute.

Lemire, Beverly, *The business of everyday life: Gender, practice and social politics in England, c. 1600–1900*, Manchester, 2006: Manchester University Press.

Lenzen, Manfred, und Shauna A. Murray, »A modified footprint model and its application to Australia«, in: *Ecological Economics* 31 (2001), S. 227–255.

Le Quéré, Corinne, Christian Rödenbeck, Erik T. Buitenhuis, Thomas J. Conway, Ray Langenfelds, Antony Gomez, Casper Labuschagne et al. »Saturation of the southern ocean CO_2 sink due to recent climate change«, in: *Science* 316 (22. 6. 2007), S. 1735–1738.

Levine, Robert, *A geography of time: The temporal misadventures of a social psychologist, or how every culture keeps time just a little bit differently*, New York 1997: Basic Books [deutsche Ausgabe: *Eine Landkarte der Zeit – wie Kulturen mit der Zeit umgehen*, München 1998: Piper].

Lippincott, Mathew, *Why I'm not a true fan anymore*. Open Source Ecology, 2009.

Loewenstein, George, Ted O'Donoghue und Matthew Rabin, »Projection bias in predicting future utility«, in: *The Quarterly Journal of Economics* 118 (3) (2003), S. 1209–1248.

Loser, Claudio M., »Global financial turmoil and emerging market economies: Major contagion and a shocking loss of wealth?«, Asian Development Bank, 2009, http://eme.sagepub.com/content/1/2/137.abstract, abgerufen Januar 2016.

Lovelock, James, *The revenge of Gaia*, New York 2006: Basic Books [deutsche Ausgabe: *Gaias Rache – warum die Erde sich wehrt*, Berlin 2007: List].

Lowe, Sarah Ryan, Christian Chan und Jean Rhodes, »Pre-hurricane social support protects against psychological distress: A longitudinal analysis of young, low-income, predominantly African-American mothers«, in: *Journal of Clinical and Consulting Psychology.*

Luedicke, Marius K., Craig J. Thompson und Markus Giesler, »Consumer identity work as moral protagonism: How myth and ideology animate a brand-mediated moral conflict«, in: *Journal of Consumer Research* 36 (April 2010).

Luo, Michael, »Still working, but making do with less«, in: *The New York Times*, 28.5.2009, www.nytimes.com/2009/05/29/us/29paycut.html, abgerufen Januar 2016.

Luttmer, Erzo F., »Neighbors as negatives: Relative earnings and well-being«, in: *Quarterly Journal of Economics* 120 (3) (2005), S. 963–1002.

Lydersen, Kari, »Scientists: Pace of climate change exceeds estimates«, in: *The Washington Post*, 15.2.2009, www.washingtonpost.com/wp-dyn/content/article/2009/02/14/AR2009021401757.html, abgerufen Januar 2016.

Lynas, Mark, *Six degrees: Our future on a hotter planet*, Washington, DC 2008: National Geographic Books.

Macabrey, Jean-Marie, »Researchers: Sea levels may rise faster than predicted«, in: *The New York Times*, 11.3.2009, http://www.nytimes.com/cwire/2009/03/11/11climatewire-researchers-warn-that-sea-levels-will-rise-m-10080.html?pagewanted=all, abgerufen Januar 2016.

Macy, Joanna, und Molly Young Brown, *Coming back to life: Practices to reconnect our lives, our world*, Gabriola Island, Canada 1998: New Society Publishers [deutsche Ausgabe: *Die Reise ins lebendige Leben – Strategien zum Aufbau einer zukunftsfähigen Welt. Ein Handbuch*, Paderborn 2003: Junfermann].

Maddison, Angus, »Growth and slowdown in advanced capitalist economies: Techniques of quantitative assessment«, in: *Journal of Economic Literature* 25 (2) (Juni 1987), S. 649–698.

Maker Faire. O'Reilly Media, Inc., 2009, http://archive.oreilly.com/pub/ec/1199.

Makower, Joel, *London goes carbon crazy.* Worldchanging, 2007, www.worldchanging.com/archives/006818.html, abgerufen Januar 2016.

Maniates, Michael, und John M. Meyer (Hg.), *The environmental politics of sacrifice*, Cambridge, Mass.: MIT Press, 2010.

Marglin, Stephen A., *The dismal science: How thinking like an economist undermines community*, Cambridge, Mass. 2008: Harvard University Press.

Marglin, Stephen A., und Juliet B. Schor (Hg.), *The golden age of capitalism: Reinterpreting the postwar experience*, Oxford 1990: Oxford University Press.

Margo, Robert, »The labor force in the nineteenth century«, in: *The Cambridge economic history of the United States, vol. 2.*, Stanley L. Engerman und Robert E. Gallman (Hg.), New York 2000: Cambridge University Press, S. 207–244.

McCracken, Grant, »Ever dearer in our thoughts: Patina and the representation of status before and after the eighteenth century«, in: *Culture and consumption*, Bloomington 1990: Indiana University Press.

McDonough, William, und Michael Braungart, *Cradle to cradle: Remaking the way we make things*, New York 2002: North Point Press [deutsche Ausgabe: *Einfach intelligent produzieren – Cradle to Cradle. Die Natur zeigt, wie wir die Dinge besser machen können*, Berlin 2003: Berliner Taschenbuch-Verlag].

McKendrick, Neil, John Brewer und J. H. Plumb, *The birth of a consumer society: The commercialization of eighteenth-century England*, London 1982: Europa.

McKibben, Bill, »Reversal of fortune«, in: *Mother Jones*, März/April 2007, www.motherjones.com/politics/2007/03/reversal-fortune, abgerufen Januar 2016.

McKinsey & Company, *Pathways to a low-carbon economy: Version 2 of the global greenhouse gas abatement cost curve*, 2009, www.mckinsey.com/client_service/sustainability/latest_thinking/greenhouse_gas_abatement_cost_curves, abgerufen Januar 2016.

McKinsey & Company, *Reducing U.S. greenhouse gas emissions: How much at what cost? U.S. greenhouse gas abatement mapping initiative, executive report*, 2007, www.mckinsey.com/client_service/sustainability/latest_thinking/reducing_us_greenhouse_gas_emissions, abgerufen Januar 2016.

McNeill, John R., *Something new under the sun: An environmental history of the twentieth-century world*, New York 2000: Norton [deutsche Ausgabe: *Blue Planet – die Geschichte der Umwelt im 20. Jahrhundert*, Frankfurt a. M. 2003: Campus].

McPherson, Miller, Lynn Smith-Lovin und Matthew E. Brashears, »Social isolation in America: Changes in core discussion networks over decades«, in: *American Sociological Review* 71 (2000), S. 353–375.

Meadows, Dennis L., »Evaluating past forecasts: Reflections on one critique of *The limits to growth*«, in: *Sustainability or collapse: An integrated history and future of people on earth*, Robert Costanza, Lisa J. Gramlich und Will Steffen (Hg.), Cambridge, Mass. 2005: MIT Press.

Meadows, Donella, Jorgen Randers und Dennis Meadows, *Limits to growth: The thirty year update*, White River Junction, Vt. 2004: Chelsea Green Publishing [deutsche Ausgabe: *Grenzen des Wachstums, das 30-Jahre-Update – Signal zum Kurswechsel*, Stuttgart 2006: Hirzel].

Meadows, Donella H., Dennis Meadows und Jorgen Randers, *Beyond the limits: Confronting global collapse; envisioning a sustainable future*, White River Junction, Vt. 1992: Chelsea Green Publishing [deutsche Ausgabe: *Die neuen Grenzen des Wachstums. Die Lage der Menschheit: Bedrohung und Zukunftschancen*, Stuttgart 1992: Deutsche Verlags-Anstalt].

Meadows, Donella H., Dennis L. Meadows, Jorgen Randers und William W. Behrens, *The limits to growth*, New York 1972: Universe Books [deutsche Ausgabe: *Die Grenzen des Wachstums. Bericht des Club of Rome zur Lage der Menschheit*, Stuttgart 1972: Deutsche Verlags-Anstalt].

Millennium Ecosystem Assessment, *Ecosystems and human well-being: Synthesis*, Washington, DC 2005: Island Press, 2010.

Miller, Geoffrey, *Spent: Sex, evolution, and consumer behavior*, New York 2009: Viking.

Mishel, Lawrence, Jared Bernstein und Heidi Shierholz, *The state of working America 2008/2009*, An Economic Policy Institute book. Ithaca, NY 2009: Cornell University Press.

Mol, Arthur P. J., »Ecological modernisation and institutional reflexivity: Environmental reform in the late modern age«, in: *Environmental Politics* 5 (2) (1996), S. 302–323.

Mol, Arthur P. J., *The refinement of production: Ecological modernization theory and the chemical industry*, Utrecht, Niederlande 1995: Van Arkel.

Mol, Arthur P. J., und Gert Spaargaren, »Ecological modernisation theory in debate: A review«, in: *Environmental Politics* 9 (1) (2000), S. 17–49.

Monastersky, Richard, »Climate crunch: A burden beyond bearing«, in: *Nature* 458 (2009), S. 1091–1094.

Mooallem, Jon, »The self-storage self«, in: *The New York Times Magazine*, 2.9.2009, www.nytimes.com/2009/09/06/magazine/06self-storage-t.html, abgerufen Januar 2016.

Morin, Rich, und Paul Taylor, *Luxury or necessity? The public makes a U-turn*, Pew Research Center, 2009.

Moyers, Bill, Earth on edge, PBS, 2001, www.pbs.org/earthonedge/.

Muniz, Albert M., und Thomas C. O'Guinn, »Brand community«, in: *Journal of Consumer Research* 27 (März 2001), S. 412–432.

National Oceanic and Atmospheric Administration, »Greenhouse gases continue to climb despite economic slump«, in: *Science Daily*, 26.4.2009, www.sciencedaily.com/releases/2009/04/090424195920.htm, abgerufen Januar 2016.

National Research Council, *Hidden costs of energy: Unpriced consequences of energy production and use*, Washington, DC 2009: National Academies Press.

Nelson, Michelle R., Mark A. Rademacher und Hye-Jin Paek, »Downshifting consumer=upshifting citizen? An examination of a local freecycle community«, in: *The Annals of the American Academy of Political and Social Science* 611 (1) (2007), S. 141–156.

Nestle, Marion, *Food politics*, Berkeley 2002: University of California Press.

Noble, David F., *Forces of production*, New York 1986: Oxford University Press.

Nordhaus, William D., *A question of balance: Weighing the options on global warming policies*, New Haven, Conn. 2008: Yale University Press.

Nordhaus, William D., »To slow or not to slow: The economics of the greenhouse effect«, in: *The Economic Journal* 101 (407) (Juli 1991), S. 920–937.

Nordhaus, William D., »How fast should we graze the global commons?«, in: *American Economic Review* 72 (2) (1982), S. 242–246.

Nordhaus, William D., »World dynamics: Measurement without data«, in: *The Economic Journal* 83 (332) (Dezember 1973), S. 1156–1183.

Nordhaus, William D., Robert N. Stavins und Martin L. Weitzman, »Lethal model 2: The limits to growth revisited«, in: *Brookings Papers on Economic Activity* 1992 (2), S. 1–59.

Norgaard, Kari Marie, »›People want to protect themselves a little bit‹: Emotions, denial, and social movement nonparticipation«, in: *Sociological Inquiry* 76 (3) (August 2006a), S. 372–396.

Norgaard, Kari Marie, »›We don't really want to know‹: Environmental justice and socially organized denial of global warming in Norway«, in: *Organization and Environment* 19 (3) (September 2006b), S. 347–370.

North American Bird Conservation Initiative, US Committee, *The state of the birds, United States of America, 2009*, Washington, DC 2009: US Department of Interior.

Organization for Economic Cooperation and Development, GDP per capita of OECD countries, 2008a.

Organization for Economic Cooperation and Development, *Measuring material flows and resource productivity: Synthesis report*, Paris 2008b: OECD.

Organization for Economic Cooperation and Development, *Pensions at a glance: Public policies across OECD countries*, Paris 2007: OECD.

Ostrom, Elinor, *Governing the commons: The evolution of institutions for collective action*, New York 1990: Cambridge University Press [deutsche Ausgabe: *Die Verfassung der Allmende – jenseits von Staat und Markt*, Tübingen 1999: Mohr Siebeck].

Parthasarathi, Prasannan, »Toward property as share: Ownership, community, and the environment«, in: *Sustainable planet: Solutions for the twenty-first century*, Juliet B. Schor, Betsy Taylor (Hg.), Boston 2002: Beacon Press, S. 141–154.

Pauli, Gunter, *Upsizing: The road to zero emissions, more jobs, more income and no pollution*, Sheffield, 2000: Greenleaf Publishing.

Pearce, Fred, *Confessions of an eco-sinner: Tracking down the sources of my stuff*, Boston 2008: Beacon Press.

Perlez, Jane, und Lowell Bergman, »Tangled strands in fight over Peru gold mine«, in: *The New York Times*, 25. 10. 2005, http://www.nytimes.com/2005/10/25/world/americas/tangled-strands-in-fight-over-peru-gold-mine.html, abgerufen Januar 2016.

Perlez, Jane, und Kirk Johnson, »Behind gold's glitter: Torn lands and pointed questions«, in *The New York Times*, 24. 10. 2005, www.nytimes.com/2005/10/24/world/behind-golds-glitter-torn-lands-and-pointed-questions.html, abgerufen Januar 2016.

Piore, Michael, und Charles Sabel, *The second industrial divide: Possibilities for prosperity*, New York 1986: Basic Books [deutsche Ausgabe: *Das Ende der Massenproduktion – Studie über die Requalifizierung der Arbeit und die Rückkehr der Ökonomie in die Gesellschaft*, Berlin 1985: Wagenbach].

Pollan, Michael, *The omnivore's dilemma: A natural history of four meals*, New York 2006: Penguin Press.

Pollin, Robert, James Heintz und Heidi Garrett-Peltier, *The economic benefits of investing in clean energy*, Political Economy Research Institute and the Center for American Progress, 2009.

Post carbon cities: All actions. Post Carbon Institute, 2009, http://postcarboncities.net/actions/table?sort=desc&order=Population.

Pouwels, Babette, Jacques Siegers und Jan Dirk Vlasblom, »Income, working hours and happiness«, in: *Economics Letters* 99 (2008), S. 72–74.

Putnam, Robert D., *Bowling alone: The collapse and revival of American community*, New York 2000: Simon and Schuster.

Putnam, Robert D., Robert Leonardi und Raffaella Y. Nanetti, *Making democracy work: Civic traditions in modern Italy*, Princeton, NJ 1994: Princeton University Press.

Rampell, Catherine, »Outsourced chores come back home«, in: *The New York Times*, 16. 1. 2009, www.timesdaily.com/archives/outsourced-chores-come-back-home/article_2e351d01-1120-5580-be91-59cd2601fd14.html, abgerufen Januar 2016.

Rasmussen Reports, *Just 53% say capitalism better than socialism*, 2009, www.rasmussenreports.com/public_content/politics/general_politics/april_2009/just_53_say_capitalism_better_than_socialism, abgerufen Januar 2016.

Raver, Anne, »The grass is greener at Harvard«, in: *The New York Times*, 24.9.2009.

Reinhardt, Uwe E., »An economist's mea culpa«, in: *The New York Times*, Economix Blog, 9.1.2009.

Repetto, Robert, und Daniel Dias, »Equity analysis: The true picture?«, in: *Environmental Finance* (Juli–August 2006), S. 44–45.

Repetto, Robert, William Magrath, Michael Wells und Christine Beer, *Wasting assets: Natural resources in the national income accounts*, Washington, DC 1989: World Resources Institute.

Research and Innovative Technology Administration. *North American transborder freight data*, 2009. Bureau of Transportation Statistics, http://transborder.bts.gov/programs/international/transborder/.

Resources for Life, *Small house society*. Resources for Life, 2009, www.resourcesforlife.com/small-house-society, abgerufen Januar 2016.

Revkin, Andrew C., »Among climate scientists, a dispute over ›tipping points‹«, in: *The New York Times*, 29.3.2009.

Richards, John F., *The unending frontier: An environmental history of the early modern world*, Berkeley 2003: University of California Press.

Richtel, Matt, »More companies are cutting labor costs without layoffs«, in: *The New York Times*, 22.12.2008.

Rignot, Eric, und Pannir Kanagaratnam, »Changes in the velocity structure of the Greenland ice sheet«, in: *Science* 311 (17.2.2006), S. 986–990.

Ritzer, George, *Enchanting a disenchanted world*, Thousand Oaks, Calif. 2005: Pine Forge Press.

Roche, Daniel, *The culture of clothing: Dress and fashion in the Ancien Régime*, New York 1994: Cambridge University Press.

Rockström, Johan, Will Steffen, Kevin Noone, Åsa Persson, Chapin F. Stuart III, Eric F. Lambin, Timothy M. Lenton et al., »A safe operating space for humanity«, in: *Nature* 461 (24.9.2009), S. 472–475.

Romero-Ávila, Diego, »Questioning the empirical basis of the environmental Kuznets curve for CO_2«, in: *Ecological Economics* 64 (2008), S. 559–574.

Romm, Joseph, »Half of world's population could face climate-driven food crisis by 2100«, Climate Progress, 2009, http://thinkprogress.org/climate/2009/01/11/203548/half-of-worlds-population-could-face-climate-driven-food-crisis-by-2100/, abgerufen Januar 2016.

Romm, Joseph, »Cleaning up on carbon«, in: *Nature Reports Climate Change* (19.6.2008).

Røpke, Inge, »Trends in the development of ecological economics from the late 1980s to the early 2000s«, in: *Ecological Economics* 55 (2) 2005, S. 262–290.

Røpke, Inge, »The early history of modern ecological economics«, in: *Ecological Economics* 50 (3–4) 2004, S. 293–314.

Rosen, Ellen, *Making sweatshops: The globalization of the U.S. apparel industry*, Berkeley 2002: University of California Press.

Rosenthal, Elisabeth, »No furnaces but heat aplenty in ›passive houses‹«, in: *The New York Times*, 26.12.2008.

Rosnick, David, und Mark Weisbrot, *Are shorter work hours good for the environment? A comparison of U.S. and European energy consumption*, Washington, DC 2006: Center for Economic and Policy Research.

Ross, Andrew (Hg.), *No sweat: Fashion, free trade, and the rights of garment workers*, New York 1997: Verso.

Ross, Robert J. S., *Slaves to fashion: Poverty and abuse in the new sweatshops*, Ann Arbor 2004: University of Michigan Press.

Rubin, Jeff, und Benjamin Tal, »Does energy efficiency save energy?«, in: *StrategEcon* (27.11.2007).

Saad, Gad, *The evolutionary bases of consumption behavior*, Danvers, Mass. 2007: Lawrence Erlbaum.

Sachs, Jeffrey D., *Common wealth: Economics for a crowded planet*, New York 2008: Penguin Press [deutsche Ausgabe: *Wohlstand für viele – globale Wirtschaftspolitik in Zeiten der ökologischen und sozialen Krise*, München 2008: Siedler].

Sachs, Wolfgang, Reinhard Loske und Manfred Linz, *Greening the north: A post-industrial blueprint for ecology and equity*, London 1998: Zed Books.

Saez, Emmanuel, *Striking it richer: The evolution of top incomes in the United States*, http://eml.berkeley.edu//~saez/saez-UStopincomes-2012.pdf, abgerufen Januar 2016.

Sarkisian, Natalia, Mariana Gerena und Naomi Gerstel, »Extended family ties among Mexicans, Puerto Ricans, and Whites: Superintegration or disintegration?«, in: *Family Relations* 55 (3) (Juli 2006), S. 331–344.

Sarkisian, Natalia, und Naomi Gerstel, »Kin support among blacks and whites: Race and family organization«, *American Sociological Review* 69 (4) (Dezember 2004), S. 812–837.

Schnaiberg, Allan, *The environment: From surplus to scarcity*, New York 1980: Oxford University Press.

Schor, Juliet B., *The expansion of fast-fashion: A macro-material analysis of trends in US consumption, 1998–2005*, 2008. Unveröffentlichte fotokopierte Ausgabe, von der Autorin erhältlich.

Schor, Juliet B., »Sustainable consumption and worktime reduction«, in: *Journal of Industrial Ecology, Special Issue on Sustainable Consumption* 9 (1) 2005, S. 37–50.

Schor, Juliet B., »Cleaning the closet: Toward a new ethic of fashion«, in: *Sustainable planet: Solutions for the 21st century*, Juliet B. Schor and Betsy Taylor (Hg.), Boston 2002: Beacon Press, S. 45–60.

Schor, Juliet B., »Voluntary downshifting in the 1990s«, in: *Power, employment and accumulation: Social structures in economic theory and practice*, James Stanford (Hg.), Armonk, NY 2000: M.E. Sharpe.

Schor, Juliet B., *The overspent American: Upscaling, downshifting and the new consumer*, New York 1998: Basic Books.

Schor, Juliet B., »Can the north stop consumption growth? Escaping the cycle of work and spend«, in: *The north, the south and the environment*, V. Bhaskar und Andrew Glyn (Hg.), London 1995: Earthscan.

Schor, Juliet B., *The overworked American: The unexpected decline of leisure*, New York 1992: Basic Books.

Schor, Juliet B., »Global inequality and environmental crisis: An argument for reducing working hours in the north«, in: *World Development* 19 (1) 1991, S. 73–84.

Schor, Juliet B., und Jong-il You (Hg.), *Capital, the state and labour: A global perspective*, Cheltenham, 1995: Edward Elgar.

Schuster, Ute, und Andrew J. Watson, »A variable and decreasing sink for atmospheric CO_2 in the North Atlantic«, in: *Journal of Geophysical Research* 112 (2007): C11006.

Scotchmer, Suzanne, »Standing on the shoulders of giants: Cumulative research and the patent law«, in: *Journal of Economic Perspectives* 5 (1) 1991, S. 29–41.

Seyfang, Gil, und David Elliott, *The new economics of sustainable consumption: Seeds of change*, New York 2009: Palgrave Macmillan.

Shierholz, Heidi, *Jobs picture for October 2, 2009*. Economic Policy Institute, 2009.

Shiller, Robert J., »Challenging the crowd in whispers, not shouts«, in: *The New York Times*, 1. 11. 2008.

Shiva, Vandana, *Biopiracy: The plunder of nature and knowledge*, Boston 1999: South End Press [deutsche Ausgabe: *Biopiraterie – Kolonialismus des 21. Jahrhunderts. Eine Einführung*, Münster 2002: Unrast].

Shuman, Michael H., *The small-mart revolution: How local businesses are beating the global competition*, San Francisco 2006: Berrett-Koehler.

Shuman, Michael H., »Amazing shrinking machines: The movement toward diminishing economies of scale«, in: *New Village Journal*: Issue 2 – Community Scale Economics (undatiert).

Smil, Václav, und Mao Yushi, *The economic costs of China's environmental degradation*, Cambridge, Mass. 1998: American Academy of Arts and Sciences.

Sokolov, A. P., P. H. Stone, C. E. Forest, R. Prinn, M. C. Sarofim, Webster, S. Paltsev et al., »Probabilistic forecast for 21st century climate based on uncertainties in emissions (without policy) and climate parameters«, in: *Journal of Climate* 22 (19) 2009, S. 5175–5204.

Solar Energy Industries Association, *US solar industry 2008 year in review*, Washington, DC 2009: Solar Energy Industries Association.

Solnick, Sara J., und David Hemenway, »Is more always better? A survey on positional concerns«, in: *Journal of Economic Behavior and Organization* 37 (1998), S. 373–383.

Solomon, Susan, Gian-Kasper Plattner, Reto Knutti und Pierre Friedlingstein, »Irreversible climate change due to carbon dioxide emissions«, in: *PNAS* 106 (6) (10. 2. 2009), S. 1704–1709.

Sorrell, Steve, *The rebound effect: An assessment of the evidence for economy-wide energy savings from improved energy efficiency*, London 2007: UK Energy Research Centre.

Speth, James Gustave, *The bridge at the edge of the world: Capitalism, the environment, and crossing from crisis to sustainability*, New Haven, Conn. 2008: Yale University Press.

Stack, Carol B., *All our kin: Strategies for survival in a black community*, New York 1983: Basic Books.

Stanton, Elizabeth A., Frank Ackerman und Sivan Kartha, »Inside the integrated assessment models: Four issues in climate economics«, in: *Climate and Development* 8 (2009), S. 1–19.

Stanton, Elizabeth A., und James K. Boyce, *Environment for the people*, Amherst, Mass. 2005: Political Economy Research Institute.

Steinfeld, Henning, Pierre Gerber, Tom Wassenaar, Vincent Castel, Mauricio Rosales und Cees de Haan, *Livestock's long shadow: Environmental issues and options*, Rome 2006: Food and Agriculture Organization of the United Nations.

Stern, Sir Nicholas, *Stern review of the economics of climate change*, 2006, HM Treasury.

Sterner, Thomas, und U. Martin Persson, »An even sterner review: Introducing relative prices into the discounting debate«, in: *Review of Environmental Economics and Policy* 2 (1) (Winter 2008), S. 61–76.

Stevenson, Betsey, und Justin Wolfers, »Economic growth and subjective well-being: Reassessing the Easterlin paradox«, in: *Brookings Papers on Economic Activity* 1 (2008a), S. 1–87.

Stevenson, Betsey, und Justin Wolfers, »Happiness inequality in the United States«, in: *The Journal of Legal Studies* 37 (s2) (Juni 2008b), S. S33–S79.

Stewart, Heather, »This is how we let the credit crunch happen, ma'am …«, in: *The Guardian*, 26.7.2009.

Stiglitz, Joseph E., Amartya Sen und Jean-Paul Fitoussi, *Report by the commission on the measurement of economic performance and social progress*, 2009.

Stutzer, Alois, »The role of income aspirations in individual happiness«, in: *Journal of Economic Behavior and Organization* 54 (2003), S. 89–109.

Sukhdev, Pavan, und European Communities, *The economics of ecosystems and biodiversity: An interim report*, Cambridge, 2008: Banson Production.

Suranovic, Steve, *Economic costs of combating climate change*. 2007, Steve Suranovic' Blog.

Sustainable Europe Research Institute, *Overconsumption? Our use of the world's natural resources*, Friends of the Earth Europe, Friends of the Earth Austria, Sustainable Europe Research Institute, 2009.

Swan, Simone, *The adobe alliance*, 2009, www.adobealliance.org/simone-swan/, abgerufen Januar 2016.

Taibbi, Matt, »The great American bubble machine«, in: *Rolling Stone*, 18.–23.7.2009.

Tasch, Woody, *Inquiries into the nature of slow money: Investing as if food, farms, and fertility mattered*, White River Junction, Vt. 2008: Chelsea Green Publishing.

Thampapillai, Dodo J., Xun Wu und Lawrence R. Sunderaj, »Economic growth, the environment and employment: Challenges for sustainable development in China«, in: *International Journal of Environment, Workplace and Employment* 3 (1) 2007, S. 15–27.

Tidwell, James H., und Geoff L. Allan, »Fish as food: Aquaculture's contribution«, in: *EMBO Reports* 2 (11) 2001, S. 958–963.

Transition Network, *Tackling peak oil and climate change, together*, 2009.

Turner, Graham, *A comparison of the limits to growth with thirty years of reality*, 2008, Australia: Socio-Economics and the Environment in Discussion CSIRO Working Paper Series.

Udell, Emily, *Your flat screen has (greenhouse) gas*, 2008, http://inthesetimes.com/article/3845/your_flat_screen_has_greenhouse_gas, abgerufen Januar 2016.

Union of Concerned Scientists, *How to buy a hybrid car*, 2005.

Union of Concerned Scientists, *World scientists' warning to humanity*, 1992.

United Nations Development Programme, *Human development report 2007/2008*.

United Nations Statistics Division, *Millennium development goals indicators:* The official United Nations site for the MDG indicators, 2009.

United Nations Statistics Division, *UN commodity trade statistics database (UN comtrade)*, 2005.

United Nations Population Division, *World population to exceed 9 billion by 2050*. Pressemitteilung, 2009.

United States Bureau of Economic Analysis, *U.S. international transactions accounts data*, 2009.

United States Bureau of Labor Statistics, *Bureau of Labor Statistics databases: Consumer price index – all urban consumers*, 2009a.

United States Bureau of Labor Statistics, *The employment situation – August 2009*, 2009b.

United States Bureau of Labor Statistics, *International comparisons of manufacturing productivity and unit labor costs*, 2009c.

United States Bureau of Labor Statistics, *Employment & earnings* 5 (2), Februar 2008.

United States Census Bureau, *Selected measures of household income dispersion: 1967 to 2007*, 2009.

United States Census Bureau, *Characteristics of new housing*, 2007.

United States Census Bureau, *Current industrial reports, apparel MQ315A*, 2005. (1992, 1997 und fehlende Daten wurden der Autorin zur Verfügung gestellt.)

United States Department of Agriculture, *Livestock and poultry: World markets and trade*, Circular Series DL&P 2-06, Washington, DC 2006: United States Department of Agriculture, Foreign Agricultural Service.

Van den Broek, Aylsa, *IKEA organizes furniture swap*, 2008. Springwise.

Van Praag, Bernard M. S., und Paul Frijters, »The measurement of welfare and well-being: The Leyden approach«, in: *Well being: The foundation of hedonic psychology*, Daniel Kahneman, Ed Diener und Norbert Schwarz (Hg.), S. 413–433, New York 1999: Russell Sage.

Venetoulis, Jason, und John Talberth, »Refining the ecological footprint«, in: *Environment, Development and Sustainability* 10 (4) (August 2008), S. 441–469.

Victor, Peter A., *Managing without growth: Slower by design, not disaster*, Cheltenham, 2008: Edward Elgar.

Virtanen, M., A. Singh-Manoux, J. E. Ferrie, D. Gimeno, M. G. Marmot, M. Elovainio, M. Jokela, J. Vahtera und M. Kivimäki, »Long working hours and cognitive function: The Whitehall II study«, in: *American Journal of Epidemiology* 169 (5) 2009, S. 596–605.

Wagner, Gernot, »The political economy of greening the national income accounts«, in: *Newsletter of the Association of Environmental and Resource Economists* 21 (Mai 2001), S. 14–18.

Weidmann, Thomas, Jan Mix, John Barrett und Mathis Wackernagel, »Allocating ecological footprints to final consumption categories with input-output analysis«, in: *Ecological Economics* 56 (2006), S. 28–48.

Weiss, Ray F., Jens Mühle, Peter K. Salameh und Christina M. Harth, »Nitrogen trifluoride in the global atmosphere«, *Geophysical Research Letters* 35 (20) 2008, L20821.

Weitzman, Martin L., »On modeling and interpreting the economics of catastrophic climate change«, in: *The Review of Economics and Statistics* 91 (1) (Februar 2009), S. 1–19.

Weizsäcker, Ernst Ulrich, Amory D. Lovins und L. Hunter Lovins, *Factor four: Doubling wealth, halving resource use*, London 1998: Earthscan Publications.

Whybrow, Peter C., *American mania: When more is not enough*, New York 2005: W. W. Norton [deutsche Ausgabe: *Wenn mehr nicht genug ist – Analyse einer gierigen Gesellschaft*, München 2007: Vedra].

Wickens, Jim, »Hell for leather«, in: *The Ecologist*, 1.6.2008, www.theecologist.org/trial_investigations/314208/hell_for_leather.html, abgerufen Januar 2016.

Widmeyer Research and Polling, *New American dream: A public opinion poll*, Washington, DC 2004: Center for a New American Dream.

Williams, Raymond, *Problems in materialism and culture: Selected essays*, New York 1996: Verso Books.

Willis, Charles G., Brad Ruhfel, Richard B. Primack, Abraham J. Miller-Rushing und Charles C. Davis, »Phylogenetic patterns of species loss in Thoreau's woods are driven by climate change«, in: *PNAS* 105 (44) (4.11.2008), S. 17029–17033.

Willis, Margaret M., »›Conscious consumption‹ and activism: empirical reevaluation of the apolitical and distracted consumer«, 2009, MA-Diplomarbeit, Boston College, Department of Sociology.

Willis, Margaret M., und Juliet B. Schor, »Does changing light bulb lead to changing the world? Civic engagement and the ecologically conscious consumer« (undatiert). Unveröffentlicht, von der Autorin erhältlich.

Wiseman, Richard, *Quirkology: How we discover the big truths in small things*, New York 2007: Basic Books [deutsche Ausgabe: *Quirkologie – die wissenschaftliche Erforschung unseres Alltags*, Frankfurt a. M. 2008: Fischer].

WISERTrade, *US district and port exports and imports*, 2009.

Wolff, Edward N., *Poverty and income distribution*, 2. Aufl., Hoboken, NJ 2009: Wiley-Blackwell.

Woolhandler, Steffie, Terry Campbell und David U. Himmelstein, »Costs of health care administration in the United States and Canada«, in: *New England Journal of Medicine* 349 (8) 2003, S. 768–775.

World Bank, *Quick reference tables* (2009a).

World Bank, *Understanding poverty* (2009b).

World Resources Institute, *Earth trends: The environmental information portal*, 2007.

Worldwatch Institute, *Good stuff*, 2008.

World Wildlife Fund, *Living planet report 2008*.

Wrigley, Edward Anthony, *Continuity, chance and change: The character of the industrial revolution in England*, New York 1990: Cambridge University Press.

York, Richard, Eugene A. Rosa und Thomas Dietz, »STIRPAT, IPAT and ImPACT: Analytic tools for unpacking the driving forces of environmental impacts«, in: *Ecological Economics* 46 (2003), S. 351–365.

Anmerkungen

Kapitel 1

1. Studie der Asian Development Bank, Loser (2009).
2. Rockström et al. (2009).
3. Siehe zum Beispiel die Arbeiten der ökologischen Ökonomen Herman Daly, Robert Costanza und Hazel Henderson, des Ökonomen James Boyce, des Physikers und Aktivisten Vandana Shiva, des Unternehmers Paul Hawken, des politischen Ökonomen Thomas Princen, der Umweltautoren, -forscher und -aktivisten Gus Speth, Alan Durning, Bill McKibben und Van Jones, des Entwicklungsökonomen David Korten und der Mitglieder des International Forum on Globalization sowie vieler anderer, darunter auch die im Folgenden erwähnten Nachhaltigkeitsaktivisten.
4. Außer den bereits Genannten denkt man im US-Kontext an Wendell Berry, David Suzuki, Amory Lovins, Hunter Lovins, Terry Tempest Williams, Joanna Macy, Janine Benyus, Satish Kumar, Gunter Pauli, William McDonough, Majora Carter und Fritjof Capra neben vielen anderen.
5. Der Hauptunterschied besteht darin, dass eine Verkürzung der Arbeitszeit für diese Gruppe normalerweise keine durchführbare Strategie ist.
6. Rasmussen Reports (2009).
7. United States Bureau of Economic Analysis (2009).
8. Macabrey (2009).
9. IPCC-Bericht von Bates et al. (2008).
10. National Oceanic and Atmospheric Association (2009) zeigt ein fortgesetztes Zunehmen von Treibhausgasemissionen während der Wirtschaftskrise (unter Berücksichtigung von Daten bis Ende 2008), und Environmental Protection Agency (2009) berichtet bis 2007 über CO_2-Emissionen und -Senken.
11. Hansen (2008).
12. Siehe Lydersen (2009), Kintisch (2009) über den Klimagipfel 2009 in Kopenhagen und Climate Adaptation Science and Policy Initiative (2007).
13. Hansen et al. (2008).
14. Gallagher (2009), der den Betrag von 52 Milliarden Dollar auf der Grundlage von Daten aus ICF International (2009) errechnet hat.
15. Associated Press (2009).
16. Diaz und Rosenberg (2008).

17. World Wildlife Fund (2008). Ein für Laien verständlicher Bericht über anthropogene (von Menschen verursachte) massenhafte Artensterben findet sich in Kolbert (2009).
18. Jackson (2008).
19. Tidwell und Allan (2001).
20. Die Reaktion der Wirtschaftswissenschaftler auf den Crash wird in Cohen (2009) diskutiert.
21. Morin und Taylor (2009).
22. Context-Based Research Group und Carton Donofrio Partners (2008).
23. Widmeyer Research and Polling (2004).
24. Zu denjenigen, die die Krise kommen sahen, zählen zum Beispiel Paul Krugman von der Princeton University, Nouriel Roubini von der New York University, Robert Shiller von der Yale University, Jane D'Arista vom Financial Markets Center sowie James Crotty und Gerald Epstein von der University of Massachusetts.
25. Uwe Reinhardt (2009).
26. Shiller (2008). Auf eine Frage von Königin Elisabeth, warum Ökonomen nicht erkannt hatten, was geschah, erklärte eine Gruppe von britischen Ökonomen die Blamage mit dem »Feel-good«-Faktor und dem Versagen der »kollektiven Vorstellungskraft«; siehe Stewart (2009).
27. Siehe auch den Abschnitt über den Zusammenhang zwischen Einkommen und Zufriedenheit in Kapitel 5.
28. Eine Einführung in die Verhaltensökonomie ist Kahneman und Tversky (2000). Zum Thema kulturelle Evolution siehe Bowles and Gintis (2004). Über soziales Networking siehe Christakis und Fowler (2007).
29. Hawks et al. (2007); eine Zusammenfassung findet sich in Keim (2007).
30. Siehe die Literatur über natürliche Werte, zum Beispiel Boyce Pastor (2001), Harper und Rajan (2004), Stanton und Boyce (2005), Agarwal und Narain (2000) sowie Boyce und Shelley (2003).
31. Die Ertragskraft der Ölindustrie ist natürlich seit Langem durch hohe Marktkonzentration (Monopolmacht) sowie staatliche Protektion und Subventionen gestärkt worden; ihre Gewinne haben eine besonders ausgeprägte politische Dimension.
32. Für die Theorie der periodischen Umstrukturierungen von Wachstumsregimes, nach der jedes Wachstumsregime einen die Gewinne untergrabenden Fehler oder Widerspruch entwickelt, sowie den Übergang nach dem »Goldenen Zeitalter« des Kapitalismus siehe Marglin und Schor (1990).
33. Die Schätzungen von 315.000 Todesfällen und 125 Milliarden an Kosten infolge der Klimaveränderung stammen vom Global Humanitarian Forum (2009). Eine jüngere Schätzung der direkten medizinischen Aufwendungen und anderer Kosten, die durch das Verbrennen von Kohle und Öl in den Vereinigten Staaten entstehen, aber unter Ausschluss sämtlicher Kosten, die mit der globalen Erwärmung und etlichen anderen wichtigen Effekten zusammenhängen, ergibt 125 Milliarden pro Jahr (National Research Council 2009).
34. Wrigley (1990) sowie Fischer-Kowalski und Haberl (2007).
35. McKibben (2007).
36. Richards (2003) und McNeill (2000).

37. Repetto et al. (1989).
38. Die um 8 bis 13 Prozent zu hohen Wachstumsangaben in den 1990er-Jahren stammen aus Smil und Yushi (1998); die 25 Prozent heute stammen aus Thampapillai, Wurden und Sunderaj (2007).
39. Sukhdev und European Communities (2008).
40. Diese und andere Angaben über Unternehmensgewinne stammen aus Repetto und Dias (2006).
41. HybridCars.com (2006) und Union of Concerned Scientists (2005).
42. Die Lebensmittel- und Energiepreise fielen in der zweiten Jahreshälfte 2008 dramatisch. Die Preise für Lebensmittel (ohne Getränke) sanken um 29 Prozent, und Energie, einschließlich Rohöl, wurde um 48 Prozent billiger. Eigene Berechnungen auf der Grundlage von Daten aus International Monetary Fund (2009).
43. Die Angaben über das Zunehmen des Rohstoffpreisindex um 23 Prozent pro Jahr zwischen 2003 und 2007 und der Lebensmittelpreise um 9 Prozent stammen aus Askari und Krichene (2007).
44. Siehe allerdings auch Taibbi (2009), der die bedenkenswerte These aufstellt, dass statt Angebot und Nachfrage unrealistische Spekulationen hinter dem rapiden Anstieg der Ölpreise steckten.

Kapitel 2

1. Economic report of the president (2009), Tabelle B-1, S. 282, sowie eigene Berechnungen.
2. Economic report of the president (2009), Tabelle B-31, S. 321, Konsumausgaben pro Kopf in heutigen Dollar, 2007.
3. Die Zahl von 8579 Dollar stammt aus World Bank (2009a), Global National Income 2008. Dass über die Hälfte der Weltbevölkerung weniger als 1000 Dollar pro Jahr verdient, ist eine eigene Berechnung auf der Grundlage von Chen und Ravallion (2008), Tabelle 5.
4. Economic report of the president (2009), Tabelle B-31, S. 321, die Konsumausgaben pro Person sind in Dollar des Jahres 2000 angegeben, laut eigener Berechnung, 1960 bis 2008.
5. Economic report of the president (2009), Tabelle B-17, S. 305, eigene Berechnungen der Veränderungen der Ausgaben pro Person aus den Gesamtkonsumausgaben, 1990 bis 2008.
6. Economic report of the president (2009), Tabelle B-31, S. 321, die Konsumausgaben pro Person sind in Dollar des Jahres 2000 angegeben, laut eigener Berechnung, 1990 bis 2008.
7. Mishel, Bernstein und Shierholz (2009), Tabelle 1.7, S. 61.
8. Die historischen Daten des US Census Bureau (»Volkszählungsbehörde«) zeigen, dass der Gini-Koeffizient im Jahr 2006 mit einem Wert von 47 sein Maximum seit 1967, dem Beginn der Aufzeichnungen, erreichte, siehe United States Census Bureau (2009). Der Gini-Koeffizient für 1929 wird auf 41 geschätzt, laut Brenner, Kaelble und Thomas (1991), S. 199. Der Anteil das Nationaleinkommens, der dem obersten einen Prozent zufiel, war nicht ganz so hoch wie

1929 (Saez [2008]); siehe auch Mishel, Bernstein und Shierholz (2009), Abbildung 1K, S. 64.

9. United Nations Development Programme (2007) für 1980 bis 2005. Das Abrutschen der USA auf Rang 15 stammt aus Conley (2009).
10. Eine Erörterung der Gründe, warum steigende Konsumausgaben nicht unbedingt zu einer Verbesserung der Lebensqualität führen, findet sich in Schor (1992) und Schor (1998).
11. Economic report of the president (2009), Tabelle 312, Saldo der Leistungsbilanz, 2007.
12. Federal Reserve Statistical Release (2009), ausstehende Schulden nach Sektor.
13. Wo ich lebe, kann man Kleidung für einen Dollar pro Pfund bei Garment District (2009) kaufen.
14. Lemire (2006); siehe auch Roche (1994).
15. Eine klassische, wenn auch umstrittene Arbeit über die Ursprünge der Verbraucherrevolution in Britannien beschreibt diesen Brauch; siehe McKendrick, Brewer und Plumb (1982).
16. Lemire (2006), Kapitel 4.
17. Die Ausbeutung von Arbeitskräften in Textilfabriken hat in den vergangenen Jahren große öffentliche Aufmerksamkeit erregt, woraufhin Aktivisten durch verschiedene Strategien versucht haben, Löhne und Arbeitsbedingungen zu verbessern. Siehe Ross (1997), Ross (2004) und Rosen (2002); siehe Schor (2002) für nähere Einzelheiten zu diesen Aussagen.
18. Die jährlichen Verkaufszahlen für Textilien sind das Ergebnis eigener Berechnungen aufgrund von Daten des US Census Bureau (2005 und frühere Jahre) und, für 2007, der American Apparel & Footwear Association (2009). Die Daten über die Zahl von Kleidungsstücken stammen aus AAFA (2008) und US Census Bureau (2005 und frühere Jahre, deren fehlende Daten der Autorin zur Verfügung gestellt wurden).
19. Abernathy et al. (1999). Ein Bericht von einer Textilindustrie-Insiderin findet sich in Lee (2003); sie hat auch den Begriff »McFashion« erfunden.
20. Featherstone (2007).
21. Nähere Einzelheiten über diese Studie, darunter auch Quellenangaben und Informationen über die verwendeten Berechnungsmethoden, finden sich in Schor (2008).
22. Die Daten über Importe stammen aus zwei Quellen, die jeweils zwei Importwege abdecken. Die Zahlen über Im- und Exporte per Schiff und Flugzeug wurden WISERTrade (2009) entnommen. Die Angaben über Güter, die per Bahn oder LKW im- oder exportiert werden, stammen aus den seit 1993 erhobenen Department of Transportation TransBorder Freight Data (Research and Innovative Technology Administration [2009]). Die Gesamtimporte wurden berechnet, indem diese vier Importwege addiert wurden. Die resultierenden Gütergewichtsangaben enthalten die anderen Materialien, die bei der Herstellung des jeweiligen Produkts verwendet wurden, nicht; auf dieses Thema komme ich im nächsten Abschnitt zu sprechen. Die Daten über die Inlandsproduktion stammen aus US Census, Annual Survey of Manufactures, diverse Jahre.
23. Es wurden die Jahre 1998 und 2007 gewählt, weil 1998 das erste Jahr ist, für das Daten online zur Verfügung stehen, und 2007 das letzte Jahr ist, für das alle

Daten vorlagen, und weil es auch das letzte Jahr des Wirtschaftsbooms war. Daten aus: US Bureau of Labor Statistics, US Bureau of Transportation Statistics, WISERTrade.

24. Dies untertreibt die Zunahme wahrscheinlich, weil die Möbelpreise gefallen sind. Es kann sein, dass die Preise von im Inland produzierten Möbeln gestiegen sind, aber nicht diejenigen von importierten Möbeln, doch die entsprechenden Daten sind nicht verfügbar.

25. In Geldbeträgen gerechnet, nahm der Konsum von im Inland hergestellter Unterhaltungselektronik um 27 Prozent ab. Allerdings gingen die Preise dieser Güter in diesem Zeitraum stark zurück, und zwar um weit mehr als 27 Prozent. Die Preise für Computer fielen auf ein Zehntel ihres ursprünglichen Preises. Die Preise für Fernseher fielen von 60,0 auf 18,4, wenn auch die Daten der Industrie nur eine geringe Zunahme der Fernseher-Verkaufsstückzahlen zeigen (um 1,8 Millionen Stück) (Environmental Protection Agency [2008], Tabelle 2.1, S. 8). Da der Preisrückgang in dieser Kategorie wahrscheinlich größer ist als der Kaufkraftverlust des Dollars im Inland, ist der Nettobeitrag der Inlandsproduktion (nach Gewicht) wahrscheinlich positiv.

26. Environmental Protection Agency Office of Solid Waste (2008), Tabelle 3.2, S. 20, sowie US Bureau of Labor Statistics, US Bureau of Transportation Statistics, WISERTrade (2009).

27. Eine auf den Modezyklus zurückgreifende Erklärung würde postulieren, dass das Angebot an billigem Geschirr und anderen Keramikartikeln bei trendigen, aber preiswerten Einzelhändlern wie Target für die starke Zunahme in dieser Kategorie verantwortlich sei und dass dieser Trend darauf zurückzuführen sei, dass die Haushalte ihr Geschirr häufiger als früher durch neues ersetzen. Wenn man sich jedoch die Warenkategorien etwas genauer ansieht, stellt man fest, dass zwar mehr Tisch- und Küchenwaren importiert werden, dass aber diese Zunahme moderat ist im Vergleich zu dem Anstieg, der bei Badezimmereinrichtung und Kacheln zu beobachten ist. In Anbetracht des Baubooms und des Trends zu deutlich mehr Badezimmern pro Haus sowie der Beliebtheit von Küchenrenovierungen in dieser Zeit, sind die Zunahmen in diesen Kategorien kein Wunder. In gewissem Maße können Küchenrenovierungen als modisch motiviert angesehen werden, da ältere Küchen und Badezimmer zunehmend als altmodisch gelten. Aber es gibt auch einen Skaleneffekt, da die Anzahl der Badezimmer pro Haus und die Größe der Küchen zugenommen haben. Die inländischen Geldbetragsdaten zeigen eine Abnahme um 38 Prozent über den betrachteten Zeitraum; allerdings haben wir keine detaillierten Informationen darüber, welche Keramikwaren im Inland produziert werden. Die Kategorie aus den Verbraucherpreisdaten heißt »nichtelektrische Küchenutensilien und Tischwaren«, aber erst ab 2003. Der entsprechende Index fiel sehr geringfügig, von 92,1 im Februar 2003 auf 91,8 im Februar 2007, was zeigt, dass ein erheblicher Anteil des Rückgangs der Inlandsproduktion wahrscheinlich real ist (und kein Preiseffekt) und dass Ersatz durch Importe stattfindet; allerdings können wir nicht erkennen, in welchem Ausmaß. Daten aus: US Bureau of Transportation Statistics, WISERTrade (2009).

28. Mittlere und durchschnittliche Wohnfläche in neuen Einfamilienhäusern, aufgeschlüsselt nach Standort, in United States Census Bureau (2007); siehe auch Dwyer (2007), S. 363.

29. http://NAPO.net (2009).

30. Self Storage Association (2008); siehe auch Mooallem (2009).
31. Environmental Protection Agency Office of Solid Waste (2008), Tabelle 3.2, S. 20.
32. Environmental Protection Agency Office of Solid Waste (2008), Tabelle 3.1, S. 20.
33. Environmental Protection Agency Office of Solid Waste (2008), Tabelle 3.4, S. 25.
34. Environmental Protection Agency Office of Solid Waste (2008), Tabelle 6.1, S. 34. Die Zahl »1,2 Stück pro US-Bürger« habe ich berechnet.
35. Fernandez (2004).
36. United Nations Statistics Division. Die Regressionsanalysen wurden zusammen mit Kristen Heim ausgearbeitet, einer damaligen Doktorandin an der soziologischen Fakultät des Boston College, auf der Grundlage von Daten aus United Nations Statistics Division (2005).
37. Diese Zahlen ergeben sich aus eigenen Berechnungen auf der Grundlage von Daten aus Environmental Protection Agency (2008).
38. WISERTrade (2009), Gesamtgewicht von Luftfracht plus Schiffsfracht, 1998 bis 2005, eigene Berechnungen des Umschlags an gebrauchter Handelsware.
39. Zu diesen Schriften zählen Baudrillard (2001), Ewen (1988), Lash und Urry (1994), Ritzer (2005) und Gottdiener (2000).
40. Weizsäcker, Lovins und Lovins (2001), McDonough und Braungart (2002) sowie Pauli (2000). Für die Anwendung postindustrieller Ideen auf Dienstleistungen siehe Gershuny (2000).
41. Williams (1996).
42. Daten über Materialflüsse sind keine direkten Maßzahlen ökologischer Folgen, obwohl sich allmählich Bestrebungen abzeichnen, Materialflussdaten mit Umweltmessungen zu kombinieren. Dennoch sind Materialflussdaten wesentlich besser geeignet als auf Geldbeträgen basierende Statistiken, um die ökologischen Folgen wirtschaftlicher Aktivitäten zu messen.
43. Diese Zahl und die im Folgenden zitierten Daten über Materialflüsse stammen aus Sustainable Europe Research Institute (2009b) und der SERI-Datenbank, die unter http://www.materialflows.net zur Verfügung stehen.
44. Perlez und Johnson (2005).
45. Sustainable Europe Research Institute (2009b). Im Jahr 1980 waren es 8,9 Tonnen.
46. Die Daten wurden mir von Stephan Lutter vom Sustainable Europe Research Institute zur Verfügung gestellt.
47. Diese Zahl und die Pro-Kopf-Angaben für die anderen Länder stammen aus United Nations Statistics Division (2009).
48. Frank Ackerman, private Mitteilung. Die CO_2-Emissionen aus der Verbrennung fossiler Treibstoffe sind die größte Quelle von Treibhausgasemissionen in den Vereinigten Staaten. Im Jahr 2007 entfielen 21 Prozent dieser Emissionen auf die privaten Haushalte (durch Heizung, Kühlung, Strom etc.), während jeweils etwa 18 Prozent der CO_2-Emissionen auf Industrie und Wirtschaft entfielen (Environmental Protection Agency [2009], S. 8). Diese Zahlen schließen auch die bei der Stromerzeugung aus der Verbrennung fossiler Treibstoffe verursachten Emissionen mit ein. Der Verkehr war für 33 Prozent der CO_2-Emissionen aus der Verbrennung fossiler Treibstoffe verantwortlich, einschließlich persönlicher Fahrzeugnutzung, kommerziell genutzter Fahrzeuge und Flugverkehr.

49. Siehe die Erörterungen in Steinfeld et al. (2006), Pollan (2006), Lappé und Lappé (2002) sowie Nestle (2002).

50. Fiala (2009).

51. Der Pro-Kopf-Verzehr von 43 Kilogramm pro Kopf im Jahr 2005 in den Vereinigten Staaten stammt aus United States Department of Agriculture (2006), S. 20.

52. Fiala (2009).

53. Aus einer Langzeitstudie über acht Jahre, die in Jones (2004) beschrieben wird.

54. United States Census Bureau (2007), »Median and Average Square Feet of Floor Area in New One-Family Houses Completed by Location«, S. 363. Die Angabe »95 Prozent mit zwei oder mehr Badezimmern« stammen aus »Number of Bathrooms in New One-Family Houses Completed«, S. 32; die »90 Prozent mit Airconditioning« aus »Presence of Air-Conditioning in New One-Family Houses Completed«, S. 4; die »19 Prozent mit Garage für drei oder mehr Autos« aus »Type of Parking Facility of New One-Family Houses Completed«, S. 387.

55. Organization for Economic Cooperation and Development (2008b).

56. World Resources Institute (2007). Ein Hoffnungsschimmer ist immerhin, dass der Papierverbrauch in den vergangenen paar Jahren zurückgegangen ist, nachdem er in den 1990er-Jahren stark gestiegen war.

57. Worldwatch (2008).

58. Der Materialverbrauch in Nordamerika und Europa von 1980 bis 2005 stammt aus Organization for Economic Cooperation and Development (2008b), »Materials Mix by OECD Region«, S. 40.

59. Hertwich und Peters (2009) berechnen CO_2-Fußabdrücke, die die globalen Handelsströme berücksichtigen. Die Angabe, dass die Vereinigten Staaten 20 Prozent ihrer Emissionen outgesourct haben, stammt aus Ghertner und Fripp (2007).

60. Die Problematik »NF_3 und Fernseher« wird erörtert in Weiss et al. (2008) und Udell (2008).

61. Meadows et al. (1972).

62. Das pessimistischste der Szenarien wird erörtert in Meadows, Randers und Meadows (2005), S. XI.

63. Beckerman (1972), S. 327.

64. Nordhaus' erstes Papier ist Nordhaus (1973). Siehe auch Nordhaus, Stavins und Weitzman (1992), seine Antwort auf Meadows, Randers und Meadows (1992).

65. Die Gruppe um die Autoren der *Grenzen des Wachstums* hatte eine ganze Reihe von alternativen Entwicklungspfaden modelliert, aber die Kritik der Ökonomen konzentrierte sich hauptsächlich auf das Weltuntergangsszenario des Standardlaufs, bei dem per definitionem keine Anpassungen stattfinden.

66. Für Dennis Meadows Überlegungen zur Rezension des Buches in der *New York Times* siehe Meadows (2005). Diese Rezension stammte von Peter Passell, M. Roberts und L. Ross und war am 2. April 1972 erschienen.

67. Man kann nicht davon ausgehen, dass ein Preis ganz einfach den Schnittpunkt darstellt, in dem sich Angebot und Nachfrage zu einem bestimmten Zeitpunkt treffen; darauf werde ich in Kapitel 3 noch einmal zurückkommen. In die Preisbildung fließen auch der Informationsstand der Marktteilnehmer und ihre Zu-

kunftserwartungen ein; so wirkt es sich zum Beispiel auf die Energiepreise aus, wenn die Klimaveränderung geleugnet wird.

68. Beckerman (1972). Fünf Prozent Steigerung des globalen Outputs stammt aus Nordhaus (1982), S. 242. Sogar zehn Jahre später kam Nordhaus (1991) nach wie vor zu dem Schluss, dass die »Klimaveränderung wahrscheinlich sowohl Gewinne als auch Verluste herbeiführen wird, ohne dass insgesamt nennenswerte wirtschaftliche Schäden zu erwarten sind« (S. 933). Inzwischen gibt es einen erheblichen Bestand an Literatur über die Unhaltbarkeit von Nordhaus' Annahmen, auf die ich in Kapitel 3 näher eingehen werde.
69. World Wildlife Fund (2008).
70. Union of Concerned Scientists (1992).
71. Battisti und Naylor (2009). Die pessimistischere Einschätzung stammt aus Romm (2009).
72. Meadows, Randers und Meadows (2004) argumentieren, das Modell von 1972 sei in seinen Prognosen für das frühe 21. Jahrhundert ziemlich genau. Turner (2008) kommt zu ähnlichen Schlüssen.
73. Rockström et al. (2009).
74. Zentrale Verlautbarung 1 von der Conference on Climate Change: Global Risks, Challenges & Decisions. Copenhagen Conference on Climate Change (2009).
75. Der Nachweis für weniger CO_2-Absorption im Nordatlantik findet sich in Schuster und Watson (2007); für weniger CO_2-Absorption im Südpolarmeer in Le Quéré et al. (2007).
76. Ciais et al. (2005).
77. Rignot und Kanagaratnam (2006).
78. Hansen (2008); siehe auch Hansen et al. (2008).
79. Nicht alle Wissenschaftler haben sich der Meinung angeschlossen, dass es starke Rückkopplungseffekte geben wird; siehe Revkin (2009) für eine Erörterung dieser Debatte.
80. Hansen (2008). Sein Emissionsziel von 350 ppm findet immer breitere Akzeptanz.
81. Die Angabe »550 ppm bis 2035« und die anderen Zahlen stammen aus Stern (2006), Kapitel 7, S. 169–170.
82. Romm (2008).
83. Sokolov et al. (2009).
84. Lovelock (2006) und Lynas (2008).
85. Intergovernmental Panel on Climate Change (2001).
86. Stern (2006), Executive Summary, S. 3.
87. Siehe http://www.350.org, die Website der von Bill McKibben ins Leben gerufenen Organisation. Rajendra Pachauri, der Vorsitzende des IPCC, hat sich inzwischen persönlich hinter das Ziel von 350 ppm gestellt.
88. Diese Zahl und die Angabe über die Zunahme der Konzentrationen in der Atmosphäre stammen aus Global Carbon Project (2008).
89. »Inventory of US Greenhouse Gas Emissions and Sinks: 1990–2007«, aus Environmental Protection Agency (2009).
90. Harvey (2009).

91. Hansen (2008), S. 2.
92. Willis et al. (2008).
93. Solomon et al. (2009).
94. International Union for the Conservation of Nature (2009), S. 17.
95. North American Bird Conservation Initiative, US Committee (2009).
96. World Wildlife Fund (2008), S. 5.
97. Diese Zahlen stammen vom World Wildlife Fund (2008), S. 2 und 8.
98. Daily (1997).
99. Millennium Ecosystem Assessment (2005), »schneller und umfassender«, S. 2; die Zahl »60 Prozent – 15 von 24 der wichtigsten …« und Non-Linearitäten, S. 1; »etablierte, wenn auch unvollständige Belege«, S. 1; »im Niedergang begriffen«, S. 7.
100. Jackson (2008), S. 11461.
101. Jackson (2008), S. 11462.
102. Diaz und Rosenberg (2008).
103. Jackson (2008), S. 11461.
104. Die Erkenntnis, dass Informationen über den Zusammenbruch der Ökosysteme den Empfänger destabilisieren oder ihn dazu bringen abzuschalten, zuzumachen oder die Hoffnung zu verlieren, stammt aus Norgaard (2006a, 2006b); siehe auch Macy und Young Brown (1998).
105. Ökologischer-Fußabdruck-Daten finden sich in World Wildlife Fund (2008) und auch auf der Global Footprint Network Website, siehe http://www.footprintnetwork.org. Die landesspezifischen Zahlen (mit Ausnahme von Brasilien) stammen aus den Datentabellen für 2009, die für Brasilien angegebene Zahl stammt aus den Daten für 2008.
106. Man kann den ökologischen Fußabdruck des eigenen Haushalts auf der Website des Global Footprint Networks berechnen lassen, siehe http://www.footprintnetwork.org.
107. Die Art und Weise, wie CO_2-Sequestrierung (CO_2-Abscheidung und -Speicherung) bei der Berechnung des ökologischen Fußabdrucks behandelt wird, ist einer der umstrittenen Aspekte des Verfahrens. Für Kritik am ökologischen Fußabdruck und entsprechende Verbesserungsvorschläge siehe Venetoulis und Talberth (2008) sowie die umfassende Abhandlung in Kitzes et al. (2009).
108. Global Footprint Network (2009), Datentabellen.
109. Eine zusammenfassende Erörterung des Phänomens »Übernutzung« steht auf der Website des Global Footprint Network zur Verfügung, siehe http://www.footprintnetwork.org.
110. Die Veränderungen des Pro-Kopf-Fußabdrucks seit 1961 stammen aus Ewing et al. (2008), Anhang F, Tabelle 7. Die inflationsbereinigten Pro-Kopf-Einkommen stammen aus Organization for Economic Cooperation and Development (2008).
111. Barlow (2002).
112. Bates et al. (2008), Abbildung 3.3 und S. 45.
113. Die Wasserfußabdrücke stammen aus Hoekstra und Chapagain (2007).

114. Die globalen Durchschnittswerte für die genannten Produkte und die Wasserfußabdruckdaten stammen aus Hoekstra und Chapagain (2007), Tabelle 2 (S. 41) beziehungsweise Tabelle 3 (S. 42).

115. Thomas L. Friedman verknüpfte die beiden Krisen in einer am 28. März 2009 in der *New York Times* erschienenen Kolumne unter dem Titel »Mother Nature's Dow«.

Kapitel 3

1. Geoffrey Heal, ein weiterer führender Umweltökonom, weist auf diesen Punkt hin, und zwar in seiner Arbeit über die wirtschaftlichen Aspekte der Klimaveränderung; siehe Heal (2009).

2. Inzwischen ist es eine weltweite Gruppe. Eines ihrer Leitprinzipien ist die Unmöglichkeit unendlichen Wachstums in einer physischen Welt, siehe dazu Daly (1977, 1996, 2005). Siehe auch Beddoe et al. (2009), Costanza, Graumlich und Steffen (2007), Ayres (1993, 1996), Victor (2008) und Schor (1991). Für einen umfassenden Bericht über die Entwicklung und Geschichte der ökologischen Ökonomie siehe Røpke (2004, 2005).

3. Auch Soziologen haben auf diesen Punkt hingewiesen, siehe Schnaiberg (1980) sowie Gould, Pellow und Schnaiberg (2008).

4. Die ökologische Ökonomie hat insofern unter ihrer Außenseiterstellung gelitten, als sie theoretische Innovationen aus anderen Bereichen der Disziplin – und auch aus anderen Fachgebieten – nur langsam übernommen hat, vor allem den von der Verhaltensökonomie angestoßenen Übergang zu evidenzbasierten Modellen von Entscheidungsfindungsprozessen und auch neue Erkenntnisse über den Zusammenhang zwischen Wohlbefinden und Einkommen.

5. Beckerman (1972), S. 327.

6. Partha Dasgupta, einer der weltweit renommiertesten Umweltökonomen, weist auf diesen Punkt hin, siehe Dasgupta (2005), S. 106.

7. Food and Agriculture Organization of the United Nations (2009). Die Angabe, dass »1,4 Milliarden Menschen von weniger als 1,25 Dollar pro Tag leben«, stammt aus World Bank (2009b).

8. Nordhaus (1982); seine insgesamt positive Schlussfolgerung stammt aus Nordhaus (1991). Nordhaus vertrat außerdem die Ansicht, dass die Aktivitäten des Menschen unsere gastfreundliche Umwelt bis jetzt lediglich in »vernachlässigbarer« Weise beeinträchtigt hätten, im Widerspruch zu einem wachsenden Bestand an Literatur zum Zustand der Umwelt, der zu ganz anderen Schlüssen kommt. Aktuellere Beiträge finden sich in McNeill (2000) und Diamond (2005).

9. Siehe die Erörterung in Nordhaus, Stavins und Weitzman (1992).

10. Siehe Nordhaus (1973) und Nordhaus, Stavins und Weitzman (1992), die Substitution befürworten.

11. Es existiert auch eine einflussreiche unpolitische Version dieser Argumentation, die lautet: Mehr Bevölkerungswachstum bringt mehr Genies hervor, wodurch wiederum Innovation und Wohlstand angekurbelt werden; dieses Argument ist allerdings nicht auf natürliche Rohstoffe angewendet worden. Siehe Kremer (1993).

12. Die Umwelt-Kuznets-Kurve gehört zu einer größeren Klasse von scheinbar einleuchtenden, aber zutiefst fehlerhaften Modernisierungsmodellen, deren bekanntestes vielleicht das Märchen von der Maslowschen Bedürfnishierarchie ist. Maslow argumentiert, die Armen seien mit ihrem Überlebenskampf so beschäftigt, dass sie »höheren« Bedürfnissen – zum Beispiel spiritueller Entwicklung oder Selbstverwirklichung – erst dann nachgehen könnten, wenn ihr Einkommen steigt. (Wie lässt sich dann Indien erklären, mit seiner tiefen Religiosität bei großer Armut?) Dagegen seien Menschen mit höheren Einkommen voll entwickelte und selbstverwirklichte Individuen. Obwohl das Maslowsche Modell nach wie vor weithin gelehrt wird, ist es von der heutigen Wissenschaft verworfen worden. Eine andere Version dieses ins 19. Jahrhundert zurückreichenden Paradigmas war die imperialistische Ideologie, die postulierte, dass weiße Menschen europäischer Abstammung eine höhere Stufe der Zivilisation erreicht hätten als die primitive und rückständige Bevölkerung der Kolonien. Die Entwicklungsökonomie selbst war hauptsächlich ein Modernisierungsunterfangen, das darauf abzielte, rückständigen anderen dabei zu helfen, dem hoch entwickelten, überlegenen Menschen aus dem Westen ähnlicher zu werden. In den vergangenen Jahrzehnten waren alle »Stufen«-Theorien vernichtender Kritik ausgesetzt, und zwar durchaus zu Recht.
13. Frühe Versionen der EKC stammen aus Grossman und Krueger (1993, 1995). Siehe auch Frankel und Rose (2005).
14. Zu den neueren Studien, die keine Unterstützung für die EKC ergeben haben, zählen Bagliani, Bravo und Dalmazzone (2008) sowie Caviglia-Harris, Chambers und Kahn (2009). Romero-Ávila (2008) analysiert eine Reihe von ökonometrischen Problemen auf der Grundlage vorhandener Schätzungen und prüft die Literatur auf Probleme bei früheren Studien, sowohl für CO_2 als auch einzelne Schadstoffe. Für eine Erörterung, die zur Vorsicht mahnt, siehe Arrow et al. (1995). Siehe auch Gallagher (2004) zu den Erfahrungen in Mexiko.
15. Die Lehrmeinung besagt, das liege an der globalen Ausdehnung des Problems und dem Fehlen einer Weltregierung, die eine Lösung durchsetzen könnte, im Unterschied zu Emissionen, die lokale oder nationale Auswirkungen haben.
16. Keynes hat bekanntermaßen vorgefasste Meinungen unter Investoren in seiner *Allgemeinen Theorie* erörtert, siehe Keynes (1936).
17. Für Berichte darüber, wie die Klimaveränderung verdrängt wird, siehe Norgaard (2006a, b).
18. Eine Reihe von Studien, die versucht haben, die Höhe der staatlichen Subventionen für fossile Energieträger in den USA einzuschätzen, wird in Koplow und Dernbach (2001) sowie Koplow (2007) besprochen. Etliche der höher ausfallenden Schätzungen schließen auch die mit CO_2-Emissionen zusammenhängenden Schäden mit ein und die Kosten, die durch die Verteidigung der Ölförderung am Persischen Golf entstehen. Koplow hat geschätzt, dass 2006 etwa 49 Milliarden Dollar an direkten Subventionen für fossile Treibstoffe an die Industrie flossen (Koplow 2007).
19. Für kritische Einschätzungen der Substitutionsökonomie siehe Goodstein (1999) und Ackerman (2006); aber natürlich dreht sich nicht die gesamte ökologische Ökonomie um Substitutionen.
20. Es gibt eine starke Version dieses Arguments, die zwar nicht repräsentativ für die meisten Ökonomen ist, aber nach wie vor Anhänger hat. Sie wurde am besten in einem Blog-Post von dem Ökonomen Steve Suranovic von der George Washing-

ton University zusammengefasst, der die Auffassung vertritt, es sei eine »Fiktion« zu glauben, dass grüne Technologien neue Arbeitsplätze schaffen könnten. »Um das eine zu tun – zum Beispiel, die Umwelt zu schonen –, dürfen wir andere Dinge nicht tun.« Dann führte er diesen Punkt noch weiter aus, indem er argumentierte, die Umweltpolitik der Regierung würde schon jetzt den Willen des Volkes reflektieren, und was immer auch bisher an Umweltschutzmaßnahmen umgesetzt worden sei, sei bereits das optimale Niveau. »Heute schätzen die Menschen Umweltschutzmaßnahmen nicht so hoch ein wie andere Güter und Dienstleistungen, die sie nachfragen und kaufen. Denn wenn sie das täten, bestünde keine Notwendigkeit für die Regierung zu intervenieren, um zu beeinflussen, wie die Menschen sich entscheiden. Die Steuer- und Umweltpolitik der Regierung zur Bekämpfung der Klimaveränderung zwingt die Menschen dazu, sich in ihren Entscheidungen daran auszurichten, was die Regierung – oder Umweltschutzgruppen – von ihnen will. [...] Die meisten Amerikaner – und wahrscheinlich die meisten Menschen der Welt – wollen eigentlich an dem, was sie schon jetzt tun, um die Klimaveränderung zu bekämpfen, nicht viel ändern. Denn wenn sie das wollten, hätten sie nichts gegen höhere Benzinpreise.« Diese Sicht stützt sich auf mehrere falsche Annahmen, so zum Beispiel die Behauptung, dass Regierungshandeln ein zutreffender Ausdruck eines einheitlichen öffentlichen Interesses sei, dass die Öffentlichkeit ausreichend informiert sei über die Folgen von Klimaveränderung (einschließlich »Kosten und Nutzen«) und von Maßnahmen zur Reduzierung von schädlichen Emissionen und dass die Menschen glaubten, die Lasten höherer Preise würden gerecht verteilt. Das Zitat stammt aus Suranovic (2007).

21. Reinhardt (2009).

22. Nordhaus greift auf einen sprachlichen Taschenspielertrick zurück, um seinen als »optimal« bezeichneten Weg als »Reduktion« darzustellen: Bei ihm bezieht sich dieses Wort darauf, unterhalb einer hypothetischen, steil ansteigenden Emissionskurve zu bleiben, obwohl er tatsächlich mit seiner »optimalen Politik« eine Zunahme der Emissionen fordert. Die Aussage, dass wirkungsvolle Maßnahmen zu teuer seien, stammt aus Nordhaus (2008), Kapitel 1, S. 13–19. Nordhaus schätzt, dass niedrigere Emissionsziele Kosten von 17 Billionen Dollar verursachen würden (S. 15), aber seine Schadensfunktionen sind hoffnungslos veraltet, da sie auf Daten aus dem dritten IPCC-Bericht beruhen statt aus dem vierten, der ebenfalls schon veraltet war, als er 2007 veröffentlicht wurde. Die aktuellen Erwartungen sind wesentlich pessimistischer als der IPCC-Bericht von 2007.

23. Andere führende Entwickler solcher Modelle sind zum Beispiel Richard Tol und Robert Mendelsohn.

24. Zu diesem Punkt siehe Ackerman et al. (2009). Dagegen empfiehlt das Modell von Stern entschiedenes Handeln, siehe unten.

25. Zu den Ökonomen, die untersucht haben, zu welchen Effekten es führt, wenn man in IAMs die Prämissen verändert, zählen Ackerman und Finlayson (2006), Sterner und Persson (2008), Ackerman, Stanton und Bueno sowie Ackerman et al. (2009). In diesem Zusammenhang siehe auch Heal (2009). Stern (2006) ist ein wichtiges Statement über Klimamodellierung. Dell, Jones und Olken (2008) verwenden einen anderen Ansatz, der zu anderen Ergebnissen führt. Siehe DeCanio (2005) zu Modellierungsstrategien. Heal (2009) sowie Goulder und Pizer (2008) bieten einen guten Überblick über die Klimaveränderungsökonomie.

26. Das Thema »Diskontierung« wird in Stern (2006), Heal (2009), Nordhaus (2008) und Ackerman et al. (2009) ausführlich behandelt. Tatsächlich gibt es zwei Diskontierungssätze: Der eine wird als der »reine Zeitpräferenzsatz« (»pure rate of time preference«) bezeichnet und vergleicht den Wohlstand von heutigen und zukünftigen Generationen. Viele Ökonomen vertreten die Auffassung, dass dieser Satz gleich null sein sollte, eine egalitäre Lösung, wogegen andere sagen, dass der Wohlstand zukünftiger Generationen weniger wert sein (diskontiert werden) sollte. Der zweite Satz, von dem ich im Text spreche, ist der »Konsumdiskontierungssatz«, der einen heutigen Dollar und einen zukünftigen Dollar in eine gemeinsame Einheit umrechnet. Die in IAMs gebräuchliche Praxis ist, einen zukünftigen Dollar zu diskontieren, weil man davon ausgeht, dass die Menschen in Zukunft reicher sein werden. Das Argument dafür ist, dass der marginale Nutzen von Konsum abnehmen wird, sodass ein zukünftiger Dollar weniger als ein heutiger Dollar wert sein wird. Wenn jedoch Wachstum und Konsum durch die Klimaveränderung eingeschränkt werden, dann wird nach dieser Logik der zukünftige Dollar mehr wert sein als der heutige, und der Konsumdiskontierungssatz sollte negativ sein. Verschiedene IAMs verwenden unterschiedliche Konsumdiskontierungssätze, die ihre jeweiligen Ergebnisse maßgeblich beeinflussen. Darüber hinaus bringen hohe Diskontierungssätze andere analytische Probleme mit sich, da sie mit verschiedenen, an den Finanzmärkten zu beobachtenden Entwicklungen unvereinbar sind, zum Beispiel mit dem Verhalten von Aktienpreisen. Die IAMs scheinen sowohl der wissenschaftlichen als auch der ökonomischen Theorie hinterherzuhinken. Stern nahm einen sehr niedrigen Diskontierungssatz an, und dieser Aspekt seiner Studie wurde von denjenigen, die tendenziell für Nichtstun plädieren, am heftigsten kritisiert.

27. Zu den Temperaturannahmen von DICE siehe Ackerman und Finlayson (2006). Nachdem diese Arbeit 2006 auf das Problem hingewiesen hatte, wurde in der im Jahr 2007 veröffentlichten Version von DICE diese Prämisse anders gehandhabt.

28. Dell, Jones und Olken (2008).

29. Siehe Ackerman und Finlayson (2006), S. 515, für die Summe von 5 Milliarden Dollar. Ackerman und Finlayson weisen darauf hin, dass dieser Betrag etwa 54 Dollar pro Haushalt entspricht, um alle Menschen und alle anderen Arten vor einer Katastrophe zu retten. Dies ist eine groteske Rechnung, die noch rätselhafter wird in Anbetracht von Studien, die zeigen, dass die US-Bevölkerung mehr als diese Summe auszugeben bereit war, um verschiedene einzelne Arten zu retten. Die US-Amerikaner haben im Jahr 2007 über das Achtfache dieses Betrages (nämlich 41 Milliarden Dollar) für ihre Haustiere ausgegeben, laut Brady und Palmeri (2007).

30. Zu Bewertungen in verschiedenen geografischen Regionen mithilfe von Negishi-Gewichtungen siehe Stanton, Ackerman und Kartha (2009), S. 10–11, die darauf hinweisen, dass Nordhaus und andere IAM-Modellierer inkonsistent sind, wenn sie die Einkommen reicherer zukünftiger Generationen diskontieren, das aber für reichere Bevölkerungen der Gegenwart unterlassen.

31. Stanton, Ackerman und Kartha (2009), S. 6–8, sowie Ackerman et al. (2009).

32. Eine umfassende Analyse etwas differenzierterer Arbeiten über technischen Fortschritt siehe Edenhofer et al. (2006).

33. Ein einflussreicher Beitrag über den Umgang mit Ungewissheit ist Weitzman (2009).

34. Über die Unfähigkeit der Produktionsmöglichkeitenkurve, die Beziehung zwischen Natur und Einkommen zu berücksichtigen, siehe Goodstein (1999).
35. Inzwischen gibt es einen großen Bestand an Literatur über die Bewertung von natürlichem Kapital, siehe Daily (1997), Daily et al. (2000) und Costanza et al. (1997).
36. Sterner und Persson (2008).
37. Eine kritische Betrachtung der Kosten-Nutzen-Analyse findet sich in Ackerman und Heinzerling (2004).
38. Für eine Erörterung der Literatur über die Richtigkeit von Kosten-Nutzen-Studien siehe Ackerman (2006).
39. Für eine Erörterung über ein grundlegendes Gesetz zum Schutz der Umwelt vor Verschmutzung durch Chemikalien sowie eine allgemeinere Betrachtung dieses Themas siehe Ackerman (2006).
40. Für eine Erörterung technologischer Fortschritte in Klimamodellen siehe Edenhofer et al. (2006).
41. Stern (2006).
42. Jowit und Wintour (2008).
43. Sachs' Schätzung von 1,8 Billionen Dollar pro Jahr basiert auf dem kombinierten Einsatz von Hybridfahrzeugen und CCS-Technologie (CO_2-Abscheidung und -Speicherung) und setzt die Kosten für eine Tonne verhinderter Emissionen mit 30 Dollar an. Sachs nimmt an, dass die globale Wirtschaftsleistung im Jahr 2050 sechsmal höher sein wird als heute, was bedeutet, dass dieser Betrag keine große Belastung wäre. Zurzeit ist CCS natürlich noch keine funktionierende Technologie, und viele Experten glauben, dass sie es selbst im Jahr 2050 noch nicht sein wird. Schätzungen der Kosten dieser Klimaschutzmaßnahmen stammen aus Sachs (2008), S. 103–105.
44. McKinsey nimmt an, dass CO_2-Emissionen einen Preis von 50 Dollar pro Tonne hätten, und das Ziel ist die Reduzierung der Emissionen um 3 Milliarden Tonnen. Der dadurch eingesparte Betrag würde reichen, um die teureren Reduktionen zu finanzieren, die notwendig wären, um dieses Ziel zu erreichen. McKinsey & Company (2007, 2009).
45. Das Argument, der Mensch sei riskoscheu, stammt aus Weitzman (2009).
46. Siehe Goulder (2002) über doppelte Dividenden, wenn von steuerlichen Maßnahmen angenommen wird, sie würden Ineffizienzen schaffen.
47. Die möglicherweise offensichtliche These, dass Klimaveränderung das gravierendste Marktversagen in der Geschichte der Menschheit sei, wurde im *Stern Review* aufgestellt. Siehe auch Foley (2007) für eine hellsichtige Erörterung dieser Thematik.
48. McKinsey & Company (2007, 2009).
49. Sachs (2008).
50. Nordhaus (2008).
51. Zu diesem neuen Paradigma siehe Weizsäcker, Lovins und Lovins (1998), Hawken, Lovins und Lovins (2000), McDonough und Braungart (2002) sowie Benyus (2002). Vor über zehn Jahren hat Hawken (1997) einige der zu erwartenden Erfindungen skizziert: »Bald werden wir Quantum-Halbleiter haben, die enorme Datenmengen auf einem Chip speichern können, der nicht größer als

ein Punkt ist; Dioden, die ohne Glühbirne zwanzig Jahre lang leuchten können; Ultraschall-Waschmaschinen, die weder Wasser noch Hitze oder Waschpulver brauchen; ultraleichte Materialien, die stabiler sind als Stahl; entdruckbares und wiederbedruckbares Papier; Biotechnologien, die die Notwendigkeit, Insektizide und Düngemittel einzusetzen, reduzieren oder eliminieren; Kunststoffe, die sowohl recyclefähig als auch kompostierbar sind; piezoelektrische Polymere, die im Absatz Ihres Schuhs oder aus der Energie von Wasserwellen Strom erzeugen können; und Dächer und Straßen, die auch als Solarkollektoren fungieren.«

52. Zu diesem Punkt ist Amory Lovins besonders einflussreich gewesen.
53. William McDonough, der führende grüne Architekt der USA, hat eine Fabrik für den Stuhlhersteller Herman Miller entworfen, die diesem Ansatz entspricht, siehe McDonough und Braungart (2002).
54. Friedman (2008).
55. In den 2009 veröffentlichten Bericht wurden einige Schätzungen in Bezug auf Verhaltensänderungen aufgenommen.
56. Zu diesem Punkt siehe Noble (1986).
57. Khazzoom (1980) und Brookes (1978).
58. Die Schätzungen über Rebound-Effekte beim privaten Heizen und Kühlen sowie Fahrzeugen stammen aus Sorrell (2007), Kapitel 3; siehe auch Hertwich (2005) sowie Holm und Englund (2009). Die Angaben über indirekte Effekte und die Schätzung von 26 Prozent in Großbritannien stammen aus Sorrell (2007), Kapitel 4 und S. 59–60.
59. Sorrell (2007), Kapitel 5.
60. Rubin und Tal (2007). Zur komplizierten Klimaschutzpolitik in den Vereinigten Staaten siehe Luedicke, Thompson und Giesler (2010).
61. Laut DeLong (1998) betrug die globale Wirtschaftsleistung im Jahr 1960 6,855 Billionen Dollar (inflationsbereinigt auf dem Stand von 1990). Laut Central Intelligence Agency (2009) betrug sie 2008 61,22 Billionen Dollar.
62. Goulder und Kennedy sowie Heal (2009).
63. Arrow et al. (2004). Der Autor verwendete den Begriff »tentative« (»vorläufig«) statt »definite« (»entschieden«).
64. Der Artikel baute auf wichtigen neuen Schätzungen der Weltbank auf, die jedoch nur einige Arten von natürlichem Kapital erfassen. Siehe Hamilton et al. (2006).
65. Ehrlich und Holdren (1971).
66. Für funktional abweichende Formen siehe York, Rosa und Dietz (2003).
67. United Nations (2009).
68. Central Intelligence Agency (2009).
69. McKinsey & Company (2009), S. 24.
70. McKinsey & Company (2009), S. 26. In Speth (2008) werden diese Probleme erörtert.
71. Für eine neue Studie über die wirtschaftlichen Aspekte des Grenzwertes von 350 ppm siehe Ackerman et al. (2009).
72. Sustainable Europe Research Institute (2009b), S. 23; die Angabe über die Steigerung des Materialsverbrauchs um 45 Prozent, S. 10.

73. Eigene Berechnungen auf der Grundlage von Daten aus Organization for Economic Cooperation and Development (2008b), siehe Tabelle auf S. 40.

74. Diese Zahl bezieht sich auf 2008 und stammt aus dem *Economic report of the president* (2009), Tabelle B-31, S. 321.

Kapitel 4

1. Die ursprüngliche Arbeit über die Theorie der Zeitallokation war Becker (1965); siehe auch Lancaster (1966).

2. Siehe zum Beispiel Putnam (2000). Über die Ausnahme von Senioren siehe Goss (1999).

3. Whybrow (2005) und De Graaf, Wann und Naylor (2001).

4. Tagebuchstudien lassen die Effekte des Wirtschaftszyklus, die stark sind, außer Acht. Die Tagebuchstudien wurden in unterschiedlichen Phasen des Wirtschaftszyklus durchgeführt, bei starkem oder mittlerem Wachstum oder in Rezessionen.

5. Die Daten aus bildungsbedingten Unterschieden in den Arbeitszeittrends stammen aus Jacobs und Gerson (2005).

6. Wissenschaftler, die Tagebuchstudien durchgeführt haben, bestreiten, dass die Arbeitszeiten zugenommen hätten. Eine umfangreiche Studie aufgrund von Tagebuchdaten ist Aguiar und Hurst (2007), Tabelle 2. Die Auswertung einer Reihe von Zeittagebüchern (in die Versuchsteilnehmer ihre Aktivitäten im Verlauf des Tages eintragen) hat gezeigt, dass zwischen 1975 und 2003 bezahlte Arbeit im Markt um 2,5 Stunden pro Woche zugenommen und unbezahlte Hausarbeit um zwei Stunden abgenommen hatte. Die Arbeitszeiten von Frauen haben in diesem Zeitraum weit stärker zugenommen als diejenigen von Männern. Viele Studien, die behaupten, es würde immer mehr Freizeit zur Verfügung stehen, stützen ihre Ergebnisse auf den zwischen 1965 und 1975 bei Tagebuchstudien festgestellten Rückgang der im Markt geleisteten Arbeitszeiten; die Mängel solcher Tagebuchstudien werden in Leete-Guy und Schor analysiert (1992). Die Daten, über die ich im Folgenden spreche, berücksichtigen nur bezahlte Arbeit und werden über das Gedächtnis erhoben – die Befragten geben an, wie viele Stunden sie in der vergangenen Woche (oder in einer normalen Woche) gearbeitet haben und wie viele Stunden pro Jahr sie arbeiten.

7. Die Angabe von 180 mehr Arbeitsstunden stammt aus Mishel, Bernstein und Shierholz (2009), Tabelle 3.2, S. 128. Die Arbeitszeit von Ehepaaren wurde selbst berechnet, auf der Grundlage von Daten aus Mishel, Bernstein und Shierholz (2009), Tabelle 1.21, S. 92. Diese Daten stammen aus der Current Population Survey für März. Die Zunahme ist in Wochen pro Jahr angegeben, nicht in Stunden pro Woche. Die Daten aus der Current Population Survey weisen eine Zunahme der Arbeitsstunden aus, die Daten von Unternehmerverbänden (auf die im nächsten Kapitel näher eingegangen wird) dagegen nicht. Der Unterschied ist, dass die letzteren Daten sich auf bezahlte Arbeitsstunden pro Arbeitsplatz beziehen, nicht pro Person. Viele Arbeitnehmer arbeiten in mehreren Jobs, worauf die Diskrepanz zurückzuführen ist. Auch unbezahlte, aber geleistete Arbeitsstunden werden in den Schätzungen der Unternehmerverbände nicht berücksichtigt.

8. Kuhn und Lozano (2008).

9. Die Beschäftigungsquote stammt aus dem *Economic report of the president* (2009), Tabelle B-35, S. 326–327.
10. Die Arbeitszeitdaten aus dem Ausland stammen aus Conference Board and Groningen Growth and Development Centre (2008). Die Angabe, dass die in den USA geleisteten Arbeitsstunden diejenigen in anderen Ländern um durchschnittlich 270 übersteigen, wurde selbst errechnet.
11. Diese und die folgenden Ergebnisse stammen aus Galinsky et al. (2004).
12. Zu diesen Studien zählen Kleppa, Sanne und Tell (2008), Virtanen et al. (2009), Artazcoz et al. (2009) sowie Golden und Wiens-Tuers (2008).
13. Levine (1997). Bei zwei anderen Parametern (wie schnell ein Schalterbeamter einem Kunden Wechselgeld herausgibt, und bei der Genauigkeit von Wanduhren in Banken) landeten die Vereinigten Staaten auf einem niedrigeren Rang, aber wahrscheinlich ist die Gehgeschwindigkeit ein besserer Indikator für den Lebensrhythmus.
14. Bei solchen Reaktionen handelt es sich um die Substitutions- und Einkommenseffekte, die in Kapitel 3 in Bezug auf die Energiepreise besprochen wurden. Hier geht es um den »Erwerb« von Freizeit. Sinkende Einkommen führen dazu, dass die Menschen aus bezahlter Beschäftigung heraussubstituieren wollen, aber wegen des geringeren Einkommens wollen sie mehr arbeiten. Die Standardwirtschaftstheorie legt sich nicht darauf fest, welcher Effekt dominieren wird.
15. Die 1996 durchgeführte Umfrage zu Downshiftern findet sich in Schor (1998), Kapitel 5, und Schor (2000). Die Daten für 2004 stammen aus Widmeyer Research and Polling (2004).
16. Wiseman (2007) führte zehn Jahre nach Levines ursprünglicher Studie eine Nachfolgestudie durch, die ergab, dass die durchschnittliche Gehgeschwindigkeit von New Yorkern sich nicht verändert hatte.
17. Eigene Berechnungen auf der Grundlage von United States Bureau of Labor Statistics (2008), Tabelle A-7.
18. Atypische Beschäftigungsverhältnisse bei 30,6 Prozent der Beschäftigten stammt aus Mishel, Bernstein und Shierholz (2009), Tabelle 4.7, S. 253.
19. Einstellungen zum Downshiften stammen aus Schor (1998, 2000) und Widmeyer Research and Polling (2004).
20. Richtel (2008).
21. Luo (2009).
22. Brown und Kasser (2005).
23. Die ursprüngliche Grafik des ökologischen Fußabdrucks über die Jahresarbeitszeit aufgrund von früheren Daten stammt aus Schor (2005).
24. Hayden und Shandra (2009).
25. Rosnick und Weisbrot (2006).
26. Der Zusammenhang zwischen ökologischem Fußabdruck und Konsumausgaben wird analysiert in Lenzen und Murray (2001) und Weidmann et al. (2006).
27. Jalas (2002), Tabelle 1, S. 115–116.
28. Devetter und Rousseau (2009).
29. Morin und Taylor (2009).
30. Rampell (2009).

31. Siehe http://www.makerfaire.com. Die Angabe, die Besucherzahlen hätten sich vervierfacht, stammt aus Krieger (2009).
32. Eigene Berechnungen auf der Grundlage von Daten aus Solar Energy Industries Association (2009), S. 5.
33. Die Adobe Alliance und Swans Haus sind im Internet zu finden unter http://www.adobealliance.org; siehe Swan (2009).
34. Elpel (2008).
35. Eine Beschreibung des »New Work«-Systems und seiner Beziehung zum Umweltschutz findet sich in Bergmann (2000). Andere Informationen über Bergmann stammen aus persönlichen Gesprächen mit der Autorin.
36. Siehe die Besprechung des Hypercar in Hawken, Lovins und Lovins (2000). Bergmann war auch an der Entwicklung von portablen Stromgeneratoren beteiligt, die mit Biomasse laufen.
37. Über die Gründung des »fab lab« wird in Gershenfeld (2005) berichtet. Fab-lab-Technologie ist das Gegenteil der spezialisierten (an einen Zweck gebundenen) Maschinerie, die in der konventionellen Industriefertigung eingesetzt wird. Fabber sind unendlich anpassungsfähig – ein Extremfall eines industriellen Paradigmas des späten 20. Jahrhunderts, das als »flexible Spezialisierung« bezeichnet wird und seit einiger Zeit in vielen kleinen Fertigungsbetrieben erfolgreich eingesetzt wird. Zu dieser Entwicklung siehe Piore und Sabel (1986) und die Erörterung in Kapitel 5.
38. Gershenfeld (2005), S. 12. Aktuellere Schätzungen für etwas aufwendigere Systeme liegen im Bereich von 50 000 Dollar.
39. Für die Ökonomie von Netzwerken siehe Benkler (2006); ich gehe in Kapitel 5 näher auf dieses Thema ein.
40. Siehe Crawford (2009) für die Geschichte der Freuden eines Mannes, der seine akademische Laufbahn aufgab, um Motorradmechaniker zu werden.
41. Einige kürzlich erschienene Bücher über die ökologischen Auswirkungen von Konsumartikeln sind Pearce (2008), Halweil et al. (2004) und Dauvergne (2008).
42. Es handelt sich um die Website »The Good Guide«, die von Dara O'Rourke ins Leben gerufen wurde, einer Professorin an der University of California. Die iPhone-App wurde in Furchgott (2009) beschrieben.
43. Connolly und Prothero (2008) sowie Seyfang und Elliott (2009).
44. Zum Thema »Garnelen« siehe Johnston, Soderquist und Meadows (2000). Zu billiger Kaschmirwolle siehe Moyers (2001). Über giftiges Gerben und Färben von Leder siehe Wickens (2008). Zu Gold und Edelsteinen siehe Perlez und Bergman (2005). Zum Thema »Fleisch« siehe Steinfeld et al. (2006).
45. Für eine Erörterung dieser Prinzipien in Bezug auf Kleidung siehe Schor (2002).
46. Europäische Schuhhersteller wie Mephisto, Birkenstock und Finn Comfort bieten diesen Service an.
47. Ein interessanter Exkurs über die Rolle von Patina – Alterserscheinungen – bei der Bewertung gebrauchter Gegenstände findet sich in McCracken (1990), Kapitel 2, S. 31–43.
48. Ferla (2009). Dieser Trend begann vor dem aktuellen Abschwung.

49. Aussage von Gopal Ahluwahlia, Leiter der Forschungsabteilung der National Association of Home Builders (»Nationaler Bauunternehmerverband«), zitiert in Fletcher (2004).

50. Umfrage der National Association of Home Builders, zitiert in Bender (2009).

51. Beschrieben in Rosenthal (2008).

52. Es hat eine Reihe von Presseberichten über den Trend zu kleineren Häusern gegeben, siehe Bender (2009) und Kurutz (2008). Siehe auch Resources for Life (2009).

53. Eine Liste von Cohousing-Gruppen (Anfang 2009 waren es 113) gibt es unter http://www.cohousing.org/directory. Zurzeit gibt es 19 Ökodörfer in den Vereinigten Staaten.

54. Lawrence (2008) sowie Nelson, Rademacher und Paek (2007).

55. Putnams Erkenntnisse über den Rückgang von Geselligkeit stammen aus Putnam (2000), S. 107. Auswertungen von Ergebnissen des General Social Survey durch Soziologen der University of Arizona und der Duke University ergaben einen sehr deutlichen Rückgang der durchschnittlichen Größe von Netzwerken enger Freundschaften (der Anzahl von Personen, die untereinander über wichtige Angelegenheiten sprechen können); zwischen 1985 und 2004 nahm sie von drei auf zwei Personen ab. Siehe dazu McPherson, Smith-Lovin und Brashears (2006); allerdings hat Fischer (2009) etliche Fragen über die Zuverlässigkeit dieser Daten aufgeworfen.

56. Zum Thema »brand communities« siehe Muniz und O'Guinn (2001). Zur *Raumschiff-Enterprise*-Fangemeinde siehe Jenkins (1992).

57. Für eine neuere Arbeit über die Erosion von Gemeinschaften durch den Markt siehe Marglin (2008).

58. Für eine umfassende Arbeit über Transfers siehe Sarkisian, Gerena und Gerstel (2006) sowie Sarkisian und Gerstel (2004).

59. Eine Liste der Aktivitäten des Netzwerks gibt es unter http://postcarboncities.net/actions/table?sort=desc&order=Population.

60. Über den Zusammenhang zwischen guter Regierungsarbeit und besserem ökonomischen Funktionieren siehe Putnam, Leonardi und Nanetti (1994).

61. Klinenberg (2003).

62. Über den Zusammenhang zwischen sozialen Bindungen und der Wahrscheinlichkeit, in einer Krise Hilfe zu bekommen, siehe Hurlbert, Haines und Beggs (2000).

63. Lowe, Chan und Rhodes.

Kapitel 5

1. Fleisher-Zitat in Raver (2009).

2. Aber es gibt natürlich ein Gespräch über den Transfer von sauberer Energietechnologie zwischen Norden und Süden als Teil der globalen Klimadiskussion.

3. Larry Summers' infames Memo über die Vorteile, die sich ergeben, wenn man giftige Abfälle nach Afrika verfrachtet, führte diese perverse Logik im Rahmen des jetzigen Marktsystems vor Augen. Über die ökologischen Fußabdrücke der

reichen Länder und die CO_2-Fußabdrücke der armen Länder siehe Ghertner und Fripp (2007) sowie Hertwich und Peters (2009).

4. Der Unterschied zwischen der Ökonomie von Information und jener von Wissen wird in Foray (2006) erörtert. Ich verwende die beiden Begriffe als gleichbedeutend in Anbetracht der allgemeinen Art meiner Behandlung des Themas.
5. Für eine allgemeine Behandlung der Ökonomie von Informationen siehe Foray (2006). Für eine exzellente Einführung in die »information commons« (»Wissensallmende«, also frei zugängliches Wissen) und die Komplexitäten und Möglichkeiten, die damit verbunden sind, sie zu managen, siehe Hess und Ostrom (2006), Kapitel 1.
6. Für eine Kritik des Konzepts von geistigem Eigentum siehe vor allem die Arbeit von Vandana Shiva über Biopiraterie (Shiva 1999).
7. Dieser Ausspruch stammt von Isaac Newton, der bekanntlich gesagt hat: »Wenn ich weiter sehen konnte, so deshalb, weil ich auf den Schultern von Riesen stand.« Für Erörterungen des »Auf den Schultern von Riesen«-Effekts siehe Scotchmer (1991), Caballero und Jaffe (1993) sowie Benkler (2006). Dies ist einer der Gründe, warum auch viele marktorientierte Ökonomen die staatliche Förderung von Grundlagenforschung und sogar die Subventionierung von anwendungsbezogener Forschung befürworten.
8. Die Liste der Sektoren, in denen Teilen immer häufiger vorkommt, stammt aus Benkler (2006), S. 121.
9. Benkler hat den Begriff »peer production« verwendet. Siehe auch Bauwens (2005).
10. Die Wissenschaft unterscheidet zwischen dezentralisierter und verteilter Produktion – die Erstere hat zwingend regionale Zentren, die Letztere dagegen nicht, siehe Bauwens (2005). Ich fasse hier beide Formen zusammen.
11. Benkler (2006), S. 60.
12. Über die Ziele von Open-Source-Ökologie siehe »Statement of Aims« auf http://opensourceecology.org/about-overview.
13. Über Factor-e-Farm informiert u. a.: http://opensourceecology.org/wiki/Factor_e_Farm.
14. Jakubowski (2008). Er fährt fort: »Das Konzept der Neokommerzialisierung umfasst sowohl unsere eigene Fähigkeit, etwas zu produzieren und mit den Produkten etwas zu verdienen, als auch unser Interesse, die Produkte über ein offenes Franchisingsystem zu verbreiten. Offenes Franchising bedeutet, dass unsere Produkte und Produktionsverfahren unter einer uneingeschränkten, offenen Lizenz stehen, die dem Nutzer die Entscheidung überlässt, wie er diese Technologien einsetzen, weiterentwickeln oder vermarkten will. Es gibt keine Einschränkungen. Privat wünschen wir uns, dass der Nutzer auch seinerseits etwas an offener Produktionskapazität zurückgibt, aber wir sind nicht daran interessiert, die Verwendung unserer Entwicklungen zu überwachen. Wir wünschen uns deren größtmögliche Verbreitung, weil wir glauben, dass unsere Produkte einen positiven gesellschaftlichen Beitrag leisten können. Es steht den Menschen frei, mit unseren Produkten ihren Lebensunterhalt zu verdienen und sie nach Belieben zu verändern.«
15. Erklärung und Video siehe Jakubowski (2009). Der RepRap kann seine Metallteile und Verdrahtungen nicht selbst herstellen, aber er kann seine aus Kunststoff hergestellten Teile duplizieren.

16. Für eine Analyse der nachlassenden Produktivitätszuwächse und des Massenproduktionsmodells siehe Marglin und Schor (1990) sowie Schor und You (1995).
17. Piore und Sabel (1986).
18. Neuere Arbeiten über Größe und wirtschaftliche Leistung sind zum Beispiel Benkler (2006) und Shuman (undatiert).
19. Helfand, Sadeghi und Talan (2007).
20. Für Argumente, die für lokale Ökonomien sprechen, siehe die Arbeit des International Forum on Globalization, zum Beispiel Cavanagh und Mander (2004); Shuman (2006) und Business Alliance for Local Living Economies unter http://www.livingeconomies.org.
21. Chen und Ravallion (2008), Tabelle 6, S. 32.
22. Diese und andere Angaben über Wohlstand stammen aus Mishel, Bernstein und Shierholz (2009), Tabelle 5.4, S. 270 (12.000 Dollar); die unteren 90 Prozent und 34 Prozent aus Tabelle 5.1, S. 265, unter Verwendung von Recherchedaten des Ökonomen Edward Wolff von der New York University.
23. Boyce und Pastor (2001), Harper und Rajan (2004), Stanton und Boyce (2005), Agarwal und Narain (2000) sowie Boyce und Shelley (2003).
24. Für eine bahnbrechende Arbeit über das Management von Gemeinschaftseigentum siehe Elinor Ostrom (1990), die dafür 2009 den Wirtschaftsnobelpreis erhielt. Siehe auch Parthasarathi (2002) für eine Erörterung der Geschichte und der Nachhaltigkeitsprinzipien von Gemeinschaftseigentum.
25. Die indischen Fallstudien stammen aus Agarwal und Narain (2000).
26. Barnes (2001).
27. Die Angaben über die *terra preta* im Amazonasbecken und die Bauminseln in der westafrikanischen Savanne stammen aus Stanton und Boyce (2005).
28. Zu den Voraussetzungen für erfolgreiches Management von kommunalem Eigentum siehe Ostrom (1990); siehe auch Hess und Ostrom (2006), Kapitel 1.
29. Parthasarathi (2002).
30. Informationen über das Projekt können hier abgerufen werden: http://stelar.edc.org/projects/12081/profile/greenfab-sustainable-design-through-engineering-and-technology.
31. In den Vereinigten Staaten gibt es zum Beispiel das Solar Living Institute, The Farm, das Permaculture Institute, Yestermorrow, das Regenerative Design Institute und andere; siehe folgende Beschreibung des Global Ecovillage Network für weitere Beispiele.
32. Die Schätzungen von acht Millionen verlorenen Arbeitsplätzen, jeder Sechste arbeitslos oder unterbeschäftigt und notwendigem Arbeitsplatzzuwachs von 500.000 pro Monat für zwei Jahre stammen aus Shierholz (2009).
33. Economic report of the president (2009), Tabelle B-49, S. 342.
34. Diese historische Debatte wird in Hunnicutt (1988) beschrieben.
35. Die Zahlen für 1870 und 1929 stammen aus Maddison (1987), Tabelle A-9, S. 686. Die Daten für 1973 stammen aus Conference Board and Groningen Growth and Development Centre (2008). In den Vereinigten Staaten fielen die Arbeitsstunden zwischen 1870 und 1929 von 2964 auf 2342 pro Jahr.
36. Siehe Schor (1992) für eine kritische Auseinandersetzung mit der These, Arbeitnehmer würden die Arbeitszeiten bekommen, die sie sich wünschen.

37. Die Produktivität pro Arbeitsstunde in der Fertigung stammt aus United States Bureau of Labor Statistics (2009c), Tabelle 1, »Output per hour in manufacturing«.
38. Zur Thematik Arbeitszeit, Kosten und Wettbewerb siehe die Erörterung in Schor (1992). Deutschland und die Niederlande sind Beispiele für hochproduktive Volkswirtschaften mit kurzen Arbeitszeiten. Siehe Burgoon und Baxandall (2004) sowie Hayden (2006) für Erörterungen der politischen Ökonomie von Arbeitszeitverkürzungen.
39. Alle Zahlen für die Zeit von 1973 bis 2007 stammen aus Conference Board and Groningen Growth and Development Centre (2008).
40. Die länderübergreifenden Daten von Groningen sind von den Arbeitgebern zur Verfügung gestellt worden und wurden pro Auftrag berechnet. Die Daten im vorigen Kapitel sind pro Person berechnet und entstammen dem Current Population Survey. Die Zunahme der Jahresarbeitszeit um 204 Stunden ist aus Mishel, Bernstein, und Shierholz (2009), Tab. 3.2, S. 128.
41. Speth (2008), Victor 2008) und, etwas früher, Hayden (2000).
42. Epstein und Epstein und Schor (1990).
43. Becker (1978).
44. Saad (2007) und Miller (2009). So lässt zum Beispiel das evolutionäre Argument deutliche Unterschiede in den Konsumgewohnheiten von Männern beziehungsweise Frauen erwarten; neuere Trends zeigen allerdings eine Konvergenz der Geschlechter in dieser Hinsicht, etwa bei Kosmetik und anderen Konsumprodukten. Eine überzeugende Arbeit zu diesem Thema ist Whybrow (2005).
45. Zum Einfluss von Einkommensungleichheit auf Arbeitszeiten und Einkommen siehe Bowles und Park (2005).
46. Inglehart (1989, 1997).
47. Alperovitz (2005).
48. Tasch (2008).
49. Über die bewusste Verbraucherbewegung siehe Willis (2009), Willis und Schor (nicht datiert), Seyfang und Elliott (2009) sowie Schor.
50. Keynes (1936).
51. In der neoklassischen Wirtschaftstheorie ist das Konzept von »natürlichen« Raten verwendet worden, zum Beispiel die »natürliche« Arbeitslosenquote. Wenn es um Renditen geht, stützt sich diese Logik auf eine fehlerhafte Theorie des Gesamtkapitals. Dieses Problem war das Thema der bekannten Cambridge-Kapitalkontroverse in den 1950er-Jahren zwischen Ökonomen in Cambridge, England, und Cambridge, Massachusetts. Gewinne stellen nicht etwa irgendeine »natürliche« Rendite dar, sondern werden vielmehr aus dem in der Wirtschaft insgesamt erzeugten Überschuss an die Kapitaleigentümer verteilt.
52. Stiglitz, Sen und Fitoussi (2009). Für eine Erörterung einiger der Initiativen, die zurzeit im Gang sind, um das BIP zu revidieren oder »über Wachstum hinauszugehen«, vor allem in Europa, siehe Abdallah et al. (2009), S. 16–18.
53. Es gibt ein drittes Argument für Wachstum, und zwar, dass es, historisch gesehen, der ausgleichende Faktor war, der verhinderte, dass Verteilungskämpfe zu heftig wurden, durch den Mechanismus der »steigenden Flut, die alle Boote anhebt«, wie Friedman (2005) und andere argumentiert haben. Diese Rechtfertigung ist inzwischen weit weniger überzeugend, da Wachstum in vielen Ländern

mit mehr – und nicht etwa weniger – Ungleichheit einhergeht. Wenn Wachstum auch andere negative Folgen hat, ist das gezielte Bekämpfen von Ungleichverteilung ein effizienterer Weg, um das Problem anzugehen.

54. Produktivitätsgewinne in Form von Freizeit zu nehmen ist eine Strategie, die an ihre Grenzen kommen wird (wenn die Arbeitszeit so weit verkürzt worden ist, dass zusätzliche Freizeit nicht mehr nützlich ist). Bevor wir jedoch dieses Stadium erreicht haben, wird die Produktion vielleicht so »sauber« sein, dass zusätzliches Wachstum nicht mehr umweltschädlich sein muss.

55. Andere Gruppen, die sich mit dieser Frage beschäftigen, sind die New Economics Foundation, Redefining Progress, Schumacher Society, Association for the Steady-State Economy, Shrinking Economies in the Developed World und International Forum on Globalization, außerdem Einzelpersonen innerhalb der International Society for Ecological Economics.

56. Victor (2008), Kapitel 10. Andere kritische Auseinandersetzungen mit Wachstum finden sich in Daly (1996) und Schor (1998), Nachwort.

57. Die Angaben über die Auswirkungen verschiedener Energieträger auf die Beschäftigung stammen aus Pollin, Heintz und Garrett-Peltier (2009), Tabelle 4, S. 28 und Abbildung 1, S. 30.

58. Diese Zahl und die im Folgenden zitierten Anteile der einzelnen Länder stammen aus Monastersky (2009).

59. Eine bahnbrechende Studie darüber, wie das geschehen könnte, ist Sachs, Loske und Linz (1998). Zu dieser Thematik siehe auch Schor (1991, 1995, 2005).

60. Zur Umweltpolitik des Opferns siehe Maniates und Meyer.

61. Zu den neueren Studien und Kritiken zählen zum Beispiel das einflussreiche Buch von Kahneman, Diener und Schwarz (1999), Clark und Oswald (1996), Layard (2005), Easterlin (2003), Di Tella und MacCulloch (2006), Loewenstein, O'Donoghue und Rabin (2003), Kahneman und Krueger (2006), Kahneman et al. (2006), Frey und Stutzer (2002) sowie Van Praag und Frijters (1999). Für abweichende Ergebnisse siehe Stevenson und Wolfers (2008a, 2008b).

62. Kahneman und Krueger (2006), Abbildung 4.

63. Den in Layard (2005), S. 33, genannten Betrag von 20 000 Dollar habe ich auf das heutige Preisniveau aktualisiert.

64. Easterlin (2003, 2004).

65. Für eine Auseinandersetzung mit der Frage, ob diese Ergebnisse ein Artefakt des Messverfahrens sein könnten – eine Möglichkeit, die relativ viel Aufmerksamkeit auf sich gezogen hat –, siehe Kahneman und Krueger (2006).

66. Van Praag und Frijters (1999), die in verschiedenen Ländern eine Zunahme des »notwendigen« Einkommens um 35 bis 60 Prozent festgestellt haben (Tabelle 2). Siehe auch Stutzer (2003).

67. Siehe Frey und Stutzer (2002) für eine Kritik der Forschungsergebnisse über Statusdenken. Siehe Solnick und Hemenway (1998) für Umfrageergebnisse. Für eine Erörterung von Statusdenken als Antrieb für Konsumverhalten siehe Schor (1998).

68. Luttmer (2005). Luttmer hat festgestellt, dass die Wirkung einer Einkommenssteigerung des Nachbarn ebenso stark ist wie ein ähnlich großer Rückgang des eigenen Einkommens.

69. Zur Überbewertung von Einkommen oder zum »projection bias« siehe Loewenstein, O'Donoghue und Rabin (2003); zu dem damit zusammenhängenden Konzept der »focusing illusion« (»Ankerungseffekt«) siehe Kahneman et al. (2006).
70. Kasser und Sheldon (2009).
71. Kasser und Brown (2003).
72. Kahneman und Krueger (2006), Tabelle 2.
73. Alesina, Glaeser und Sacerdote (2005), Tabelle 15.
74. Pouwels, Siegers und Vlasblom (2008).
75. Die Angabe, dass Urlaubszeiten und kürzere Arbeitszeiten nicht statusrelevant seien, stammt aus Solnick und Hemenway (1998). Siehe auch Frank (1985).
76. Aktivitäten, die das Wohlbefinden steigern, stammen aus Kahneman und Krueger (2006), Tabelle 2.
77. Siehe die Zusammenschau von Forschungsergebnissen in Kellert (2005). Viele der dort genannten Studien stammen aus dem Feld der Umweltpsychologie. Neben Kellert siehe auch die Arbeiten von Terry Hartig sowie Rachel und Stephen Kaplan.
78. Abdallah et al. (2009). Über Costa Rica wird auf S. 28 gesprochen; der Rang der Vereinigten Staaten stammt aus der Tabelle der HPI-Ergebnisse auf S. 61.
79. Coyne und Knutzen (2008).
80. Block (2008).
81. Siehe http://transitiontowns.org/TransitionNetwork/TransitionNetwork und, für die Vereinigten Staaten, http://transitionus.ning.com.
82. Eine Beschreibung des Global Ecovillage Network (GEN), seiner Lebens- und Lernphilosophie sowie zusätzliche Informationen über die genannten Beispiele und andere in aller Welt finden sich unter http://gen.ecovillage.org.
83. Global Ecovillage Network (2009).
84. Im Jahr 2007 veröffentlichte Paul Hawken eine Studie über »die größte Bewegung der Welt« – eine weitgehend unerkannte Übereinstimmung von Millionen, die sich für die Umwelt, soziale Gerechtigkeit und Urbevölkerungen einsetzen. Diese Bewegung umfasst über 100.000 Gruppen, die sich für diese Ziele einsetzen; siehe Hawken (2007) sowie die Datenbank und die Gemeinschaft, die mit diesem Projekt verbunden sind, unter http://www.wiserearth.org.